归途

我的哲学生涯

张世英/著

人民出版社

归途

目录
CONTENTS

附 录

前　言

我出生在农村，“性本爱丘山”；小时受父亲——一个普通的中小学语文教师——的思想影响，喜爱老庄和陶渊明，养成了“少无适俗韵”、自命清高的性格。念初中时，便以父亲的教导为座右铭：“不求闻达，要做学问中人”。

1937年抗日战争爆发，1938年武汉沦陷，我离开家庭，只身到鄂西山区念高中。流浪时期的彷徨，使我悟到了一些读书救亡的道理，高中毕业后，我怀着济世救民的宏愿，考入国立西南联合大学。西南联大既是一个学术空气浓厚的学术殿堂，又是一个要求政治自由的“民主堡垒”。在抗日战争的大形势和昆明学生运动蓬勃发展的影响下，我一向不问政治、自命清高、向往道家境界的思想受到了直接的冲击。特别是在念联大的后期，因结识我的夫人彭兰，并通过她，与闻一多先生有了较密切的接触，我逐渐走向现实，走向革命。与闻先生第一次见面时，他告诫我最重要的一句话就是“走出象牙之塔”。从此以后，我一步步踏上了“走出象牙之塔”之后的旅程。1949年，全国解放，一些原先安心躲在“象牙之塔”内的老书生、老学者也一个个自愿地或不自愿地走出了“象牙之塔”，我那时刚近而立之年，算是先走出一步的青年“进步分子”。

从解放到80年代初改革开放这大约30年的时间，是一个政治运动接连不断，以政治压倒学术、代替学术的年代。我虽然在政治运动的夹缝中也做了一些学术研究工作，但在当时“要求进步”的思想指导下，我的著作和论文大多打上了“左”的教条主义的烙印，

"大批判"成了这些论著的指归。我的研究领域是西方哲学，是非马克思主义的东西，对于非马克思主义的东西，根据当时的规定，首先是批判，批判其中的唯心主义和形而上学。针对西方哲学中马克思主义以前古典的东西，尚可在大批判的前提下根据具体情况，适当地吸取其中的"合理内核"，我那时的几本关于黑格尔哲学的著作和西方哲学史方面的一些论文，就是在这个固定公式下写成的。至于西方哲学中的现当代哲学，则更被判定为反动的、腐朽的资产阶级思想，有如洪水猛兽，不敢问津，即使出于某种需要在课堂上讲到它，那也只能是批判又批判。我在那个年代里也讲授过现当代资产阶级哲学课程，但该课程的名称就叫做《现当代资产阶级哲学批判》，我发表的几篇关于现当代资产阶级哲学的文章，题目也多带"批判"二字。

我的那些"左"的论著在当时曾得到社会上的好评与某些领导的赏识，许多报刊也常约我撰稿，由此可见那个时代的学术风尚之一斑。现在回想起来，我的那部分"大批判"文字不过是在当时政治形势下的"一唱亿和"之作。那个时代从事哲学专业的人，称为"哲学工作者"，不能心存"哲学家"之想，意思就是不能有自己独立的思想，只能做些注释和讲解马克思主义经典著作的工作，或者像我这样以非马克思主义的西方哲学为专业的人，就只能做些"大批判"的工作。

在历次政治运动中，我虽然年轻，没有参加过国民党、三青团，没有这方面的历史包袱需要做自我批判，但我的思想检查仍然连连不断，那就是检查从小就养成的不问政治、自命清高的思想。我在那个年代里的为学道路，是一个与各种政治运动同行的过程，是一个与批判我个人不问政治、自命清高的思想检查同行的过程。两者同行的结果，无非是以政治压制学术、代替学术。我今天仍然认为学术应“走出象牙之塔”，但我从象牙之塔走出以后，却长期误入了一条“左”的教条主义的歧途。陶渊明诗云：“误落尘网中，一去三十年”。我有感于我从解放到80年代初改革开放约30年里所经历过的人生道路，也写了两句：“三十年华转眼过，天涯浪迹岁蹉跎。”“三十年”者，言其成数也。

“文化大革命”的十年动乱中，我已经常在反思解放后我所走过的道路，而“文化大革命”结束以后，随着改革开放浪潮的推进，我的思想更是逐渐地从政治独断和教条主义束缚下解放出来。“羁鸟恋旧林，池鱼思故渊”。我仿若一个飘摇在外、“一去三十年”的游子，踏上了返回自己思想家园的归途。我感到长期套在哲学脖子上的枷锁正在打开，“光明在望”。从此以后，我回到了纯正的学术研究的道路，开始了一个真正做学问的时期。在新的形势下，我个人的业务进展也比较大，青年时期就已萌发的哲学追求也似乎找到了一点边际。但“夕阳无限好，只是近黄昏”。改革开放的80年代初，我已是60岁的老人了。苏老泉二十七发愤已恨晚，我和我的同辈人到花甲之年才有条件认真为学，未免可笑亦可悲。然而我为了找回已失去的盛年，仍以“人一能之已十之，人十能之已百之”的精神，勤耕至今。所以我在“三十年华转眼过，天涯浪迹岁蹉跎”的诗句之后又续了两句：“故园别久思归去，犹盼日西挥鲁戈。”我幻想挥戈返日，假我天年，得偿夙愿。

改革开放以来这又一个30年的时间里，前八九年我仍以德国古典哲学、黑格尔哲学为主要研究方向，但已不是以“大批判”为指归，而是纯正的学术性研究。这些研究成果主要体现在已出版的《黑格尔〈小逻辑〉绎注》、《论黑格尔的精神哲学》、《康德的〈纯粹理性批判〉》、《自我实现的历程——解读黑格尔的〈精神现象学〉》等著作和几篇有关论文中。还主编了《黑格尔辞典》，其中本人亲

笔撰写10万余字。又从德文原文翻译了德国著名哲学史家Kuno Fischer的《近代哲学史》一书的部分章节，定名为《青年黑格尔的哲学思想》。我在《黑格尔〈小逻辑〉绎注》中，对《小逻辑》一书，除逐节逐段作了较通俗的讲解外，还特别在"注释"部分下了一番苦功：一是用黑格尔注释黑格尔，即就同一问题、同一术语，不仅把散见在《小逻辑》本书各节中的相关论述集结起来，而且把黑格尔其他著作中的相关材料也搜集在一起，俾使读者对同一问题、同一术语的解释可以从我的注释中得到相互参照、相互发明的便利。为了注释黑格尔的某个论点、某个术语，我常常翻遍了他的《全集》。二是借用西方一些研究黑格尔的学者的讲解和注释以注释黑格尔，这实际上是采用了中国传统的"集注"的办法。我对黑格尔哲学的整体把握和评价，在这段时期里，也有一个新的转变。和"文化大革命"前着重批判黑格尔哲学的唯心主义不同，我更多地强调黑格尔哲学对他死后的西方现当代哲学的积极作用和影响，强调学习黑格尔哲学中关于人的主体性和自由本质的意义。我现在认为，黑格尔哲学既是西方传统形而上学的顶峰，更蕴涵和预示了传统形而上学的颠覆和现当代哲学的某些重要思想，例如现当代现象学的口号"回到事情本身"，其内涵和实质就可从黑格尔《精神现象学》序言关于"实体本质上即是主体"的著名命题中得到真切的理解和说明。我过去总爱说黑格尔是西方传统形而上学之集大成者，其实，我们更应该说，黑格尔是他死后的西方现代当代哲学特别是人文主义思潮的先驱，现当代许多批评黑格尔哲学的大家们往往是踩着黑格尔的肩膀起飞的。

"文化大革命"结束后，我多次出国参加国际学术讨论会或应邀到国外讲学，我所讲的内容多以西方哲学、黑格尔哲学为主题。我的学术视野大大地开阔了，这与改革开放的总的形势是分不开的。

80年代中后期以来，我的研究范围逐渐由德国古典哲学、黑格尔哲学转向现当代西方哲学与中国古代哲学，致力于中西哲学如何结合的问题特别是关于哲学何为与中国哲学向何处去等问题之研究。我的目标集中到一点，就是要探索到一条哲学的新方向，其成果体现在《天人之际——中西哲学的困惑与选择》（人民出版社1995年第1版，2007年第2版第4次印刷）和《进入澄明之境——哲学的新方向》（商务印书馆1999年版）两书中。与此同时，还写了《北窗呓语——张世英随笔》的小册子（东方出版社1998年版），以随笔、散文形式凝结了我那段时期的哲学思想。

《天人之际》和《进入澄明之境》以及《北窗呓语》出版之后的几年里，我按新的哲学方向在继续探索的道路上，逐渐形成了一系列属于我个人的思想观点，其所涉及的领域除哲学本身所讲的本体论和认识论之外，还包括美学、伦理学、历史哲学，我越来越萌发了一点想清理和系统化自己的哲学思想的打算。正好这时北京大学哲学系的负责同志要我以老教授身份为一年级本科生开设哲学导论课程。教学相长。我借此良机，把原先打算清理和系统化自己的哲学思想的意愿贯穿其中，完成了《哲学导论》一书（北京大学出版社2002年第1版，2006年第5次印刷），这是一本能代表我晚年哲学思想基本观点的著作。此书把我的哲学明确概括为“新的‘万物一体’的哲学”。它更系统地回答了《天人之际》与《进入澄明之境》两书中所提出的哲学何为与中国哲学向何处去的问题。“万物一体”（或“天人合一”）是中国本土文化的两大支柱儒家和道家的哲学思想之核心，为人与人、人与自然的和谐相处提供了理论基础，但无论是儒家的还是道家的“万物一体”、“天人合一”，都缺乏西方“主体—客体”关系式的思想环节，荀子的“天人相分”有些类似“主体—客体”关系式，但荀子不像孟子那样属于儒家正统，“天

人相分”始终没有在中国传统文化思想中占主导地位。我把中国思想史上占主导地位的“万物一体”、“天人合一”称做“前主客关系的万物一体”或“前主客关系的天人合一”。这种古旧的“万物一体”、“天人合一”思想，因其不以区分主客为哲学原则，不重物我之分，不重认识论，不重作为主体的人对作为客体之自然物的认识与征服，因而也不能为发展科学提供哲学理论上的根据，徒有与自然和谐相处之主观精神境界，而缺乏认识自然、征服自然以达到与自然和谐相处的具体途径。我由此而主张会通中西，提倡一种“新的‘万物一体’的哲学”，把万物一体、天人合一与主—客关系结合起来，具体地说，就是把主—客关系纳入万物一体、天人合一的思想指导之下，我称这种超越主—客关系的万物一体、天人合一为“后主客关系的万物一体”或“后主客关系的天人合一”。这也就是我所谓“新的‘万物一体’的哲学”之“新”的含义。我以为中国哲学向何处去的问题可以从这里找到具体答案。在这种思想指导下，我以为哲学就是提高境界之学，即提高到一种超越主客关系的万物一体或天人合一的境界，也可以叫做“后主客关系的万物一体或天人合一的境界”。

但《哲学导论》一书中所讲的东西，主要是从个人精神修养方面看问题，缺少社会维度的思考。有的学者看了此书后，说我的哲学是“个人哲学”，称我为“个人哲学家”，委婉地含有批评之意。我在《哲学导论》一书出版后，逐渐认识到，个人的精神境界是在其所生长的自然条件下和一个民族的历史文化传统的熏染下形成的，而后者尤具决定性的影响。文化有社会性，它不只是个人的精神境界，而且更准确地说，是整个民族的精神境界。提高人的精神境界（无论个人的还是整个民族的），与继承和弘扬一个民族的历史文化传统有深切的联系。这样，如何提高人的精神境界问题就变成了一个如何继承和弘扬民族历史文化传统的问题。我在新近由人民出版社出版的《境界与文化》一书中集中探讨了这个问题。我在这本书中着重讲了弘扬传统文化必须与吸收西方文化的优胜之处相结合而不能固步自封的问题。

改革开放30年以来，我们在克服中华传统文化中封建主义的糟粕、发扬人民民主、促进思想解放等方面，的确向前迈进了一大步。我个人在浪迹天涯三十年之后踏上了返回自我思想家园的归途中所取得的上述一系列学术成果，都是与改革开放的形势分不开的。撇开这些成果的质量不说，即使就数量而言，我在改革开放后30年所写的字数就几乎六倍于改革开放以前30年，而这后30年，已是我的老迈之年。改革开放给先前套在哲学脖子上的绳索松绑以后，的确焕发了像我这样的“哲学工作者”的青春活力，让我深感庆幸。

然而也正是这种改革开放的形势鼓舞着我，必须继续前行，我仍在漫漫归途中。改革开放，我把它理解为一场反封建专制主义的思想文化运动。中国传统文化诚然有其精华方面，但封建专制主义的糟粕也根深蒂固，欲继续改革开放，举步维艰。真正意义的民主、平等、自由，至今人多嗫嚅而不敢直言，诺诺者千夫，谔谔者一士难求。更有甚者，因“久在樊笼里”，安于主人喂食之欢耀，以致乐不思蜀，丧失“羁鸟恋旧林”的本能，则尤令人悲叹。针对这些情况，我在《境界与文化》一书中初步表达了我的一些意愿：如主张基本人权平等；增强平等之爱的道德意识；发扬自我批判、自我超越的精神；提倡科学的“自由”精神；培养对真理之爱的宗教感情；发掘道家传统中的科学基因；等等。实现这些意愿，意味着对封建传统势力的进一步清除，意味着一系列深刻的文化改革。但我以为只有这样，就个人来说，才有可能摆脱封建主义的“樊笼”，回归本己的精神家园；就民族来说，才有可能达到文化创新、民族复兴的光明前景。

本书除按时间顺序新写的正文外，还用较多篇幅收录了本人已发表的相关随笔、短文和个别其他资料，作为各个时期我的哲学足迹及其时代背景的具体见证和进一步说明。收录文字均在正文相关处用阿拉伯数字标明，便于读者随时翻阅。

本书承人民出版社张振明副主任热心关注和支持，还做了许多细致的编辑工作，谨此致以衷心的感谢。

张世英

2007 年 6 月 30 日

于北京北郊静林湾

1

“无穷岁月增中减，有味诗书苦后甜”

——我的哲学启蒙老师、父亲张石渠先生

“无穷岁月增中减，有味诗书苦后甜”。这是父亲青少年时期亲自书写在自己书桌上的诗句。悠悠岁月，人生苦短。父亲已去世半个多世纪，我也届耄耋之年，虽有诗书伴我终生，先哲抚我心灵，然学而无成，唯叹惜时光之流逝，愧对精神之永恒。

我于1921年5月生于武汉市北郊东西湖区的柏泉乡，距汉口（当时称为“汉口特别市”）约50余华里。解放前，柏泉乡是一个小岛，四周环水，难与外界相通，我从小就听父亲说，这块地方是“世外桃源”。在旧社会里，“世外桃源”就是乐土的别称。据我家族谱记载：相传大禹植柏于大别山巅，其根穿入柏泉乡，喷然出泉，故名。我小时经常听父亲教育我：生长在“柏泉”这块土地上，就要像松柏一样有岁寒后凋的精神。“柏泉”对我来说，

不是一个简单的地名，而是一处“秉坚凝之质”、可供人“独游泉石”的“仙境”。“飘零还柏酒，衰病只藜床”（杜甫：《元日诗》）。我一生在外飘游，至今还时兴“归去来兮”、再饮柏泉之想，就像我的哲学足迹，虽然遍历中西古今，最终还是向往少年时期所迷恋的老庄家园一样。

我母亲是乡下妇女，聪慧，为人忠厚。祖父是个乡下裁缝工，无半亩薄田。父亲在私塾念书时，据说还要靠借债才能交得起一点书本费，但父亲立志向学，曾在自己的书桌上贴了一张纸条，写下了上述的诗句以自勉。一位从城里回乡的官人、族长“四老爷”偶然看到了父亲写的诗句，大为赞赏，便愿意资助父亲到城里念书，父亲由此而在武汉市念完中学，最终毕业于武昌高等师范（武汉大学前身）教育系。

父亲从武昌高师毕业后，一直在武汉市中小学任教，主要教国文（即今日之语文课程）和历史。我九岁前在乡间私塾念书，父亲于寒暑假回乡，教我背诵《论语》、《孟子》和《古文观止》，特别是陶渊明的诗文，《桃花源记》、《归去来辞》、《五柳先生传》，是我背诵得最熟的名篇。父亲在我面前经常称道陶渊明“不慕荣利”，“不为五斗米折腰”，说这是老庄的道家精神。父亲在我幼稚的心灵上打上了老庄哲学的烙印。我九岁时随父亲到汉口市念小学，从四年级念起。大概就在那一年，父亲给我讲解《论语》上的“子曰：盍各言尔志”，顺便要我作一首言志的诗，我写了这么四句：“清晨荆扉开，儿童移树栽。待到十年后，儿树两成材。”父亲看了看，似乎高兴地笑了笑说：“够得上打油诗的了，还算有点志气。”在念小学和初中期间，几乎每天晚间，父亲都要教我一些古文，每一个月都要我利用星期天写一篇文言文。我用白话写文章，只是1941年入昆明西南联合大学以后的事。父亲经常挂在嘴边的一句话，我一直铭记在心：“身为一个中国的读书人，中文写不好，乃可耻之事。”他认为只有多读多背，才能出口成章，写好文章。我喜爱孟子、韩愈和梁启超的文字，爱写说理文。小学五年级时，我参加汉口市全市小学国文学科年级比赛，获第一名。父亲越发鼓励我读古文，写好文章。在他脑子里，中小学生的重点之重点课程是国文。

初中时期，除了《古文观止》外，父亲还教我读《史记精华录》和《庄子》。在讲解《史记》时，父亲特别赞赏司马迁不甘作随声附和的帮闲文人和御用文人的气节，并联系“不食嗟来之食”的故事，教我一些“做人要有骨气”的道理。我喜爱“不食嗟来之食”的品格，不能不说是接受了父亲的遗传。1997年，我看当时正在上演的电视剧《司马迁》，深有感触，联想起初中时父亲教我《史记》时的教导，便写了一篇杂文，题目就叫做《“嗟来食”》，载拙著《北窗呓语——张世英随笔》（东方出版社1998年版），现收录于本书。[1]

抗日战争期间，父亲“不为五斗米折腰”的“傲骨”升华为邻里所称道的民族气节。1938年武汉沦陷，父亲辞去市区小学教席，蛰居乡间，务农维生。日伪维持会派人预送薪金，请父亲出任伪职“维持会教育局长”，父亲坚拒不就。他租地自耕，以维持一家八口人的生计，并在乡间的一所小学里从事爱国主义教育事业，常常一手捏着犁尾巴，一手持着诗书，嘴里还念念不忘子曰诗云，邻里称他为“柏泉的圣人”。过路人不免安慰他一两句：“石渠先生，歇歇吧，别太累了。”他笑着说：“我这是犁尽世间不平地呀！”现将武汉市东西湖区政协文史资料委员会编《东西湖文史资料》第1辑（1989年10月）所载《张石渠先生二三事》一文收录于本书。[2]从父亲的身上，可以窥见抗日战争期间一个普通中国知识分子的爱国

抗日战争期间，作者父亲蛰居故里，对农村子弟进行爱国主义思想教育。

情操和民族气节。

初中时期，父亲在为我讲《庄子》时，给我印象最深的是告诉我："官场不可进，要做学问中人。"附带还有诸葛亮的"淡泊以明志，宁静以致远。""苟全性命于乱世，不求闻达于诸侯。"我当时对《庄子》上讲的内容，几乎都是"恍兮惚兮"，只有这两句话一直留在我脑海里："不求闻达，要做学问中人。"但我决不是一个远离红尘、不问现实的人。我痛恨当时的官场和社会上不平等的现象。汉口市的大街上经常有警察棍打人力车夫的现象，我在路旁经过时，辄怒目以视，或上前理论。当时的汉口市市长吴国桢曾到我念书的汉口市一中讲演，内容已经完全不记得了，他那副官僚面目和气焰触怒了我，我在那天的体育课上借故高唱岳飞的《满江红》以泄愤。次日，教训导主任把我叫到他面前训斥了一大顿，我那年的操行成绩被列为丙等。据说这还是由于国文老师宁彻澄先生为我求情，从轻发落，否则，就是操行不及格，受到留级处分。宁老师是老北大中文系毕业生，很欣赏我的作文，曾推荐我参加全市中学国文年级比赛，我得了第一名。比赛的作文题是《论时间》。宁老师说我的文章“颇有哲理”。可我当时并不理解哲理是什么意思，还请他讲解了半天。我念初中时，每学期终了，父亲总要仔细检查我的成绩单，稍有不佳，就要受到训斥，可是这次他知道了我得“操行丙等”的缘由后，却莞尔而笑曰：“不要太露，淡然一点的好。”还为我讲了韩信受胯下之辱的故事，并用朱笔在书上写了眉批：“小不忍，则乱大谋。”可是这件事给我的触发很大，我开始想到将来要做什么样的人，我曾幻想做政治家，改造社会，甚至幻想过要做哥伦布，发现一个更新的大陆，稀奇古怪的各种想法一时涌上心头，似乎未来的一切可能性都属于我。我虽然为此翻阅过一些名人传记，但实际上最终仍然屈服于父亲的严厉管教，终日埋头书本，想做学问中人。

1938年元月作者初中毕业时。

我家兄弟姐妹六人，加上父母亲和祖母，是九口之家，都靠父亲一人任中小学教员维持生活，家境贫寒。父亲总是单身一人住宿在学校，从未把家眷从乡下搬到城里。他无力同时让兄弟姐妹六人都受到教育，便把希望寄托在我一个人身上，倾全力精心培养我。我小时的一言一行都受到他的管教，我最怕他，也最爱他，他对我的教育深深地影响了我的哲学生涯。

2

“苍天生我，殆为人间鸣不平者耶！”

——流浪时期的彷徨

1937年抗日战争爆发，国民党军队节节败退，我忧心如焚，无心念书，只是勉强应付考试而已。1938年秋，高中念完半年，武汉沦陷，我随母校迁鄂西山区，在湖北省联合中学念书。“联合中学”（我们简称之曰“联中”）系武汉沦陷前夕当局为了挽救青年学子，将武汉三镇的全部公立学校联合而成，学生食宿全由政府提供，联中下设许多分校，我的母校“省立武昌高级中学”这时便改名为“湖北省联合中学建始高中分校”。我因由武汉到后方的逃亡路上遇到交通阻塞，便先在联中巴东分校借读了一年，从高中二年级下学期起才回到建始高中。

抗战期间，学子流亡，大多心情抑郁，而在行为上则放荡不羁。我离开了严父的管教，更如脱缰之马，四处奔驰，或约三朋四友到路边小店借酒消愁，或一人独游山间峡谷，引吭高歌。我觉得天地无比广阔，但又茫然无所适从。“九一八，九一八，从那个悲惨的时候……”我常常和同学们在一起，一面哽咽着歌声，一面却沉思着：天涯海角，路在何方？联中巴东分校，地处巫峡岸边，悬崖绝壁，路断人稀，往往夜听猿啼，便怆然泪下。偶尔接到父亲从沦陷区来信，心中才有些豁然。当时沦陷区与后方通讯总要受到敌伪严厉检查，但父亲仍在信中以各种隐喻方式告诉我关于他与敌伪的一些周旋，并教我一些读书救亡的道理。但在当时国民党统治区，要想救亡，首先得突破“政治上的防线”。联中巴东分校是职业性高中，国文老师借用商业簿记上的术语出了一道作文题：“借与贷”。“借”指收入方，“贷”指付出方。我根据簿记上借贷平衡的原则写下这么几句：在老板与伙计的关系中，借与贷永远不能平衡。贷出的是血与汗，借入的却是水与草，簿记上却在借方硬加上“能喝得上水与吃得上草的条件”几个字以表示双方的平衡。国文老师是个进步人士，领悟到了我的意思，把我叫到他的寝室里，打哑谜似的“责备”了我几句，我却似乎得到了他的一点安慰。统治者总是把老百姓能“喝得上水，吃得上草的条件”算到自己的恩德簿上，这大概是历史的普遍规律吧。还记得在从武汉逃难到巴东的轮船上，一位国民党的军官太太穿着高跟鞋，公然踩破我唯一装衣物的网篮，大摇大摆地扬长而过，我与她交涉，要她赔偿，她竟呼唤她的副官、卫兵来抓我，我忍气吞声，设法逃避了这场横祸。世道坎坷，人生的簿记本上，何处有平衡？但这件事毕竟让我亲身懂得了一点人生的“借贷哲学”。

联中巴东分校的具体校址在巴东县城上行约60华里的江边楠木园小镇，位处巫峡最深处，所谓小镇，也不过是几百步石阶两旁的二三十家小店、酒家，学校几十间断壁残垣的旧屋就位于石阶的顶端。我们每天早上起床后第一件事就是跑几百步石阶到江边，用湍急的江水洗脸、漱口。小镇附近的山谷，时见茅屋三两间，黄发垂髫，背篓担柴，怡然自得，问抗日烽火之事，竟无以为对。此情此景，让我仿若回到了原始，走进了一个现实的“桃花源”。我当时作为一个来自武汉大城市的未成年人，对比这里民情之古朴与城市中人心之硗薄，只觉茫然，未谙其中真意。半个世纪以后，我于1996年重游三峡，在江船上远眺楠木园当年待过一年之久的母校联中巴东分校旧址，不禁感慨万千，写下了一篇随笔《重游三峡随想》（载《光明日报》1996年7月17日）[3]。这篇短文多少能透露一点我今日之哲学所蕴含的昔日之经历。

高中的最后一年半，我就读于“联中”所属的“建始高中”，这是武汉沦陷前我念过一学期的“省立武昌高级中学”（当时简称“省高”）。我是由于不满意巴东分校的职业学校性质而回到“建始高中”的，目的是为了便于将来考大学。这一年半的时间是我高中最用功的一段时期，我当时学习的重点不再是先前的国文，而是英文和数学。英文老师是武汉大学英语系的毕业生，水平很不错，用英语讲课，对我们要求很严，他不太重文法，强调多读多背。我们那时的学生生活很艰苦，每顿只能吃稀饭和白薯，副食往往只是一点咸菜，有时是黄豆上面撒点盐，但我们起早贪黑，晚上学习到深夜，清晨五点钟就起床到山坡上高声朗诵英语一两小时，还随身带着一本英文袖珍字典，有时在路上行走也默诵单字。我们的数学课本也是用的英文本，数学老师要求我们用英文做练习，这对我们学英文大有好处。武汉沦陷前我受父亲影响，只重国文，而轻英语，英语成绩平平。在“建始高中”时期，由于老师的严格要求，也由于同班同学学英语的气氛浓厚，我的英语成绩取得了较大的进步。只是由于条件的限制，我们都不会口语，但我在高中毕业时已能用英语写

一点短文了，这为我后来以西方哲学为专业提供了有利的条件。

那时的高中，到二年级就分文科班和理科班，我因准备升大学学理工，就选了理科班。理科班重数学，所以除英文外，还特别重视数学的学习。数学，特别是几何学，是我从小学起就最喜爱的学科。初中时为了证一个“九点圆”，我曾一纸一笔，废寝忘食，记得那一夜，因在睡梦中找到了证明而惊醒。我近些年来在校内外讲哲学，极力提倡古希腊“为学术而学术”的“自由精神”，总爱以我小时证“九点圆”的情景为例：“九点圆”不是数学老师布置的习题，而是我们同班同学自己从一些课外读物中找到的，老师在考试时也不可能出这样的难题，但我们只是出于“好奇心”，出于追求真理的兴趣，而忘我地一心要把它证明成功。这种毫无功利计较、纯之又纯的学术精神，在古希腊哲学家柏拉图、亚里士多德那里，就叫做“自由的精神”。其实，在所有各学科中，数学是最富“自由精神”的学科。我酷爱数学，也许与我“不求闻达”的清高思想有联系。我念小学时，曾参加汉口市小学数学竞赛，获全市小学的年级第一名。如果不是父亲把我的课余时间都花在古文的学习上，我后来也许会在数学方面表现一点突出的成绩。在西南联大念哲学系时，金岳霖先生就称赞过我，说我有数学头脑，逻辑性强，适于研究英美分析哲学。但我在建始高中就读时，同班同学中数学成绩最好的不是我，我是从联中巴东分校转过来的插班生，经常忙于补习一些别人已经学过的课程，而我又不是一个谈得上有数学天才的学生。

我之所以在高中念理科班，准备将来上大学学理工，第一是因为觉得学理工可以少与政治和人事打交道，符合我的清高思想；第二是因为学理工，需要数学好，我有这方面的条件；第三还是出于一种实际功利的考虑。当时，学理工的比较容易找职业。但我并非对社会漠不关心，我在思想深处总爱追问人生的意义和价值，向往一个理想的社会，这个理想究竟是什么，我也没有认真想过，大体说来，也许是一个人人平等、没有尔虞我诈的社会吧。大约在高中快要毕业的那个学期，不知从一个什么人的手里看到一本小说，书名完全忘了，也许那本书根本就没有封面。建始高中是湖北省最好的高中，老师水平高，学生平均成绩很好，升学率居全省之首，学生中“左”与右的思想倾向比较分明，我是中间分子，经常会在书桌上或抽屉里收到一些完全不知来路的油印文件或破旧不堪、见不到书名和作者的书本，后来才听说这些东西都是地下共产党为了争取中间分子塞进来的。我看到的那本书，尽管至今不知书名，但基本内容却永记在心：大概是讲的一个人在沉睡了几十年之后，醒来只见世界完全变了样，货币没有了，物与物交换，人与人相亲，无贵贱高低、上下等级之分。我非常欣赏这样一个理想世界。我当时写了一篇题为《自叙》的作文，主要记述了小时和初中时候爱打抱不平的事迹，抒发了一些对旧社会不平等现象的愤懑之情，也表示了一点对未来理想社会的向往。文末引了贾岛的一首诗：“十年磨一剑，霜刃未尝试。今日把示君，谁有不平事。”诗后写了一句感叹之词：“呜呼，苍天生我，殆为人间鸣不平者耶！”国文老师詹学时先生对这篇文章大加赞赏，在这句感叹词旁连加圈点，并写了这样几句评语：“如长江大河，一泻千里，有王猛扪虱而谈，旁若无人之概。”我受宠若惊，沾沾自喜，终生念念难忘。现在看来，他的评语本身就是一篇很有气势的短文，尤见詹老师的古文功底。我们那时中学老师的水平，亦由此可见一斑。詹老师是我父亲念武昌高师时的同窗，擅长古文诗赋，听说他留学德国时还随身带了一部《昭明文选》。他为人忠厚正直，不满意旧社会，有浓厚的爱国思想。他听说我父亲在沦陷区宁愿弃教务农，借债度日，也不甘为日寇的亡国教育效力，深为感动，便在课堂上念了我父亲给他的信，还借机讲了一段关于灵魂与肉体较量地位高低的寓言故事。这则寓言我早已置之脑后，碰巧在1996年见到一件常人不注意的小事，勾引起我几十年前的回忆，便写了《灵与肉的较量》一文，发表在《光明日报》上（1996年12月4日），现收录于本书，[4]也算是对詹老师的一点纪念。高中毕业前夕，詹老师还通过我父亲的另外一位朋友向我表示，愿意资助我上大学。国难期间，詹先生和别的中学教员一样，生活清苦，我当然只能敬佩他爱才惜才的品格和乐于助人的气概，却不能接受他慈父般的恩情。抗日战争胜利后，我从昆明回到武汉，曾千方百计打听到他的住址，去看望过他。他已老态龙钟，清风两袖，然学者风度依旧。詹老师的学识、思想、风貌以及他对我的教导与鼓励，都在我前进的道路上打下了深刻的烙印。

我念初中特别是高中时期，同学中政治上靠近共产党的，往往学业成绩很好，政治上依靠国民党三青团的，往往学业成绩不佳，遭人白眼。我的初、高中同学比我高两个年级的密加凡（原名密家藩）同志，在初中时期，就思想进步，文笔很好，写文章学鲁迅笔法，曾获汉口市中学国文年级比赛第一名。我们低年级的同学都认识他，高中未毕业就“跑延安”，当过党的七大代表，解放后，长期担任湖北省委秘书长、宣传部长、湖北省社会科学院院长，两年前去世。他去世前的四五年，我因每年都去武汉大学参加他们西方哲学博士论文答辩会，有机会与他见面，两人都怀着激情谈起中学时期对我们成长的影响，特别是谈起初中的国文老师宁先生对我们两人的关爱。高中同班同学李绍群（原名李廷玉）同志，在班上无论国文、数学、英语成绩都名列前茅，同学称他为“圣人”，后来念大学期间也去了解放区，当过解放军政委，解放后在高等军事科学院任大校、少将级文官之职。八十年代我夫人患重病，他曾“诗以慰之”，不久前还寄给我一本他的《诗集》（军事科学出版社2006

年版）。他作文写诗，善用典，我自愧不如。还有同班同学倉孝和，在班上也是佼佼者，历史知识特别丰富，化学成绩在班上第一，我望尘莫及，后来念大学期间也“跑延安”，解放后，当了北京的一个中学校长，后升任中国科学院化学所所长，北京师范学院（首都师大前身）院长，61岁不幸因病逝世，生前与我过往甚密。但是，同班同学中也有人是三青团员的，学业成绩大多不好。有一位三青团负责人担心几何学考不及格，要我为他捉刀，我教他几句，他仍然不会。考试结束后，我骂他“你只会胡闹，这么简单一个几何题都不会做！”学业成绩和政治倾向为什么会有这样一种联系？我当时的脑子里并没有出现过这样一个问题，只是模模糊糊地有些厌弃国民党、三青团的心理。现在看来，这也许就是当时国民党已日薄西山，共产党象征朝阳的一点体现。我当时政治敏感不灵，只是爱与成绩好的同学在一起（成绩好的与成绩好的爱在一起，这几乎是那时学生中的一个普遍现象），并无政治意识掺杂期间。但中学时期的朋友交往无形中也影响了我后来的思想道路。

高中同学的学业成绩中还存在着一个比较明显的现象。我的同年级文理科两个班中，不仅数学、物理等理科成绩最好的同学在我们理科班，而且文科成绩好的和最好的同学也在我们理科班而不在文科班。我们这些同班同学都从小就念了许多古文，文字功底不错。学校领导和老师们平日也总是以国文课程为重中之重。他们并没有像现在这样讲一些弘扬传统文化的大道理，但不知为什么，理科班的学生很自然地把文理两科结合得那么紧密，思想上似乎觉得，一个人文章写得不好，国文成绩不佳，这个人在品位上也就像缺了一点什么似的。2003年，我国教育界曾因一位高考生做文言文写作得满分而引起一场不小的争论。有人说，在知识爆炸的今天，让孩子们花那么大的气力去学写文章，特别是写文言文，不符合时代精神，也不切实际。我曾应北京《前线》杂志之约，写了一篇短文，题为《从高考生文言文写作想到的》，以我高中理科班同学的文科成绩优秀为例，抒发了一点关于文化危机的感叹，也阐述了一点关于科学与人文精神关系问题的道理。[5]

1941年春，我高中毕业，到建始县城里参加全省高中毕业生会考。从建始高中所在地三里坝到县城有60余华里的山路，要翻过一座大山，我们同学数十人，三五成群，边爬山边谈论，既有劳燕分飞的惜别之情，也有对未来的憧憬。刚考试完毕、准备返校的当晚，突然有进步同学暗中通知我，说我和另外十几个同学一起被列入黑名单。一位年长的进步同学带领我们黑夜偷偷回到学校，收拾行李，翻越川鄂边界的崇山峻岭，终于脱险，到了重庆。我们的高中毕业文凭就因为这样一直被扣发，我在全省高中会考的成绩是第一名，原定的奖金也被取消。据说，这是当时湖北省主席兼湖北省联合中学校长陈诚的命令。这件事对我是一个极大的震动。我是一个一向自命清高、不关心政治的人，为什么也会被列入黑名单？有人知会我，说是因为我平日骂了三青团。难道就这样构成被逮捕的罪名吗？我在写给留居鄂西的一位同学信中说："陈诚以军人办教育，教育必败。"当时正是皖南事变之后，许多爱国青年被捕，其中包括上面提到的同班同学李绍群。我那位同学后来见面时对我说，要是那封信被拆查了，他也会遭捕。想起来，我那时也未免太莽撞了。从那以后，我开始萌发了一点想研究社会，改变现状的意愿。1941年春到同年夏，我在四川白沙大学先修班念了半年书，虽然还是念的理科班，但已经很关心社会现实了。大约就在毕业前后那段时间里，我不知道从什么地方得到了一本艾思奇的《大众哲学》，念先修班期间我翻阅了这本书，虽然当时并未引起我很大的兴趣，但耳边经常能听到什么"红色理论家"、"赤化哲学"之类的谈论。我思想领域里隐约闯进了一个“另类世界”。我当时有浓厚的改造社会的愿望，但并未把它与共产党、解放区联系起来。

大学先修班念完之后，从白沙返回重庆，准备考大学。白沙在重庆上游，距重庆百余里，与重庆相比，也算得是个“世外桃源”。重庆是当时的陪都，热闹非凡，与白沙形成鲜明的对比。为了准备考试，我们同学都躲在重庆嘉陵江边的防空洞（其实都是原有的山洞改建而成）里念书，敌机经常铺天而来，炸弹就落在我们头顶的山峰上，现在回想起来，琅琅书声与敌机的轰轰声似乎显得太不协调。“抗日的烽火燃烧在太行山上”，新华社与中央社的摩擦声不绝于耳，我和我们那些同学究竟是靠一种什么样的勇气和力量才静下心来的？彷徨与憧憬，苦闷与毅力，激情与冷静，交织在一起。我怀着改造社会的宏愿，毅然放弃了长期想上大学学理工的志愿，改选了经济系。我当时以为经济是济世救民之道，又听说学经济需要数学，我的数学成绩一向不错。从想学理工科到想学经济，这是我志愿上的第一次转变。

3

“独上高楼，望尽天涯路”

——从中学到大学

1941年秋，我和一位同时考取联大经济系的中学老同学同坐一辆“黄鱼车”（抗战时期来往于缅甸和昆明、重庆之间载运战时物资的封闭型大卡车，司机私自拉乘客从中赚钱，把乘客“闷”在车厢里，人称“闷黄鱼”），途经贵阳，走了七天七夜，才到昆明。山路崎岖艰险，虽非蜀道，却比蜀道更“难于上青天”。我们两个人一路上尽发感慨：“大学之道难，难于上青天！”说罢，两人哈哈大笑。

西南联大的校址位于昆明城西边缘，校园前门，一块大横匾，“国立西南联合大学”几个大字，赫然而立，令我俩肃然起敬。我俩笑着说：“总算经过大学之道，走进了大学之门！”

联大校舍本部是一排排的人字形茅草房，办公处、教室和老生宿舍都在本部，唯独一年级新生宿舍是附近昆华中学的校舍，两层楼洋房，居住条件比老生好得多，我们对联大的第一感觉是

"不欺生"。

从中学到大学，就像乡下人进城，刘姥姥进大观园，花样多，什么都新鲜，都神秘。这系、那系，这样的课程、那样的课程且不说，新生谈论最多的是：他昨天见到大名鼎鼎的冯友兰，满脸大胡子；我今天见到数学天才华罗庚，一跛一瘸；忽而看见一位长袍长袖的教授模样，就猜想可能是北大的；忽而又见到一位西装革履的教授模样，就猜想可能是清华的。总之，眼花缭乱，充满了敬仰之情，以考入这样的大学而自豪。

西南联大，政治气氛和学术气氛一样浓重。进校不太久，就碰上由联大学生带头的倒孔运动。据说身为行政院长的孔祥熙从香港带洋狗乘飞机到重庆，国难期间，这种冒天下之大不韪的行为自然引起学生的愤怒。可是西南联大的学生，白天游行示威，晚上却照样自学到深夜；白天在大街上高喊"打倒孔祥熙"，"要民主"，晚上在宿舍里交谈数学方程式和"边际效用"（从经济学著名教授陈岱孙讲授的《经济学概论》课程上刚刚学到的名词），还学着陈先生的腔调，故意拖长了声音："marginal utility"。在西南联大，德先生与赛先生这两位北大旧交，似乎友情依旧，往往携手同行。还记得有一次（时间已经不清）孔祥熙到昆明，据说原想到西南联大作一次讲演，但又不敢，改到云南大学，云大与联大只一道破土墙之隔，西南联大的同学闻讯后，成群结队，蜂拥而至，先占领了云南大学大讲堂最前面的地盘，大讲堂没有座位，学生们都是站立着的。孔祥熙尚未露面，一片怒吼声已经震撼了全场，他的侍从黄仁霖把手指插在口内，吹了一声长长的口哨，想借以压场，同学们更加愤怒，高喊"流氓，流氓"！孔祥熙出场了，一站到台中间就指着自己的鼻子说："我姓孔，孔子的后人呀！我也是个教师，当过小学教员，还兼校工，摇过铃，让学生上课……"显然是想用这些话来打动我们，引他为同类，以赢得同情。同学们看他这气短的模样，总算放过了他。这一幕惊心动魄而又带有喜剧性的民运场面，令我终生难忘。在当时的国民党统治区，这样的场面恐怕也只有在西南联大才能见到。可是，与此相对照，也还有完全是另一番景象却同样轰动了几乎全校师生的学术场面，也让我一直把它当作西南联大的标志。联大校门前的一侧，是校本部的内墙，也是同学们最爱聚集的热闹区，各式各样的海报和小广告都贴在这里，联大的几次民主运动也都从这里发端，颇有点像今天北京大学的“三角地”。有一天，我从这里路过，见同学们三三两两在一起谈说着，一打听，原来是刘文典当晚在昆北食堂讲《红楼梦》；找海报，真有其事，也不过是两三尺见方的一张破红纸。海报不起眼，却引起了那么多人的关注。离讲前还有半个多小时，昆北食堂挤满了听众，时间越来越近，来的人也越来越多，只好换地方，连换两次，最后总算找到了一个露天大院，安顿了下来。听众焦急地、也静静地等待刘先生出场。一等两等，还不见刘先生的身影。有人说：刘文典可能抽大烟还没有下床；有人问：刘文典是不是被蒋介石传召去了？（当时，西南联大很多人都知道刘文典抽大烟和任安徽大学校长期间敢于顶撞蒋介石的逸事。）超过预定开讲时间半个多小时，刘文典总算姗姗而来，嘴里叼着一支纸烟，吞云吐雾，好一会儿一言不发。大家席地而坐，鸦雀无声，静候刘先生开口。我的化学老师著名教授严先生就坐在我身旁，我小声问他：“严先生，您怎么也来听红楼梦呀？”答曰：“我学化学的，怎么就不能来听点红楼梦呀？”问得我哑口无言，又觉得他的话很值得玩味。好不容易刘文典开了口，第一句话：“啊啊啊！你们各位都是林黛玉、贾宝玉呀？”全场哈哈大笑。严先生早已等得不耐烦，便应声回答说：“什么贾宝玉、林黛玉的，都是大混蛋、小混蛋！”其实，他是为了泄愤，骂刘文典的，他的声音很小，

估计没有什么人听见。刘文典不紧不慢地讲了很长时间，却没有一个人退场。讲完已经夜深，还有人向他不断提问，探讨着一些文学、甚至佛学的问题。西南联大，就是这样一所春风化雨、弦诵不绝的学术殿堂。我在西南联大，感受最深的也正是它的学术层面。至于它的政治氛围，至少在我联大前期生活中，对我仍然淡漠。

联大规定，“大一国文”、“大一英文”是全校的必修课，“逻辑”、“中国通史”、“西洋通史”是文科生必修课。文科学生还必修一门理科的课程，我选修的是化学，但我对化学最无兴趣，其中的实验部分，我经常旷课，考试得零分，以致整个化学成绩不及格，一直到四年级时选修微积分，才算满足了学校规定的要求。

历史课就像化学课一样引不起我的兴趣，这一方面是因为我记忆力一向不好，而历史和化学都要靠记忆（我喜欢谈理，我对理科的兴趣也主要在数学和物理，对文科的兴趣则主要在写说理文，而不在背历史），一方面也是因为教我中国通史课的老师吴先生讲课语言干瘪，一上讲台就拿起讲稿遮住自己的脸，一直照念到下课，下课铃声一响，他卷起讲稿就走。念的内容又尽是些官制史之类的东西，一点故事情节也没有，他把一个本应是生动活泼、发人深省的课程讲得枯燥无味，令人生畏。吴先生在上面扯起嗓门念，我们在下面急急忙忙记，考试前总算有个死记硬背的依据。我的考试成绩平平。好在联大往往是同一门课，几个教授开设。和吴先生同学期开设的通史课，是雷海宗教授的“中国通史”。他的课堂上总是门里窗外都挤满了听众，原来是旁听的人太多。我们同年级的同学，谁选吴先生的，谁选雷先生的，不知为什么不是按联大的惯例，由我们自愿，而是由主管部门分派下来的。我被分到吴先生名下，只好经常去做雷先生的旁听生。雷先生学识渊博，语言生动，讲课完全脱离讲稿，年代与历史事迹记得烂熟，还贯穿着一些深刻的思想，令人回味。我的许多历史知识是从雷先生那里旁听得来的，至今不忘。雷先生是史学界一代宗师，终生没有像吴先生那样为官。据说，雷先生在解放后曾遭到不公正的待遇。学者的命运，往往不是与他的学问大小相对应的。

至于经济系的本专业课程，只有著名经济学家陈岱孙先生讲授的"经济学概论"，由于他讲得特别清楚、简洁，对我确有吸引力，其余的什么"会计学"、"簿记"、"统计学"，我都索然无味。我原以为经济学讲的是济世救民之道，不料尽是些"生意经"，经济系念完一个学期之后，我就萌生了转系的念头。但经济系的陈岱孙先生却给我留下了终生难忘的印象。他不但讲课好，而且衣冠楚楚，谈吐简洁，办事认真、严谨，特别守时间。昆明市每到正午 12 点鸣炮报时，陈先生的课正好是 12 点下课，陈先生一听到炮声，便左手伸前看表，说一声"下课"，正好他的讲课内容也告结束，不留尾巴。他的系主任办公时间是早八时到八时半，我们同学找他签字，早去一分钟，他的办公室门紧闭，一到正八点，他从门侧走出来开锁，办公用品都是前天晚上准备好了的，办起事来极快。过了八点半，如果想请他签字，他便用大拇指指向背后，眼看手表，不言不语，意思是要我们看他背后的钟，办公时间已过。他的手表和背后的时钟似乎也是经他校准过的。陈先生的风格对我们这个只讲"差不多"的民族传统来说，是一个讽刺，也是一位良师。我们经济系的同学都很敬重陈先生，大家谈论到他刚 20 岁出头就拿了美国的博士，得过 Golden key（联大学生平日交谈中往往爱带一句半句英文），不胜敬羡之情。

我念一年级时最感兴趣的是"大一国文"。"大一国文"共分 26 个班，按英文字母排列顺序，我那个班的老师是文学家李广田先生。李先生后来当过清华大学副校长，云南大学校长，在给我们讲"大

一国文”时就有些名声。他讲课语言生动，爱与同学交谈。“大一国文”的课本中选有王国维《人间词话》，三种境界说给我印象极深。“古今之成大事业、大学问者，必经过三种之境界”。李先生讲完三种境界的内涵之后，留下作业，要我们思考，自己经历过一些什么样的境界，并写篇短文交给李先生评阅。李先生在看了全班作业之后，似乎在班上边笑边介绍，说了这样几句：大部分同学都主要地是谈“第二境”的经历：或因恋爱而“为伊消得人憔悴”，或因考大学开夜车而“衣带渐宽终不悔”，大多没有谈“第一境”和“第三境”的经历。李先生特意表扬了我，说我谈的“第三境”还“有点意思”，那就是在解决了一道几何难题之后所得到的快乐，就好比“众里寻他千百度，蓦然回首，那人却在，灯火阑珊处”。我很高兴李先生给了我表扬，但现在想来，只有“成大事业大学问者”才有“第三境”，我何人也？哪来此境？至于“第一境”，李先生在总评时似乎没有对同学们的作业做什么介绍，我对此亦无印象。依照我现在的回顾，对于一个刚从穷山沟里走出来的中学生来说，大学特别是西南联合大学，在我面前所展现的那丰富多彩、无限广阔的前景，实在令我迷惘，也令我向往，我尽情地观望，无穷地选择，我在初进西南联大之后的一段时间里，才真是处在一个“独上高楼，望尽天涯路”的“第一境”里。

在联大的“大一国文”课堂上，我第一次用白话文写文章，这是西南联大的特殊规定，我不习惯，问李先生是否可以写文言文，李先生说：“应该改一改了。”没有多作解释。我写了一篇题为《人与枯骨的对话》的短文，内容主要是寄托自己的大同理想。李先生在文末批写了一句评语：“有妙想自有妙文”，给了我 92 分。我有点得意，后来投稿到昆明一家报纸《扫荡报》的文艺副刊上，很快就发表了。

1942年秋到1943年夏，我休学一年，到昆明附近的县城中学教书，贴补一点生活费用。当时联大学生大多来自沦陷区，经济来源断绝，靠政府以“贷金”名义（实际上从无偿还一说。我从1938年武汉沦陷去后方继续念高中，直到1946年大学毕业，食宿全靠国民党政府以“贷金”名义供给，“贷金”这一措施挽救了一代青年，应该向它致谢！）维持最低生活，所以很多同学都在外面“兼差”：有的当家庭教师，叫做“教家馆”，有的当中小学教员，听说还有一种“差事”是，每到中午12点就去市中心的近日楼上敲钟，向全市报时。“兼差”只能利用课余时间，很多同学在外面“兼差”到深夜，归来后还伴着一盏油灯，复习功课或读些课外读物，第二天清晨，照样“闻鸡起舞”，吃点稀饭加咸菜，便夹着书上图书馆。我在休学期间，着重学英语，想提高英语水平，我那时很想效法联大许多知名教授，将来出国留学，回国当教授。由于教中学赚了一点钱，便约了经济系一位原中学老同学陈才昌请英语系的老师王佐良先生为我俩补习英语，每月给王先生一点报酬。王先生是教我大一英文课的老师，英语水平很好（后来也是著名文学家），他似乎对报酬之低毫不在意，逐字逐句地、耐心地给我们讲解莎士比亚的《哈姆雷特》英文原文，还要求我们背诵其中一些段落。我从《哈姆雷特》中学习到的，不仅是语言，更多的是其中的人生哲理。我特别爱背诵其中的一句名言：“To be or not to be，that is a question。”我很服膺这句话，哲学最终其实就是讲的一个“To be or not to be”的问题。我在《北京大学教授推荐：我最喜爱的书》（陕西师范大学出版社2001年版）中，列了我最喜爱的十本书，其中就有《哈姆雷特》。[6]

1943年秋，我因不满经济系一些课程中的“生意经”而转入社会系。念社会系的一年中，我把主要精力放在英语的学习上。“大二英文”课的老师是李斌宁先生，他当时是讲师，后来也是著名文学家。李先生英语水平高，对我们要求严，批改作业也很认真，对提高我的英语水平起了很大的作用。我还自学阅读了易卜生的剧本英文版好几种。为了学口语，我和另一位同学几乎每个星期天都到附近的一个小教堂——文林堂去“做礼拜”，从牧师那里学口语。我的那位同学也有志学西学，两人一致认为，不学好英语，很难学好西学。社会系的“人口调查”之类的课程，特别是其中一门课是老师带领我们同学去妓院搞调查，令我厌烦。正好这一年选修了贺麟先生的哲学概论，这是一个转机，我在“望尽天涯路”的迷惘中，终于追寻到了一条我终生以之的道路。

4

“荷出污泥而不染”

——贺麟先生引领我走上了哲学之路

贺麟先生的哲学概论课的教室在昆北食堂，是联大最大的教室，可容两三百人，每次课前，同学从四面八方匆匆赶来占座位，门外的台阶上总是站得满满的。听说与贺先生同时开设“哲学概论”课的另一位老师的班上，选课人少，课堂上冷冷清清。

贺先生讲课，从不念讲稿，语言生动活泼，通俗易懂。课堂上他提到最多的哲学家是黑格尔，当时我对黑格尔何许人也，毫无所知，只是把一些从正面看反面，从反面看正面的话头同这个“黑格尔”的名字联系起来，有时令我联想到中国的《老子》，但贺先生联系得最多的却不是《老子》，而是宋明道学，特别是陆王心学。他爱把黑格尔的绝对唯心主义与王阳明的“心外无理”结合起来。印象最深的是，贺先生说黑格尔的“绝对精神”是一个战胜了一切对立面的“战将”，就像中国人讲的“荷出污泥而不染”一样，荷花从

污泥中冒出来而又清香高洁。他还特别强调，不经污泥污染过的清高，算不得真正的清高，这就是"辩证法"。我特别欣赏贺先生的这些讲法和思想，我当时就对同学们谈到贺先生，称赞他思想"隽永"。他的讲课引起了我对"辩证法"的兴趣，"辩证法"这个词在我当时的印象里似乎是一种能使思想深邃、文笔矫健的魅力。尤其影响我至深且远的是，他对"荷出污泥而不染"的哲理分析，为我从小就崇奉的清高品格提供了一种理论上的说明和根据。学了他的哲学概论之后，我以为比起社会学、经济学来，哲学最能触及人的灵魂；同时，我还发现，哲学才最适合我从小就爱沉思默想的性格。就是在这样一个主要思想支配下，我于 1944 年秋又由社会系转入了哲学系，从此，我在学习和研究的大方向上就算终生无悔了。一个人的才智和兴趣往往相伴而生，但对才智和兴趣的自知之明又往往需要经历一个过程，不是一下子就能清楚的，何况人生的探索追寻本来是一条长远的道路。西南联大允许自由转系的教学制度，为培养人才大开方便之门，为我的志愿选择提供了广阔的空间和良好的机缘。

我转入哲学系，是经过当时的系主任汤用彤先生签字批准的。汤先生看了我念经济系和社会系的成绩单后，认为我总成绩很好，国文、英文成绩居优，便很快签了字，还说："看你成绩，是个有偏爱的人。""你对黑格尔哲学有兴趣，将来可以好好在这方面做些研究。"这是我第一次见到汤先生：白发苍苍，雍容大度，宽厚仁慈，令我顿生崇敬之心。

我转入哲学系后一直到毕业，经常到贺先生家当面请教一些哲学问题，贺先生大概是看到我的哲学概论成绩好，热情接待我。贺先生总爱主动谈论他对中国哲学特别是程朱陆王哲学的看法，谈得最多的是，他欣赏陆象山、王阳明的"心外无理"说，反对理在心外，反对超时空、超感性的东西。我后来听了冯友兰先生的中国哲学史课程，才知道他的思想观点和冯友兰在这方面正好是对立的。但我当时作为一个初学哲学的学生，对这些问题，特别是一些观点上的分歧，并不敏感，除非他们把持反对观点的人的名字明确点出来。就我当时的思想状态来说，我似乎更对冯友兰的“理在心外”、“理在事先”的观点更多兴趣，冯友兰讲的“没有飞机之前，先有飞机之理”，在我脑海里印得很深。我并没有把这两种观点的歧异明确起来，只觉得冯先生讲的东西逻辑性强，思路清晰，贺先生讲的东西比较混沌，又觉更有余味。大学毕业以后，经过解放，一直到上世纪80年代改革开放，我大体上在贺冯两人观点分歧这个问题上，基本上偏倚冯，我在那段相当长的时间里，倾向于柏拉图主义的形而上学，比较崇奉超感性、超时空的理的世界。然而从上世纪80年代改革开放以来，由于受了尼采、海德格尔、伽达默尔等西方现代哲学思想的影响，我的观点则倾向于陆王心学，我把陆王心学与西方现当代哲学特别是大陆人文主义思潮联系起来，形成了我当前所主张的新的“万物一体”的哲学——“超主客关系的天人合一”的哲学。我特别赞赏王阳明的心学。我现在的哲学观点明显地与贺先生在联大时期所讲的陆王心学有某种联系，只不过我比起当年的贺先生来，着重强调要把王阳明的心学与主客关系的思维方式结合起来，强调要弥补中国传统哲学缺乏逻辑推理和细致分析的局限性。

贺先生在联大时期讲黑格尔哲学，其基本观点是新黑格尔主义。我到贺先生家请教哲学问题时，贺先生经常对我大讲新黑格尔主义，美国的Royce，英国的Bradley，意大利的Croce，我当时已相当熟悉，贺先生要我看这些人的原著。贺先生当时主持西洋哲学名著编译委员会，我有机会看到这些人的原著和中文译稿。我后来以黑格尔和新黑格尔主义为研究方向，与贺先生的教

导、培养有深切的关系。我的毕业论文题目就是《新黑格尔主义哲学家 F. H. Bradley 思想研究》，由贺先生指导。贺先生除耐心为我讲 Bradley 的哲学思想和原著外，给我最有深意的一句教导，至今犹铭刻在心："我虽然主持西洋名著编译委员会，非常看重翻译工作，但我要提醒你的是，不能靠翻译从事西方哲学研究，要念原文，翻译终究代替不了原文。"西洋哲学名著编译委员会出版了很多西洋哲学名著中译本，如 J. Royce 的《近代哲学的精神》，F. H. Bradley 的《伦理学研究》，B. Rand 选本《西洋伦理学名著选辑》(原名《古典道德学家》)等等。还有中国著名学者洪谦教授的《维也纳学派哲学》。这些书都由商务印书馆出版，抗战时间，印刷条件差，都是一些像黄表纸（信迷信的人祭神用的黄色纸）一样的棕黄色薄纸装订而成的本本，从正面可以透视到反面，但我大多读过，一直保存到现在，朋友们到我家，说"这都成了珍贵的文物"。我却由此而忆及贺先生，他不但为介绍西学作出了重大贡献，而且培养了不少精通英文的人才，如樊星南、韩裕文、徐孝通等学者，这些人据说后来都留学美国。

贺先生为人忠厚老实，不计较小节。我大学毕业前后，有两件事至今令我对贺先生还有点歉疚之感。一是我毕业那年，与闻一多先生高足联大中文系学生彭兰女士结婚，按照当时的风习，双方各有一个主婚人，她的主婚人很自然地是闻一多，我的主婚人按常情应请贺先生，我的毕业论文是他指导的，可是彭兰鉴于闻与贺在政见上有些不合，要我另找别的老师，我改请了同样也很关心我的南开大学文学院长、教我美学的老师冯文潜先生做我的主婚人。贺先生知道我结婚后，还向我道了一句喜："听说你和闻一多的高足结了婚，恭喜你哟，什么时候带她到我家来坐坐。"我不记得我当时是怎样支吾过去的，却深感贺先生的大度。其二，毕业考试结束不久，系布告栏内一条公告：保送我读研究生，清华北大，任择其一。我犹豫了一阵子：是进北大研究生院，做贺先生的研究生，还是入清华研究院，做金岳霖先生的研究生？由于我当时更迷恋分析哲学，加上彭兰作为闻一多的高足对贺先生心存芥蒂，我因而选择了清华研究院，想做金先生的研究生。后因家庭经济困难，连续休学两年，去南开大学当助教。贺先生后来问我：本想你来北大，你怎么又到清华去了。我当时明知贺先生不喜欢分析哲学，但我还是明确回答了贺先生：我喜欢数学、逻辑，好理论分析，还是走分析哲学的路好。贺先生也明确地回答我：各有千秋，只要能做出成绩来，都一样。其胸怀之博大，令我感动。我后来在南开大学任助教期间，每到北平，都要去看望贺先生，听他讲人生哲理，他总是热情接待，还主动约我在他主编的杂志上发表文章。

贺先生引领我走上了哲学之路，他在我的哲学生涯中打上了深深的印迹。1992 年 9 月，贺先生病逝，我写了一副挽联：

滇南立雪，承启蒙痴，游子自来思故里。
耄耋穷经，更添新意，后生立志步前贤。

5

“存在就是被感知”

——冯文潜先生指导我初会西方哲学原著

转入哲学系后，我在哲学的海洋里随意翻腾，碰巧抓到了一本英国经验论哲学家巴克莱的《人类知识原理》的英文原著，翻阅了头几页，便被吸引住了，于是经常从图书馆借阅。我当时自学这本书的地点，既不是图书馆，也不是宿舍或教室，而是茶馆，今天的青年也许觉得不可想象。抗日战争期间，从沦陷区迁往后方的学校，校舍都很简陋，西南联大其尤甚者，二三十人住在一间狭长的人字形草房里，房顶是铁皮上加盖茅草，四壁是土砖，三五个熟识的同学自由组合成一个一个的小组（我们口头上爱说 group），把一间本来就空间很小的房间分隔成四五个小组，每一个小组就是由两三个上下床围成的一个“小天地”，各个小组之间的人大多彼此不相往来，我与隔壁小组的一位同学只一床蚊帐之隔，相聚一年，彼此没有交谈过。每个小组一张书桌，书桌往往成了上铺的踏脚板，我们

很难坐在桌旁念书，而图书馆又小，同学绝大部分是把茶馆当做自修室。早晨一起床，吃过早饭，就夹着书本到校旁的云林街“泡茶馆”，一杯茶从早晨八九点“泡”到十二点，然后回食堂吃午饭，午饭后又去“泡”，一天“泡”三次，也就只给三次的钱，茶老板并不因为你“泡”的时间长就多收费。巴克莱的那本著作，我几乎全部都是在茶馆里“泡”完的。

云林街一条街几乎全都是茶馆，街上行人，熙熙攘攘，大多是联大同学，茶馆里高朋满座，也一样大多是联大同学，各种喧嚣声、议论声都有。一会儿从打桥牌的座位上冒出来什么“just make”，“他妈的”；一会儿从闲坐聊天的座位上冒出来什么“四大家族……”五花八门，应有尽有。茶馆的墙壁上还挂上几个大字：“闲谈莫论国事”。可我念巴克莱的书入了迷。巴克莱的那本书，千言万语，集中在一句话：“存在就是被感知”。任何东西，你不感知它、不感觉它，它就不存在，例如桌子就不过是一堆看起来是黄色、方形、摸起来是凉凉的、硬硬的感觉，除此以外，它就什么也不是，哪还有什么独立于人的感知、感觉之外的桌子？我念到这里，觉得“很好玩”、“很有意思”，巴克莱把我引入了一个非常人所能想象到的世界。我对茶馆里的各种喧嚣声、议论声置若罔闻，也似乎是，既然我不去感知它们、感觉它们，它们也就都不存在了。我那时根本不懂什么是哲学，只是第一次接触到了一些哲学原著，便以为它是哲学之全部。原来念经济系时的一位同系同学问我：“哲学是讲什么的？”我回答说“哲学就是把桌子化解为无，我们平常人太现实了，你还在念经济系！什么银行、货币说穿了都是无，一堆感觉，你不感觉它，银行、货币也就没有了，只有学了哲学才能使人真正高超起来。”经济系的那位同学回答我：“学这些有什么用呀？难怪哲学系尽出疯子，你可别学疯了。”不管我当时对巴克莱、对哲学了解得怎么肤浅，反正我觉得我已另有一番境界，不足为俗人道也。

我转入哲学系后念的第二本哲学原著是柏拉图的《理想国》，这是南开大学文学院长、美学家冯文潜（字柳漪）先生在讲授西洋哲学史课程时要求我们必读的书。柳漪师问我：你已经接触过一点西洋哲学原著吗？我回答：正在念巴克莱的《人类知识原理》，已经念了不少。柳漪师约我到他家谈谈我对巴克莱的理解。他对我的回答似满意似不满意。大概意思是：很有些心得体会，但不够准确。我平日爱在课后追着柳漪师提问，我隐约感到他喜爱我这个学生，便在一次谈话后明确表示，希望以后经常到他家请教。他满口答应。特别是冯师母，有一次，还热情接着柳漪师的话头说：你这位老师很愿意接待你。我就这样成了他家的座上客。他特别嘱咐我，要我熟读柏拉图的《理想国》，他说："这才是西方哲学史上最最重要的必读之书，要像读《论语》一样地读。"我似乎感到我原来随手抓的那本巴克莱《人类知识原理》没有抓到点子上。我当时对西方哲学原著根本没有什么叫做重要什么叫做次要的观念。柳漪师还非常具体地教了我一套读《理想国》这样的经典著作的办法。他要我每读完一节或一章，就合上书本，用自己的话把原文的大意写下来，个人的心得和评论写在另一旁。他说："我看你的读书报告，首先是注意你自己的理解和概括是否与原文的原意相符合，但又不准你照抄原文，要你合上书本再写，尤其不要满纸都是自己的评论，实际上，却连原意都理解错了，弄得文不对题。"的确，我在写读书报告的过程中，有时自以为懂了，临到执笔，却又表达不出来，概括不起来，这时就会深切地认识到自己对原文还懂得不透，于是打开原书再看，再合上，再写，这样写完一次读书报告之后，原著的那一部分内容就不仅懂得比较透彻，而且也记得比较牢固了。实在不懂的地方，口头请教老师。这就更加终生难忘。柳漪师评阅时，既看我个人的评论，更着重在有失原意之处。他提醒我，基础性的东西，就得这样学。我当时暗想，老师有点“述而不作”，但后来每一回想，却越来越觉得从他那里学得的知识最准确，最熟透。巴克莱的《人类知识原理》一书的后面部分，我也是用他教我的这个办法来自学的。巴克莱的《人类知识原理》和柏拉图的《理想国》是我与西方哲学“初会”的两本原著，也是我读得最熟的两本西哲原著。怎样打基础？怎样做学问？我在这些方面深深受益于柳漪师。我希望现在的青年对于打基础的东西也不妨试用一下这个办法，或许苦一点，甚至会有人不屑于这样做，但等到年纪大了，我猜想会感到终生受用。

这两本原著都是在茶馆里那种“我不感知那些喧嚣声和议论声，那些声音就不存在”的条件下念的。在政治气氛和学术气氛都很浓重的西南联大，常常会听到“走出象牙塔”的进步呼声，我算得是身在茶馆，心还在象牙之塔的一个“落后分子”。柳漪师当年也没有走出象牙之塔，师生两人可谓“沆瀣一气”。他看中了我，竟在我生病期间还打听我住的房号，到我床边问寒问暖。柳漪师对我那种慈父般的关爱，甚至引起了周围同学的羡慕之情。他在我病中了解到我因经济困难，在外“兼差”，由于时间冲突，常常不能听他讲授的“美学”课，便破例允许我可以不上课，以读书笔记和学年考试成绩结业，还说：“学习不一定非得围着老师转不可。”我的“美学”课成绩居然得了92分。

我大学毕业时，他要我到南开大学当助教，当助教的第一年就独立开课，这也有点例外。过了一两年，也许在解放之后，他又要我翻译巴克莱的《人类知识原理》。“你把《人类知识原理》念得那么熟，就干脆把它翻译出来吧，我替你校阅。”他的校阅也很特别，一字不改，尽作旁注：“此字不妥”，“此句待斟酌”，问号、感叹号，随处可见。我问他何意，他一一作答，显然比他亲自动笔还要劳神费事。一切都出自我之己意，但多有他的印迹。这大概也算得是一种学术上的自由之风吧。在翻译过程中，柳漪师经常提醒我，翻译首先要注意准确性："做学问重在严谨扎实，翻译重在忠于原文，有人讲一个哲学家的思想，讲得天花乱坠，但对照原文一看，却错误百出，做学问不先下一番我注六经的苦功夫，就想六经注我，一步登天，那只能是空中楼阁。"他的这番告诫至今犹在我的耳边，也是我衡量学术价值的主要标准。我译的《人类知识原理》几乎全部收录在北大哲学系编的《西方古典哲学原著选辑》中，《人类知识原理》的校阅者写的是冯文潜。每看到那"校阅者"三个字，就会引起我对他的怀念，那不是一般的"校阅者"，他是我哲学生命的养育者。1961 年，他不幸病逝，我专程到天津南开大学参加他的追悼会。

6

“一即是多，多即是一”

——旁听吴宓先生英诗课，对“万物一如”的哲学感受

“一”与“多”的关系本是古希腊哲学的一个基本问题，我从“西洋哲学史”课程中已经学到了一些，但“一即是多，多即是一”和与之相联系的“万物一如”这样有诗意的命题，却是从文学家吴宓先生那里旁听得来的。有一天，上课铃声正响，我赶着要去上我本系的一门什么课，途经一个大教室，见窗外站满了人，便也挤上前去探头看窗里，原来是吴宓正在上“英诗”课。一看黑板，满满地都是 One (“一”) 和 Many (“多”) 两个大字，一个大 One 在最上端，两旁包括一个小 one 和一个小 many，然后在小 one 和小 many 下面又分别写上更小的 one 和 many，如此类推，层层叠叠，一直叠到黑板最下端，便是许多删节号。有点像魔术，顿时吸引住了我，足足站了 50 分钟，本系的课自然也就放弃了。吴先生的“英诗”课是一个学期，我旁听了几乎大半个学期。联大所有讲课的老师在开课之前都要先公布参考书单，我原以为“英诗”是英语系的课程，吴先生

又是研究西洋文学史的教授，参考书一定全是英文，没想到他的参考书单很长，似乎大部分却都是中国古典文学，什么《论语》、《孟子》、《庄子》、《史记》都有，我心想，这些中国经典的书名我也很熟，就想听听吴先生是怎么讲的。他讲的内容，给我印象最深的是：多离不开一，一也离不开多，美就是讲的多样性的统一，即多中之一，亦即和谐；基督教的上帝是离开了多之一；与基督教的上帝不同，“万物一如”则是与“万物同一”，这是一种“无我之境”。记得吴先生好像还引证了庄子《马蹄》篇的“同与禽兽居，族与万物并”几句话。吴先生似乎把我引入了一个“天地与我并生，而万物与我为一”的“至德之世”。

吴先生特别从“多即是一，一即是多”的道理中引申出美之为美的原理，他认为美就是从多中见一。他强调中国文学中讲的“典雅”的重要意义，“典雅”就是内涵丰富，意义深远，发人深思，让你从特殊（多）中见到普遍（一）。我近一二十年来的许多美学观点，就有当年吴先生课堂讲演的蛛丝马迹。他在课堂上不时讲到翻译问题，主张翻译要以“信达雅”为目标，直译、死翻不足道。当时联大同学每到周六，多爱到市区的南屏电影院看美国电影，什么“长相思”、“鸳梦重温”、“翠堤春晓”、“蝴蝶梦”等等影片，都是联大同学茶余饭后的热门话题。据传，这些电影的片名大多是吴宓的译作。同学们议论起来，无不称赞这些译名之典雅，但实际上皆非从原文死译而来。例如“长相思”的英文原文是 old maid，直译应是“老处女”，显然不够典雅，意译成“长相思”，而在括号内注明原文“老处女”，这就既典雅又不失原意。我从联大毕业以后，还经常在人前称道吴先生的这些影片译名，无不点头赞许。不料几年以前，一位大学宣传部长、中文系教师却提出了异议，我不禁感慨系之，写了一篇短文以寄意，题曰《长相思与老处女》，发表在《光明日报》的副刊上（2000 年 9 月 7 日）[7]。

吴先生为人耿直，不拘小节，爱顶撞人。我和经济系一位好友在图书馆前见到吴先生，想请他为我们私人教英文，给他报酬。在联大，这样的例子不是没有，前面提到，莎士比亚的《哈姆雷特》，我就是这样学习的。然而吴先生却不等我们把话说完，就劈头一句："我是岂能靠钱买得的？我再穷也不会！……"我们原来是一番好意，觉得抗战时期，教授们也都生活艰苦，自己在外兼差，赚了点钱，也算给老师一点补助。当时年轻，做事太冒失，可我们对他更增加了一分敬畏之心。同学中盛传吴先生在昆明大街上看到一家饭馆，招牌名曰："潇湘馆"，吴先生勃然大怒："潇湘馆只能是林妹妹住的地方，岂能如此这般！"举起拐杖就要砸。与他这种放荡不羁相对照的是，吴先生备课之认真，也广为英语系同学所传诵。听说，他每次讲课前一夜，都要写出详细的讲授提纲，哪些先讲，哪些后讲，哪些多讲，哪些少讲，他都要仔细斟酌，即使熟悉的引文也要核对再三。临到讲课的那天清晨，他还要找一个僻静的地方，默想一遍当天讲课的内容。他的讲课效果很好。我亲身看到，他讲课不看讲稿，偶尔瞟一眼，马上又面对学生，即便是引文，他也背得很熟，极少拿起书本照念。上课之准时，可与经济系的陈岱孙教授媲美，他更多的是提前进课堂。同学们说，守时间，严谨，这是清华的作风，吴与陈都是清华的教授。

吴先生是一个性格多方面的人：为人不拘小节，教学却严谨认真；讲西洋文学史，却重中国经典；爱《红楼梦》，却崇奉孔子。据说，他是一个思想保守之人，凡胡适提倡的，他都不苟同，反对白话文是其一例。可以说，吴先生本人就是一个"一中有多，多中有一"之人。

像吴先生这样的人，在西南联大尚不乏其例。西南联大很赞赏这样的人，这也许是西南联大自由之风的一个标志。西南联大这个学校也是一座“一中有多，多中有一”的学府。政治思想方面：进步的，保守的，中间的，左中右都有，各得其所。学术派别和学术观点方面，仅以哲学系为例，有信奉陆王心学的贺麟，也有信奉程朱理学的冯友兰，有信奉大陆理性主义和佛学的汤用彤，也有维也纳学派的洪谦。风格方面：汤用彤，雍容大度，成竹在胸；冯友兰，博古通今，意在天下；冯文潜，精雕细刻，入木三分；贺麟，出中入西，儒家本色；金岳霖，游刃数理，逍遥方外。总之，名家荟萃，各有千秋。西南联大是百花园，学子在这里可以任意采摘；西南联大是万神庙，学子在这里可以倾心跪拜。我和我的联大同学们就是在这样自由的学术雨露中成长起来的。

旁听在西南联大蔚然成风，不仅学生旁听老师的课，而且老师之间互相旁听之事，也经常有之。我亲身经历的是，闻一多与沈有鼎，一属中文系，一属哲学系，两人同开“易经”课，这种冷门课，选课的人不多，旁听的人却不少，我是其中之一。闻一多的“易经”课上常见沈有鼎旁听，沈有鼎的“易经”课，也常见闻一多旁听。课后两人并肩而谈，有时似乎在争论。旁听意味着自由选择，意味着开阔视野，意味着学术对话。我在联大几年期间，共旁听了四五种课程。从旁听中学到的东西似乎更牢固，更多启发性，吴先生的“英诗”课是我从中收益最大者。也许因为那完全是个人兴之所至，无任何强制之意的缘故。与此相反的是，当时由于国民党教育部的规定，西南联大和其他大学一样设有政治课性质的“公民”之类的课程，不但绝无一人旁听，而且听者也只是出于必修而求得混个学分而已。被逼而修，有何学术自由之可言！

7

“近所谓东西文化之不同，在许多点上，实即中古文化与近古文化之差异”

——冯友兰先生指引我初识中西哲学之差异

念中学期间就已知道冯友兰的大名，但没有读过他的书。西南联大经常可以在校园的院墙上看到名教授的讲座海报，我进联大最早听的两个讲座，一个是刘文典讲《红楼梦》，一个就是冯友兰的《论道统》。讲座的地点是联大最大的教室，门里窗外，人山人海，我挤进去占据了一点立锥之地。讲桌前站着一个身穿长袍马褂、满脸大胡子、戴着高度近视眼镜的道学先生，面前放着一个黄皮包。不用问，这就是冯友兰。“我今天讲的题目是论道统统统……统。”惹得全场大笑，原来冯先生严重口吃。但稍事缓解后，冯先生忽然又一阵一阵地讲得非常流利畅快，条理之清晰，气势之磅礴和他的结巴形成一幅对比鲜明的画面，越发吸引着听众。那次讲座的内容，大体上是冯先生所谓“照着讲”与“接着讲”的那套关于宋明道学的著名论点，我恍恍惚惚，似懂非懂，但觉其中有深意，他给我留下了第一印象：博学鸿儒。

转入哲学系后，当然以能听冯先生的中国哲学史课程为幸福。我当时也参看其他一些讲中国哲学史的书，都觉得理论分析少，不甚了了，常常因此而迁怒于整个中国人的传统思维方式：笼统、混沌。唯独听冯先生的课，读冯先生的《中国哲学史》，就觉得他对于许多中国古代的思想学说解释得那么清晰，评论得那么近情近理。他虽然强调“写的哲学史”“须永远重写”，这是西方新近的观点，但他又特别重视“信史”，重视忠于原文，他的《中国哲学史》一书的特点之一，就是引证了大量原文，其用意在于要求读者“直接与原来史料相接触”。所以他的讲解之清楚明白，绝非主观附会，哗众取宠。他连中国经典原著中本来含混有歧义的地方，也要清楚明白地指出其含混之处何在，歧义的各种可能性何在，还要留下一些可以让听者自己去琢磨的空间。

冯先生讲中国哲学史，总是联系西方哲学史来考察。他受英美新实在论的思想影响较深，其对中国古代哲学史上许多思想学说的讲解中，新实在论的观点随处可见。对朱熹的理气说的讲解，其尤著者。他所“讲的”中国哲学史或他所“写的”《中国哲学史》，似乎是他《新理学》所提出的“真际”说之体现和应用。“真际”实际上是柏拉图的“理念世界”，是新实在论的“潜存”，朱熹的“理”也被冯先生讲成了柏拉图的“理念”和新实在论的“潜存”。冯先生的“新理学”是柏拉图主义、新实在论与中国程朱理学相结合的一个统一体。他的课对我影响最大之处是把我引向一个形而上学的、超感性的“理”的世界。我把对柏拉图主义的兴趣与对程朱理学的兴趣，也结合了起来。我对程朱理学的兴趣大于对陆王心学的兴趣，而且这种倾向支配了我几乎大半辈子。

与此相联系的是，他讲中国哲学史，却把我的兴趣引向了西方哲学史。通过冯先生“讲的”中国哲学史，我觉得中国传统思想缺乏分析和逻辑论证，许多内蕴很深厚的东西都被掩藏了起来，可以玩味，却难于解说。我是一个自命为“有数学头脑的人”，重逻辑推理，我当时心想，要学哲学就要学西方哲学，中国传统里太少逻辑。这一看法现在看来，显然有点过激之处。但无论如何，冯先生当时讲的中国哲学史，表现了他运用逻辑方法作细致的理论分析的风格，很合乎我个人的口味。他“写的”《中国哲学史》一书，引文篇幅超过原文，但一点也不觉得它缺乏理论，而且我以为，与当时其他许多中国哲学史方面的著作相比，冯先生的《中国哲学史》是理论性最强的。冯先生是20世纪我国真正有自己独创的思想体系的哲学史家和哲学家。

冯先生在《中国哲学史》一书中说：“直至最近，中国无论在何方面，皆尚在中古时代。中国在许多方面，不如西洋，盖中国历史缺一近古时代，哲学方面，特其一端而已。近所谓东西文化之不同，在许多点上，实即中古文化与近古文化之差异”（冯友兰：《中国哲学史》，商务印书馆1934年版，下册，第495页）。冯先先在这本书里和在讲堂上都没有详细说明他这一断语的具体内容。从他当时讲课的总体上窥其大意，也许是说，中国哲学史缺乏西方自文艺复兴特别是自笛卡尔到19世纪中叶的近代哲学阶段，在这个阶段里，西方科学繁荣发达，与之相应的哲学观点也多进取精神，重研究自然，重个人思想自由。但这样的说法已掺杂了我个人的揣测和思想观点，冯先生并没有这样讲明。我以为，把中西文化之差异看成是时代性差异，诚如冯先生所加的限制词所说，“在许多点上”，是符合史实的。近来学术界关于中西文化之差异问题，有“时代性差异”和“类型性差异”之争。我以为，文化包括科学、道德、审美、宗教等等诸多方面，文化是这些方面的一个有机统一的整体。其中只有科学可以用“进步”的标准来衡量，因此，我们可以说，某民族在某个时代科学上进步或落后。但道德、审美之类的文化活动，则不是简单地可以用进步或落后来评判的，各民族在道德、审美等方面有各自的民族特点，也许我们可以用“类型”一词来指称，类型性之差异不能等同于时代性之差异。然而，一个民族的道德、审美等方面又是与其科学方面有机地联系起来的，道德、审美等等必然打上科学的烙印，因此，完全撇开科学方面的时代性而单就道德、审美等方面的类型性来评判一个民族的文化整体，也是不切实际的。我在《境界与文化》一文中专门论述的这个问题。我这里所要着重说的是，我至今仍然比较倾向于冯先生的观点：“在许多点上”，中西哲学之差异是时代性之差异。我把科学比喻为文化之躯体，道德、审美等等比喻为文化之灵魂。中华民族的传统文化缺乏一个强壮的科学躯体，这是我们民族文化不及西方的一大弱点。重视这种差异，会使国人更加奋进，而绝非自卑。

冯先生讲中国哲学史，特别明显地表现了他的中国古典文学和英文方面的功底。冯先生能诗善文，这在我们联大同学中早有传闻，他为西南联大撰写的纪念碑文，更为海内外学者所称道。他虽然重逻辑推理和概念分析，但他的讲演，语言精练、词汇丰富，古典诗词，信手拈来，挥洒自如，不时还插进一则古籍中的小故事、小笑话，让你在紧张的推理中感到一点轻松。冯先生无论是“讲的”中国哲学史还是“写的”《中国哲学史》，都让我深深体会到，研究中国哲学史而缺乏中国古典文学方面的功底，很难对中国哲学史的研究有可观的成就。冯先生在这方面的造诣至今无人能及。

冯先生英文很好，不但讲课不时引几句哲学的英文原著原文，而且我在联大时还亲自见到冯先生在一次讲演中与一位英国学者用英语进行流利对话和辩论的场面。我想，这是冯先生能联系西方哲学讲中国哲学史的一个重要条件，这一点也非常值得我们今天从事中国哲学史研究工作时予以重视。

冯先生的政治思想倾向，在当时联大同学印象中，无疑是正统的。我以为冯先生是大学问家，又有志于实现自己的理想于社会现实之中，故常怀为帝王师的宏愿，然冯先生并非谄媚上司之人。相反，他也是一个敢于抗争、维护学术自由的纯粹的学者，无愧为西南联大这座以学术自由为其重要特征的最高学府之一员。当时的教育部长陈立夫曾几次训令西南联大按教育部规定，统一教材。冯友兰执笔为文曰：“夫大学为最高学府，包罗万象，要当同归而殊途，一致而百虑，岂可刻板文章，勒令从同。惟其如是，所以能推陈出新，而学术乃可日臻进步也，今教部对于各大学束缚驰骤，有见于齐而无见于畸，此同人所未喻者一也。……如何研究教学，则宜予大学以回旋之自由。……今教授所授之课程，必经教部之指定，其课程之内容亦经教部之核准，使教授在学生心目中为教育部一科员之不若。此同人所不未喻者四也。”冯先生敢于顶国民党之重压，力争学术自由之宏伟气象，与其文章之气势，用语之精当，皆跃然纸上。今日读之，仍觉意味深长，耐人寻思。冯先生在其所撰西南联大纪念碑碑文中还有这样一段豪文：“联合大学以其兼容并包之精神，转移社会一时之风气，内树学术自由之规模，外获民主堡垒之称号，违千夫之诺诺，作一士之谔谔，此其可纪念者三也”。此固对西南联大校风之最允当的概括，亦冯先生个人风格之写照。当今之世，敢作一士之谔谔者，能有几人?

冯先生《中国哲学史》一书之抗战旧版，我一直保存至今，黄表纸，从正面能透视反面，已成珍贵文物，我一直在翻阅它。冯先生诞辰101周年之际，我还写了《重读冯友兰解放前的〈中国哲学史〉》一文，以资纪念。[8]

8

“以无为本”

——汤用彤先生引领我进入了“玄远之境”

如果说冯先生的哲学最高原则是“有”，那么，汤先生的哲学最高原则就可以说是“无”。冯先生的讲课给人以现实感，汤先生的讲课则把我带入了一个“玄远之境”。

汤先生融会古今，博贯中西，连通梵华，其开设的课程几乎遍及哲学和哲学史各部门。我念联大哲学系期间，就选修了三门：印度哲学史，魏晋玄学与大陆理性主义。汤先生矮胖，发全白，笑颜常开，穿灰色长服，活像一个罗汉，每次上课，一看到他漫步走来，我们几个同学就要小声窃语：“汤菩萨来了。”汤先生走到讲桌前打开一个旧布书包，边讲边引经典，但他又非照念讲稿和古籍。汤先生之重史料，是我所听各门课中之最突出者。他的论断似乎都有史料上的依据。他反对曲解历史，曲解原文，作哗众取宠之新论。他甚至以一种讽刺而又豪迈的口吻说过这样的话：“我天资次等，老老实实地做点史料考证，虽不曰新流派，但也会产生头等的研究成果”（大意）。人们评价汤先生一生的学问，即使是说他缺乏新体系者，对汤先生学识之渊博，治学之谨严，考证之周密，见解之精深，亦无不称赞备至。汤先生不作雄健挥洒之龙文，但其讲课和著述皆于平实中见真知，有苍劲古朴之气韵。我个人一生为文，往往如履薄冰，特别是害怕发生资料上的“硬伤”，于今年纪大了，似乎在写作上胆子愈来愈小，汤先生的身影一直是我做学问的一把镜子。

汤先生为人，亦蔼然仁者。据传，当他的两位同事发生争论时，问他的意见，他默然而笑，惹起两人都对他不满。有一位当时哲学系老师曾明确评价汤先生：“如龙之卷曲，不见首尾”。据我所知，汤先生性本不好与人争，不臧否人物，然亦耿介之士，他曾在一个公开场合，怒斥以做学问为进身阶梯者为“无耻之徒”。

我所听汤先生三门课中，印象最深的是魏晋玄学。他在课堂上讲得最多的是“物我两忘”和“即世而出世”。汤先生说：“笛卡尔明主客，乃科学之道，但做人做学问还需要进而达到物我两忘之境，才有大家气象。”他所强调的“大家气象”给我留下了深刻的印象。我近10多年来，经常强调，既要重主客，又要超主客，强调科学与哲学相结合，与汤先生当年的教诲有一定的联系。汤先生讲课着力于王弼，也引起了我对王弼的兴趣。王弼主张“有之所始，以无为本”。故理想的人格就在于达到“无”的境界，此即王弼所提出的“圣人体无”的观点。如何“体无”？王弼认为圣人非无喜怒哀乐之情，不能无哀乐以应物，然圣人虽“应物”、有情，“而无累于物”。王弼的这个观点至今还影响着我。人之有情、有功利心，此乃人性之自然，不可违也，然理想的人格应能超越功利之心，超越喜怒哀乐之情。超越者，非抛弃人情、功利，而是入乎其内又能出乎其外，战而胜之。这也就是王弼所谓圣人之“神明”。汤先生强调王弼之所以能“应物而无累于物”，关键在于王弼之“无”并非虚无，并非违反自然，而在于顺乎自然，对一切事物泰然处之。“神明茂，故能体冲和以通无。”汤先生的解译似乎把我引入了一个既要面对现实又能超脱现实的境界。然而这样说，已掺杂了我今天的观点，我当时的这种想法，实际上是非常模糊的。但无论如何，我当时对汤先生既能游刃于章句考证之中，又能寄心于玄远之境，感到无比崇敬。

魏晋时期，玄学既盛，故时人亦多以放荡不羁为尚，阮籍、嵇康、刘伶等竹林七贤乃一时风尚之代表人物。我一向羡慕竹林七贤的生活。汤先生推崇阮籍、嵇康，谈阮籍、嵇康之所以任性不羁，纵情山水，乃愤世嫉俗，鄙视权贵之举，非为放达而放达也。汤先生平日不好谈当世之务，然常有言外之意，弦外之音，令我们同学联想到时政之腐败，民心之愤懑。汤先生的讲课虽常把我们引入“得意忘言”之境，但此境远非佛教之厌世、弃世，汤先生在佛学方面的造诣最深，然不信佛教。我听汤先生讲魏晋玄学，不时把他讲解的竹林七贤与我小时从父亲那里学到的陶渊明之不为五斗米折腰联系起来。汤先生曾引阮籍鄙弃封建社会“君子之礼法”之词：“君子之处区内，亦何异夫虱之处裈中？”“自以为吉宅”，而“死于裈中不能出”。“汝君子之礼法，诚天下残贼乱危死亡之术耳”。阮籍攻击“君子礼法”之尖刻，有魏晋玄学“尚无”之哲学根基。汤先生在课堂上对此种人格之称颂，令我对阮籍、嵇康等人更增敬重之心，也流露了汤先生本人傲然挺立的风格。

汤先生要求学生不死记硬背，而要理解、领会他讲课内容的深意。考试时，他从不出简单的打正负号之类的试题，他像语文老师一样在黑板上书写几个大字：“论崇无”、“论尚有”之类，说一声“你们可以翻书”，然后他就离开教室，两节课以后，他来收考卷。

汤先生这种听任学生自由发挥的作风是北京大学提倡学术自由的一个标志，对促进学生的创造性无疑起了积极作用。

我从西南联大毕业后，有几年时间没有机会与汤先生见面。1953 年，汤先生任北大副校长，我妻彭兰任校长办公室秘书，常侍左右，对汤先生之为人有较多了解，我亦从彭兰口中得知一二。这时，汤先生已和众多从旧社会过来的知识分子一样，通过思想改造运动，面目远非昔日可比。据说：汤先生是分管总务的副校长，却放下大学问家的架子，经常与工人亲切交谈，有时在地里劳累到深夜。另一位副校长江隆基，是党员，老干部，实际的北京大学最高领导人，称赞汤先生是“忠厚长者”，是“最听党的话的人”。我闻听之余，既有敬羡之情，又不免为他惋惜。汤先生的学问成就，均在解放以前，解放后实无可观者。汤先生个人之过欤？时代已不可能为汤先生提供做学问的条件，耽误了汤先生的后半生，也为中国哲学界造成了无可弥补的损失。然而我这种惋惜之情在当时也只是转瞬即逝，因为在那个时代，评价一个人的标准主要在政治而不在学术。我之惋惜，恐当时之汤先生所不许也。

9

“我对分析哲学的兴趣是出于一种游戏的爱好”

——金岳霖先生让我爱上了分析哲学

标题上的这句话是金岳霖先生课后的谈话，它不仅道出了金先生爱好他本专业的志趣，也是他人生哲学的一种表白。我一转入哲学系，就听系里的高年级同学说：金先生是分析哲学的大师，喜欢搞逻辑分析和概念分析，爱看侦探小说，是打桥牌的高手，但对自己的生活琐事从不在意，人情世故也不很在行，一辈子打光棍。据传，金先生从美国回国时，别人都是大一包小一包的行李，横身累赘，唯独他毫无牵挂，双手捧着一个大红苹果，在轮船员码头上东张西望。朋友问他：“你的行李呢”？他却支支吾吾：“啊！啊！我的苹果呢？”我们同系不少同学都认为金先生是一个“真正不为外物所累的高士”，他一心扑在概念分析和逻辑问题的游戏上，忘怀一切，成了“无怀氏之民，葛天氏之民”。解放以后，1952 年院系调

整，金先生任北大哲学系主任，我任教学秘书，因为同他朝夕相处，便笑着问他回国时手捧大苹果之事，他回答说："往事如烟啊，我也记不清了。"我心想，当年的传闻看样子是事实。他在课堂上和课堂下都曾流露过，他很喜欢老庄哲学。我觉得金先生从专业上说，爱好的是分析哲学，但从人生观上说，信奉的是老庄哲学。所以我评价金先生是借游刃于概念分析而逍遥于方外之学者。金先生还有一件小小趣事：在出席一次记者会上，招待的小姐让他签名，他竟执笔而不能挥毫："啊！啊！我叫什么名字？"我想，他决非记忆力减退，也许是因为思考他的概念分析和逻辑问题而成了庄子的"忘己"之"至人"吧。

我选修金先生的课有"知识论"与"形而上学"两种。金先生的课给我留下的最深印象是对古希腊科学"自由精神"的赞赏。他认为古希腊哲学家，一方面讲哲学要与实际生活相结合，例如柏拉图的"哲学王"就和中国人讲的"内圣外王"有点相似，但柏拉图与亚里士多德都重科学的"自由精神"，这种"自由"就是不计较金钱、名誉，专心致志于纯粹的理性思维、科学探索，这就叫做"为求知识而求知识"。受金先生的启发，我当时模糊地感觉到，哲学家似乎有两类：一类是"纯粹"的"哲学家"，一类是"学而优则仕"的哲学家，金先生属于前者。我从小受我父亲"不进官场，要做学问中人"的教导，更多地崇敬金先生这样"纯粹的哲学家"。我前不久写《希腊精神与科学》一文，曾联系到阿基米德的一个故事，阿基米德"沉思"几何学问题，正当他在地上画一个圆时，罗马士兵的刺刀插到了他的身旁，他却高声喊道："别踩了我的圆。"古希腊为科学而科学的"自由精神"，何等崇高！何等伟大！金先生那种不为外物所累的情趣虽然不能与阿基米德面临的悲壮场面相比，但其为了思考逻辑问题而忘怀一切的境界，亦应可与希腊科学的“自由精神”相媲美。我们今天讲发展科学，需要提倡像金岳霖这样的哲学家的“纯粹性”。

金先生讲课，有他独特的风格。他身材比较高大，穿西服，披一件长大的风雨衣，可能是因为有什么眼疾，经常戴一个太阳帽，遮住了几乎头部的上半，慢慢吞吞地走来，一进教室，便把自己高大的身躯塞进讲桌旁一把木头扶手椅里。一阵闭目凝思，然后说两句又停一停，他似乎是要把我们都引入他所设计的瑶林仙境之中，与他同呼吸、同思维。偶尔他会突然叫起一个同学的名字：“啊！这个问题，你说说你的看法。”我就被金先生叫起过好多次，有时，他干脆让我在课堂上讲上10多分钟，他边听边问，或自问自答，同学们也不时插话。一时间，课堂变成了七嘴八舌的茶馆，师生之间变成了平等对话的伙伴。更有甚者，个别不懂事的同学竟敢当面顶撞金先生：“您的看法有矛盾，不对。”金先生不以为忤，不断地说：“唔！唔！”金先生之大度，全班同学无不敬重。

金先生是罗素哲学专家，在课堂上爱讲罗素，我念罗素的《哲学问题》时，常当面请教他。金先生的英文非常好，据他自己说，他经常是用英文思考哲学问题，这比用中文思考还要准确一些。我念《哲学问题》英文原文本，碰到一些英文术语上的解释问题，他耐心地、原原本本地为我作详细的讲解。他在课堂上和课后不时主动地提到《哲学问题》中所讲的一个主要观点：哲学不会对哲学问题作出一种确定无疑的答案为所有人接受，哲学之所以值得学，也不在于它的答案，而是在于问题本身，在于提出问题，这些问题能丰富我们的想像力，让我们能展望事情的各种可能性，而不受各种习俗偏见的束缚，从而扩展我们的思想境界。大概也就是出于这种考虑，金先生在我们同学向他提出不同意见时，他反而夸奖“你有哲学头脑”。罗素和金先生关于哲学的价值在于扩展思

想境界的论点，在我近一二十年来所形成的哲学思想中，还保留着一些印迹。

我刚入西南联大不久，就知道当时同学中流传的一种看法，说北大是“学而不思”派，清华是“思而不学”派。转入哲学系后，这种看法似乎更为明显。但我觉得这样说，未免太片面，太简单化了。金岳霖是清华学风的旗帜，他重逻辑分析，重理论体系，他创建清华哲学系时，据说只有一个学生，就是后来鼎鼎大名的逻辑学家沈有鼎，沈先生是一个搞数理逻辑、重理论体系的人。但他师生二人，皆非思而不学者：金先生于中国哲学史和西方哲学史都很熟悉，史方面的知识很丰富；沈先生精通《易经》，开设了《易经》的专门课程，对西方哲学史也有研究。汤用彤是北大学风的旗帜，他重史料，重考据，但他分析问题之细致，思考问题之深入，少有人及。尽管如此，“重史”与“重论”（“重思”）两种倾向，在北大与清华之间，确实各有所长。我们作为联大的学生，能受惠于两方面的优点，真可谓得天独厚。我当时已初步认识到，学哲学离开了哲学史，易陷入空疏。可是我从小喜爱数学，高中时期又是读的理科班，大学四年级还选修了微积分，我对“论”的兴趣更多于对“史”的兴趣，再加上听金先生的课，我爱上了分析哲学，所以我在毕业时被保送入研究院的志愿单上，填了清华，打算作金先生的研究生，走分析哲学的路。分析哲学和我当时的毕业论文所研究的“新黑格尔主义”是两个相反的派别，教我分析哲学的金岳霖与指导我毕业论文的贺麟，一个是清华，一个是北大，两人做学问的风格也很不一样，最终还是我从小养成的性格决定了我当时的选择。我在填完入研究院的志愿单后，登门拜访了金先生，金先生表示热烈欢迎：“我早知道你有数学头脑，宜于研究分析哲学。什么时候去北平？欢迎你去找我。”很遗憾，我后来因家庭经济困难，连续休学两年，按规定不能再复学了。一直到 1952 年院系调整，我才和金先生在燕园见面，相距已有六年之久，而且其间还隔了一场解放战争。

按我的本性来说，像金先生那样重“论”，爱推理，超脱世事，寄高远之意于概念分析的“游戏”之中，那是我的理想。我从大学毕业，告别金先生、告别分析哲学以后，转而从事“史”（哲学史）的研究，那种兴趣是后天习得的，非出自我之本性，至于搞马列主义哲学，那更非始料所及，乃时势和生活上各种因缘时会所使然。

10

“哲学与文学的联姻”

——闻一多先生和他的高足彭兰女士促成了我人生的重大转折

1945—1946我大学毕业那一年，是昆明学生运动蓬勃发展的高潮时期，西南联大被誉为当时的“民主堡垒”，我的不问政治、自命清高、向往道家境界的思想，不能不受到直接的冲击。是继续孤芳自赏，还是投入现实，这是我当时面临的重大问题。就在这个时期之前不久，我结识了中文系同学、闻一多的信徒和高足彭兰女士。我们是在联大校舍旁边云林街的茶馆里念书时相识的。茶馆里的一个个大圆桌就是我们联大学生的书桌，认识的、不认识的，男生、女生，文科的、理科的，围桌共坐。我和她都是武汉人，那时，学校里有各省的同乡会，同是天涯沦落人，同乡容易聚集在一起，我们很自然地不免要搭讪一两句。她起先不知道我是哲学系的，不时说一两句令哲学系人难堪的话：“哲学系的人，好争辩，寡人情，不

作者夫人彭兰1948年在天津南开大学任教时。

通世故”。但后来在聊天中彼此知道了一些身世，便逐渐以诗相酬和。我那时完全不通平仄，她勉励我：“你的诗有意境，这是能诗的根本，平仄是个技艺，我可以教你。”她经常替我正平仄，我则更多地向她学笔姿、学意态。从此，我们逐渐产生了爱慕之情。但她是属于联大进步学生之列。当时的联大同学之间，政治思想分野比较明显，左中右往往各人心中有数。她属“左”，我属“中”，彼此心照不宣。她把我的思想情况告诉了闻一多。一天，她说，闻先生约我到他家聊天，我知道这是一次“面试”。闻先问了我一些家庭情况，接着说：“听说你很有哲学头脑，我很愿意你能常来我家聊聊。现在的形势，我想，你也清楚，希望你走出象牙之塔。”“走出象牙之塔”，这是联大同学中早已流传的进步呼声，闻先生似乎是这个呼声的领唱者。我第一次从闻先生口中亲自听到这个呼声，更感到其意义之沉重。临别时，他送了我一本《海上述林》，黑绒面，烫金字。走出他家门，我深深感到，我将面临着人生的一次重大转折。

西南联大不仅是一座政治上的“民主堡垒”，同时也是一个学术上的“自由论坛”。昆明学运高潮期间，这两方面的结合表现得尤其明显。在西南联大，国民党党部及其下属的三青团本来就遭人白眼，学运高潮期间，国民党、三青团稍有蠢动，更遭唾骂，“反对一党专政”和“党团退出学校”的呼声不绝于耳。我曾亲自听到，闻一多在一次课堂上愤激地说：“国民党成年累月地讲统一、统一，都统一于它，还有什么学术自由可言！哪有党干涉学术的道理？他们懂什么学术？”在西南联大，敢于谔谔如此者，何止闻一多“一士”？政治系的张奚若，社会系的费孝通等人都公开地要求“政治民主”、“言论自由”。西南联大这种民主自由的声势几乎窒息了国民党、三青团分子的声音。记得一位姓陈的教授、联大三青团负责人，有一天在学校大门口看民主墙上的大字报，几个同学走近他身旁，讽刺了他几句，他只好默然而退。在西南联大，作“千夫之诺诺”如陈某者，似乎都抬不起头来。联大常委之一、清华大学校长梅贻琦，属正统派，但算得是一个比较开明的人士，他是当时联大的实际校长，在一次全校大会上，说了几句不那么合乎民主、自由口味的话（具体内容已记不清），下面的一位同学立即叫了一声：“法西斯”！梅贻琦一向口音沉重，这次更以低沉的声调回应一句：“说－我－是－法西斯，我－就－是法西斯”！全场寂然。我和我们几个同学会后异口同声地说：“梅贻琦真够法西斯的”！联大同学一般尊重的是学者，特别是一些大学者，而不是以官阶高低衡量人。倚仗权势，非西南联大校风所能容。当时的教育部长，大家

作者1946年在昆明西南联合大学毕业时。

都不屑一谈，谈起来也是用一种轻蔑的口吻。学校里一些管人事、管事务的人，大家也都平等相待，但他们是职员，不是教员，与学术不相干。至于挂上了国民党头衔的职员，则根本不在同学们的眼里。在学校里，学术是衡量一切的最高标准，这也是学术得以自由的前提。有人问我，西南联大是怎么成就人才的？我说“学术自由，如此而已”！唯自由才有学术。独立思考，见由己出，斯有真心真言与真才实学。倚政治之权势，谋一唱亿和之效应，乃不学无术、践踏人才之源。请参阅本书收录的拙文：《知趣不知趣》[9]。

我在西南联大这种学术自由空气的感染下，对国民党、三青团越来越厌弃，越来越拒斥，但我并没有接近共产党。闻一多很了解我的心情，他有意在引导我走上革命之路，经常通过彭兰让我接触一点革命的实际。一次对我触动较大的倒是学运高潮期间校门口民主墙上的一张漫画：几个哲学系的学生戴着高度近视眼镜，连成一队，汗流浃背地爬梯子，梯子的顶端是一座庙，正中坐着一个祖师爷，是冯友兰的头像，满脸大胡子，头发如云雾缭绕，云缝间布满了“本质与现象”、“思维与存在”、“有与无”、“变与不变”、“一与多”之类的名词概念。我看了这张漫画，不免忐忑不安，自觉身在其中。这张漫画是当时进步同学画的，讽刺的是抗日战争期间，国家处于危急存亡之秋，一些搞脱离现实的哲学的学生还拼命往象牙之塔里钻。我面对这张漫画，对比“一二·一”学生运动中四烈士的鲜血和我个人两耳不闻窗外事的冷漠，汗颜无地。在彭兰的带动下，我经常到闻一多家，聆听他的教诲。不知不觉之间，我的交往圈子扩大到了一些进步人士的边缘，地下党和来自延安的声音，也时有所闻。

1946 年夏，我刚从联大毕业，那几个月里，昆明时局特别紧张。一方面是李公朴、闻一多骂国民党的调子越来越高，另一方面

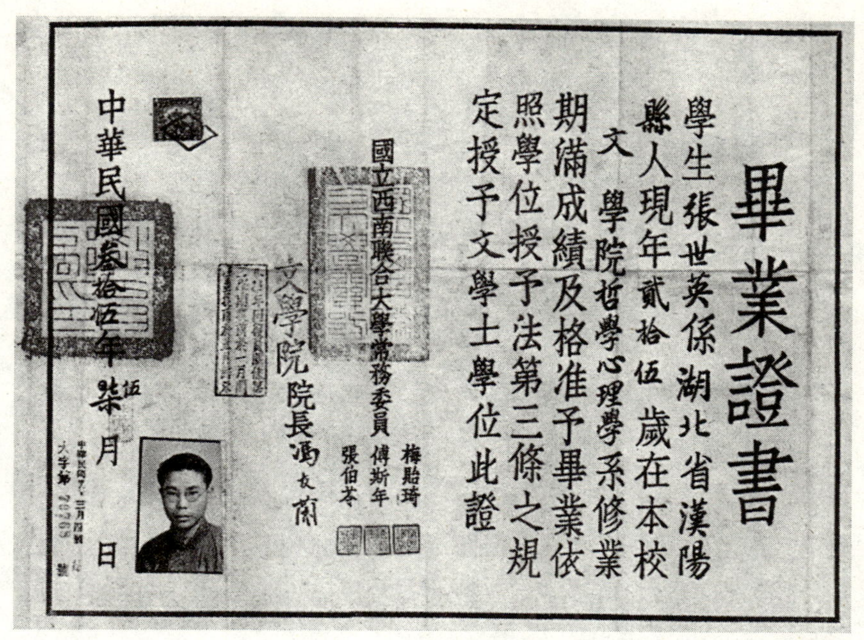

畢業證書

學生張世英係湖北省漢陽縣人現年貳拾伍歲在本校文學院哲學心理學系修業期滿成績及格准予畢業依照學位授予法第三條之規定授予文學士學位此證

國立西南聯合大學常務委員 梅貽琦 傅斯年 張伯苓

文學院院長馮友蘭

中華民國叁拾伍年柒月伍日

一张泛黄的毕业证，见证了岁月沧桑。

是国民党特务准备对李、闻下毒手的传言也越来越多。一天，我和彭兰到闻一多家，亲眼见到一个穿灰色旗袍的女特务疯疯癫癫地在闻家大门口叫喊：“闻一多，你这个多字，是两个夕字，夕阳西下，你小心就要落山了”。我们两人想开门出去同她理论，闻先生要我们别理她。第二天，闻先生在一个公开的会上骂国民党的语言更尖锐了。7 月 10 日我俩离滇回汉前夕，去告别闻先生。我们担心联大刚结束，准备迁回北平，学生大多也已离滇，闻先生失去学生的支持，特务下手的可能性更大，劝闻先生尽快飞重庆转往北平。闻先生似乎想抗争到底。闻先生这次对我俩讲了很多很多：“你俩的婚姻，是我促成的，算得是文学与哲学的联姻了，世英要多学点文学，若兰（闻先生觉得她单名不好叫，就给她起了这个名字）其实也有思想，有哲学头脑，要学点外文，我一向主张学中文的要懂外文。我将来等到那个时候，还是要回到书斋里一心做我的学问，就可以不问政治了，我也不是个闹政治的人。”“等到那个时候”这半句话是闻先生特别提高了嗓子说的，我们心领神会，知道他的意思是说，等到国民党垮台，共产党夺得了政权之时。闻先生特别叮嘱我们：“回武汉后，要赶快北上”，还带着暗示的眼光问我们：“你们懂吗？”当时人们大多猜测，将来的局势可能是南北对峙，闻先生怕国民党挑动内战，我们可能隔在南方。告别闻先生之次日，我俩乘汽车离开了昆明，晚宿典靖县，就听到李公朴遇刺的消息，隔数日车行至贵阳，见报载，闻一多遇刺身亡，没想到前几天与闻先生的那次长谈，竟成了师生永诀之词。我们想重返昆明，被同车的一位地下党员劝阻了。彭兰和闻先生的夫人情同母女，我们和闻先生的子女情同手足。我们失去的不只是一位尊敬的师长，而且是一位至亲，是我们人生旅程中的一盏明灯。

在我的哲学生涯中，闻先生影响我最深远的一句话，莫过于“走出象牙之塔”一语。闻先生本人原系研究古典文学、甚至研究甲骨文的学者，是国民党政府的腐败把他逼出象牙之塔的。他在同我和彭兰告别的那次谈话中，显然表白了他的意愿：在未来他所理想的环境里，他仍然要回到象牙之塔，“不问政治，一心做学问”。我相信他的那几句话是严肃认真的，是他的肺腑之言。他在遇难前，虽有学者、诗人和民主斗士“三重人格”之称号，但他当时想回到象牙之塔的理想和愿望表明他依然书生本色，是一个并没有彻底走出象牙之塔的纯粹学者。

11

“换了人间”

——走向马克思主义哲学

1946年7月下旬，我和彭兰经贵阳、长沙回到了武汉。八年离乱，与家人重聚，恍若隔世，父亲曾要我留在武汉就业，我没有听从他的劝告，按原计划北上。那时京汉路不通，我只身乘江轮经上海转乘海船绕道秦皇岛到天津，在南开大学任助教。彭兰则暂留武汉，次年才去南开。我第一年讲授的两门课程是哲学概论和形式逻辑。初次给大学生讲课，格外紧张，经常备课到深夜，翻阅的参考书也很杂乱，中国的、西方的都读，中国哲学方面主要是读程朱陆王哲学，这与冯友兰讲中国哲学史时重在程朱哲学有关，西方哲学方面主要是读罗素，这与金岳霖讲课重在罗素哲学有关。相比之下，对西方哲学特别是罗素更有兴趣。我在讲授哲学概论时，就经常把这两方面的内容夹杂在一起。依我当时的水平，我是怎样把这两个风马牛不相及的东西塞在一个课程

1948年作者在南开大学讲授哲学概论课程。

里的，未免有点不可想象，也有点可笑，可惜没有留下讲稿，那时也没有录音。

1947 年秋到 1948 年，反内战反饥饿的运动日益高涨，我的弟弟念南开大学经济系，经常带几个进步学生深夜到我家“避难”，逃避国民党特务的追踪，在同他们的接触中，我开始学习社会发展史、新民主主义论之类的东西。一个地下党员还送了我一本斯诺的《毛泽东自传》，类似黄表纸一样的薄薄的小册子，我珍藏至今。在他们的影响下，加上通过彭兰和闻一多烈属的来往，受到他们的熏染和启发，我积极参加了反内战反饥饿的游行示威活动，甚至在我第二年（1947 秋—1948 夏）讲授的哲学概论课程中，也讲起一点马列主义哲学的道理来了，当然，那时对马列主义的理解是非常幼稚可笑的，也不能公开用马列主义的词句。记得有一个地下党的学生听了我的哲学概念课之后，说我讲的还不是马列主义，而是有点实用主义的味道。其实，我那时也分不清马列主义和实用主义的界限。我自以为我能在课堂上公开主张哲学要与现实相联系，也就算得是“走出象牙之塔”的进步之举了。1948 年秋冬之际，天津解放前几个月，经一位地下党员介绍，我参加了共产党的地下外围组织“民青”，做了几个月的地下工作。

天津解放后，我担任南开大学校务委员会委员和天津市高等院校讲师助教联合会主席，在党的领导下做团结群众的工作。那段期间的教学工作则是讲授社会农展史、辩证唯物论等课程，还给全校师生讲政治课。解放之初，从旧社会过来的老师，政治思想问题重重，根据党领导的指示，政治课的任务就是回答这些问题。而当时京津两地高校像我这样担任政治课的老师，虽比教授们年轻，但也是从旧社会过来的，对这些问题不但不能从容应对，而且这些问题也常常会缠绕着自己。设在北京的高教部为了解决这一师资上的难题，便每周组织一次报告会，由解放区来的艾思奇，何干之等同志主讲，讲授的内容就是回答京津两地高校老师提出的各种政治思想问题，我们这些政治课教师听完他们的报告后，再回本校以自己主讲的方式作传达。我作为南开大学政治课的主讲教师，在那一两年里，几乎每周都要从天津坐火车到北京一次。当然，我的政治课教学还受天津市文教部的指导，所以我经常出入天津文教部部长黄松龄同志的办公室，向他请教。解放初期，老师们，特别是一些从英美留学回来的教授们，提出的问题真是五花八门，有的非常尖锐。例如，“为什么解放前拼命反对国民党一党专政，现在共产党来了也搞一党专政？”“美国有大选，可以选举总统，我们为什么不能搞选举？”“说要爱

工农兵，为什么一些领导人还是同知识分子结婚？”这些问题大多是写在纸条上递到我的讲桌上来的，而非来自公开的提问。我们政治课教师搜集这些问题，到北京的报告会上向艾思奇、何干之等同志汇报。他们在回答中，当然讲了很多道理，但有时却是教我们“不要理会这些问题，那都是崇洋媚外，资产阶级的思想，有的人是反动，不要理他。”我作为政治课教师，在课堂上当然也照本宣科，但内心深处不免矛盾，有时苦闷。国民党的黑暗统治结束了，解放了，总体上当然感到欢欣鼓舞，但毕竟对于我这个也是从旧社会过来的人来说，天变了，至少在“气候”上就有很多不习惯：例如，看报纸，尽是政治，没有社会新闻，觉得乏味；听到街上一片腰鼓声，肺就像要炸开了一样，昔日爱听的悠扬音乐声被视为资产阶级趣味而被嫌弃。有时把我的矛盾心情向妻子倾诉，她安慰我，婉言劝解，要我慢慢习惯过来。我想辞去政治课教师的职务，但大的形势已不允许我改行。彭兰在解放后一年离职回武汉，我勉强在南开大学多留了一年，便以夫妻不宜长期分居为由，辞去了南开大学的教席，于1951年夏回到武汉。有了她在我身旁，我的矛盾心情也逐渐得到缓解。

我高中同学黎智是闻一多的亲侄，时任武汉青年团书记，我经他介绍到武汉大学。他本想留我在青年团工作，我没有答应，他又把我介绍给中南局文教部长潘梓年。那是个夏天，武汉是有名的“火炉”，夏天酷热，潘梓年还穿着一件长袖厚棉布衬衫，老干部和仁慈长者的风度，头发已有点灰白，满脸笑容，一见我便说：“听说你是学哲学的，我很高兴，我也对哲学有兴趣。”我的紧张顿时松弛下来，简单作了一点自我介绍，他表示想留我在中南局的青年团工作。我说：“我还是想当老师，研究哲学，想到武汉大学哲学系”。他满口答应。临别时，他亲自送我出门，对我说了这样两句话：“看样子，你是不想当官，也好，我们需要学者。”潘老的言语之亲切，至今难忘。后来，他调任中国社会科学院，任副院长兼哲学研究所所长，还经常照顾我，对我发表的哲学文章，多次表示赞许。1992 年，中国社会科学院和新华社（他曾任新华社社长）举行的潘梓年诞辰百周年纪念会上，我在发言中专门讲了在武汉第一次见到潘老的情景，还特别强调：“我那时不过是 30 岁的青年，而潘老已是 60 岁的老干部和大干部，我们今天的干部如果都能像潘老那样平等待人，爱护青年，人们对共产党的议论必定另有一番景象。”

1951 年秋到 1952 年夏，我任武汉大学哲学系讲师。原想在这里专门研究西方哲学，不料那一年正值思想改造和三反五反运动，那是解放后高校里的第一次大运动，武汉大学的师生像热锅上的蚂蚁，闹得天翻地覆。一会儿全校斗争大会，台上跪一大排斗争对象；一会儿全校批判大会，批判某教授的崇洋媚外思想；一会儿开小会，某教授检讨个人自由主义和个人英雄主义。徐 ×× 同志以中南局文教部负责人之一兼武大秘书长，是武大党的实际负责人，也是武大实际上的最高领导。校务委员会主任（相当于校长）在全校大会上很少吭声，主要是听徐的讲话，当时称这种现象为“听党的话”，“听党的话”是当时做人的最高准则，相当于现在说的“和党保持一致”。那位校委会主任便是“听党的话的人”。我在武大的一年，名义上还是教政治课，实际上连政治课也没有正式讲过一次，主要都是参加各种批判会、斗争会，和同学一起搞批判、斗争，就算是上课。当时我和周围的同行都认为，马列主义哲学就是斗争哲学，而且总是勉励自己，要学习这种哲学，否则，就是思想没有改造好。

1952年夏，我们哲学系的同仁忽然被系的党总支书记召集在一起，说是全国高校院系要进行大调整，全国哲学系都合并到北京大学，理由是“为了更好地完成思想改造的任务”，我们把它理解为一年来思想改造运动的继续。1952年10月，我和武大哲学系的全体教师从武汉坐火车到北京，我算是回到了母校。

12

“三十年华转眼过，天涯浪迹岁蹉跎”

——在政治运动的夹缝中做学问

1952年秋，院系调整，全国高等院校哲学系的师生齐集北京大学，据说，仅院长、系主任就有26位之多，教授百余人，名家荟萃之盛况远远超过昔日西南联大三校之联合，然而时过境迁，这么多名家聚集一堂，不是为了切磋学问，而是为了便于批判和自我批判，改造思想。老教授绝大多数不得登上讲台讲课，只能做点翻译，主要是作思想检查或接受批判。“进步教授”如金岳霖是系主任，郑昕是马列主义教研室主任，但也只是挂名，实权都在其下属的党员秘书手中。年轻人中的多数是“要求进步”的“积极分子”，被团结在系的党支部周围，“听党的话”，做一些“团结”老教师的工作，其中包括帮助老教师写批判文章，督促其思想进步之类的工作。我是这样的“积极分子”之一。批判胡适期间，作为哲学系党政负责人的汪子嵩同志，把我和黄枬森同志找到一起，说，为了帮助金岳霖先生批判胡适，需要写一篇批判胡适的文章，由我们三人执笔，金先生署第一作者之名。我们三人分头分段写完之后，将初稿交给汪子嵩，由他作为党政负责人统稿，他笔头快，又能开夜车，一夜之间，就把文章斧凿完成了。次日交金先生审阅，金先生按照惯例，和颜悦色地说："好，很好。"这就是1955年《北大学报》创刊上发表的那篇署名"金岳霖、汪子嵩、张世英、黄枬森"的批判胡适的文章。2005年，《北大学报》五十周年专号约我写纪念文章，我写了一篇短文《北大人学术思想的一面镜子》，现摘录其中相关一段附后。[10]郑昕先生古文功底好，有文采，他的《康德学术》便是一例，但解放后写批判文章不行。哲学系的一位党政负责同志为了帮助郑先生，要我和黄枬森替他写一篇批判文章，让他在系里的"学术讨论会"上念稿子。我和黄把稿子交给郑先生，他第二天竟拿着稿子颠来倒去，闹出一点笑话。会后我问他何故，他说："一夜没有合眼"。是否由于写批判文章引起他的思想斗争，不得而知。在那个年代里，老教授作批判和自我批判，由年轻人帮助，其中包括年轻人对老教授本人的批判，几乎成了常规。一般地说，在当时，老教授是批判对象，年轻人是批判动力。这样的判断，大概不会太过吧。

院系调整后第一年，我在马列主义教研室任教，给学生讲授"马列主义基础"课程，实际上就是讲联共党史，在那个年代里，能上台讲这种"党性强"的课程，是一大光荣。我过去在这方面毫无根基，只能是讲课头一天还在匆匆忙忙地看原著，查材料，写提要，经常开夜车到凌晨一两点。由于经济条件差，书房里的摆设只是一个单屉桌，两张单人床，一张床睡人，一张床摆书，稿纸和书乱成一团。讲课念讲稿从来为我所不取，只能靠强记，还要讲出一套治乱的道理，讲坛上似乎有点"博闻强记，明于治乱"的架势，但除

1953年北京大学哲学系部分师生合影。

后二排戴太阳镜者为金岳霖先生，由此至右为苏联专家、郑昕先生、冯友兰先生、王宪钧先生，郑先生与冯先生前为作者本人。

了妻子以外，有谁知道我那种临时抱佛脚、捉襟见肘的窘态呢？

1953年秋，党组织把我从马列主义教研室调到外国哲学教研室，从此，我开始以西方哲学史特别是德国古典哲学、黑格尔哲学为专业方向。这次转变使我在人生道路上又有了新的追求。几十年来，讲授的课程有西方哲学史、西方哲学原著选读、黑格尔哲学、列宁的哲学笔记（这与黑格尔逻辑学有密切关系）、康德黑格尔哲学、现代资产阶级哲学批判、康德的纯粹理性批判、黑格尔的小逻辑等课程。科研方面主要集中在西方哲学史上一些主要问题的综合论述和黑格尔哲学两个方面，但由于政治运动接踵而至，从事专业研究的时间实在太少。从1953年到1966年“文化大革命”开始这10余年的时间里，就有反右斗争、大跃进、人民公社、反右倾、四清等几次大的运动，完全不上课，不做科研。现在统计一下，这 10 多年里，如果再加上“文化大革命”在学术上更是完全空白的 10 多年，总共约 27 年的时间（1953—1980）里，我所写的论文和著作，从字数来看，还不及 1980 年到世纪末 20 年内所写论著的五六分之一，而 1980 年以前是我的盛年时代。

尽管如此，50 年代中到 60 年代中，我仍然在各种政治运动的夹缝中，挤出时间，做了一点学术研究方面的工作。我学习李贺锦囊觅句的精神，凡遇到自己专业方面有所不知的地方或偶有所得之处，便毫不拖延地及时查阅资料，随时记入笔记本，或录入卡片，分类装入纸袋。在打算写文章之前，更是有计划地做一些摘材料、记录点滴感想、书内夹纸条和糊纸袋的工作。我的大部分论文和著作，都有这样一些卡片、笔记本、纸条、纸袋做“后盾”。至今，我的一个旧书箱里还存放着不少 50 年代到 60 年代的破旧卡片和纸袋。

为了弄懂黑格尔《大逻辑》中的量论部分，我于 60 年代初和中国科学院数学所一位对黑格尔有兴趣的研究员一起讨论了几个月，我把黑格尔的意思讲给他听，他则从现代数学的眼光讲他对黑格尔数学观点的看法。我的《论黑格尔的逻辑学》一书第 2 版中量论部分就是经过这样的讨论学习之后增补的。

我的第一本书是《论黑格尔的哲学》，1956 年上海人民出版社出版，前后发行过 3 版，重印 11 次，共销售 20 余万册。这是 1955 年 6 月《光明日报》两天连载了我的论文《关于黑格尔辩证法的几个问题》一文以后，应上海人民出版社之约在此文基础上扩大改写而成的一本小书，没想到此书出版后不断重印，后来不少人来信说，这本书是他们学习黑格尔或学哲学的“启蒙读物”。现在看来，思想观点大多过时，对人们的赞誉，我感到惭愧。

从这本小书以后到 1962 年，还出版了《黑格尔精神现象学述评》和《论黑格尔的逻辑学》两本主要著作，与同行们合编了《欧洲哲学史》。《论黑格尔的逻辑学》一书出过三版，日本学者曾译成日文在日本出版，译者序言说："这是中国第一部系统研究黑格尔逻辑学的专著。"

截至1964年，我共在《光明日报》、《人民日报》、《哲学研究》、《新建设》杂志、《红旗》杂志等报刊上发表文章约40余篇。主题和内容同我当时的科研方向相对应，大多是对西方哲学史上一些主要问题的综合论述（如《从西方哲学史看马克思主义的主客统一观》、《从西方哲学史谈思维与存在的同一性问题》等等）和黑格尔哲学两个方面。

回顾这一时期的学术成果，不胜愧汗。那是一个以政治压倒学术的时代。我的上述那些有关西方哲学史的论文和评述黑格尔的著作，都是在各种政治运动的夹缝中写作的，因而也都打上了当时的政治烙印。大批判是当时政治对学术研究的最高指导原则，对一切非马克思主义的东西，首先是批判，批判其中的唯心主义和形而上学，然后才是根据具体情况，适当地吸取其中的"合理内核"，这已经成了当时研究一切非马克思主义哲学的固定公式。我对于西方哲学史和黑格尔哲学的"研究"，也是按照这样一个公式进行的。我在论述西方哲学史的发展线索和内在逻辑以及介绍、讲解黑格尔哲学的内涵方面，诚然做了一些细致的工作，但我的主要"研究"是着力于划清这些非马克思主义哲学与马克思主义哲学的界限，对一切非马克思主义的东西作出批判。为了服务于当时的政治，这些批判现在看来，大多过头，少有对哲学史的原作原意作出切实的深刻的分析。

我的第一篇公开发表的论文是《现代资产阶级主观唯心论的主要来源——巴克莱的哲学》发表于1955年5月4日《光明日报》，

其中虽然对巴克莱哲学作了一些介绍，也讲了一些道理，但从政治的角度对巴克莱进行大批判，则是文章的主旨，什么“英国反动的资产阶级哲学家”，“不顾一切地向唯物论与无神论进攻”、“反动神学家攻击物质的谬论”，“列宁……给了它以致命的打击”，……如此等等，政治性的词汇比比皆是，今天读来，颇有点像一篇声讨巴克莱的檄文。原文收录于后。[11]

继上面这篇文章之后，我又发表了一篇讲黑格尔的论文《关于黑格尔辩证法的几个问题》，载同年6月1日和15日的《光明日报》，那是我第一篇批判黑格尔哲学的文章。文章一开始就引斯大林关于黑格尔的“经典”论断：马克思与恩格斯仅仅从黑格尔辩证法中采取其“合理内核”，而摒弃其唯心主义外壳，并向前发展了辩证法。我的文章以此为纲，更着力于揭示黑格尔辩证法的唯心主义性质，及其对客观世界真实辩证法的歪曲。结论是“黑格尔的辩证法，依其唯心论地歪曲了的那种形式而言，是反科学的、反革命的”。仍然是以政治批判代替学术研究！

此后，我对黑格尔哲学的研究和论文著作，一直到“文化大革命”，也都是以批判黑格尔的唯心主义为主旋律，还夹杂一些对我国著名黑格尔哲学专家贺麟先生的唯心主义观点的批判。贺先生是引导我走上哲学之路的老师，起初，我在接受“批判贺麟的唯心主义”的任务时，有些为难，后来系里一位党政负责人对我妻子说：“张世英有旧思想，对老师不敢批判”。妻子转告了我。在当时，“旧思想”一顶帽子戴到一个人头上，就有点受到轻蔑之感，不免引起思想斗争。但在大的形势要求下，我也渐渐地转过弯来了，甚至习惯成自然地自觉地多处联系贺先生的思想，批判黑格尔的唯心主义。前不久偶尔翻阅到那些文章的相关段落，其中一些借当时之政治气势压制学术思想的语言，令我深感愧疚。特别是贺先生关于“逻辑在先”

1957 年夏北京大学哲学系部分师生合影。

前排自左至右：朱伯崑、陈修斋、张世英、任华、洪谦、郑昕、冯友兰、王宪钧、张岱年、李世藩、汪子嵩、晏成书。

的理论观点，其实是很深刻的，我近些年来倒是往往从正面肯定这种观点，而我当时却站在极“左”的立场，做了一些“大批判”。

1957 年初的中国哲学史讨论会是一次唯心论与唯物论直接交锋的盛会。在此以前，只有唯物论批判唯心论的权利，没有唯心论说话的自由。1956 年宣传部长陆定一在“百花齐放、百家争鸣”的报告中宣布：“在人民内部，不但有宣传唯物主义的自由，也有宣传唯心主义的自由。只要不是反革命分子，不管是宣传唯物主义或者宣传唯心主义，都是自由的。”“我们主张政治上必须分清敌我，我们又主张人民内部一定要有自由”。一时间，主张开放唯心主义或类似的呼声都敢于公开发表了，不同的观点、不同的声音展开了激烈的论战，以致张岱年先生站在唯物论立场上，强调“宣传唯物主义的自由，唯物主义者批评唯心主义思想的自由，是首先应该尊重的”。“唯物主义哲学的不同流派之间”“结成一种联盟”，这个“联盟”，当然是对于唯心主义进行战斗的联盟。(《中国哲学史问题讨论专辑》，科学出版社 1957 年版，第 243—244 页）可见当时唯心主义之自由宣传到了何种程度！如果我们能把那段时间内学术自由的空气一直维持至今，我们的学术繁荣的景象，该是何等美妙啊！可惜那是一个非常短暂的时刻，而且只是表面的，隐藏在深处的、真正起支配作用的力量，仍然是“左”的教条主义。那次讨论会的总指导是学术权威胡绳和潘梓年两同志，北大哲学系的党政负责人是具体指挥者。我以“维护马克思主义哲学”自居，作了题为《略谈对唯心主义的评价问题》的发言，强调“唯心主义思想体系里面的确包含有不少合理的东西，但唯心主义的原则本身是不正确的、不好的。”还从政治上把历史上的唯心主义同反动阶级联系在一起。那篇文章显然是极“左”的教条主义的产物，思之赧然。此文发表在 1957 年 2 月 2 日的《人民日报》，现收录于本书。[12]

1962 年到 1963 年，《红旗》杂志出于批判修正主义的需要约我写了两篇文章，一为《真理是具体的》(发表于《红旗》1962 年第 2 期)，[13]一为《诡辩论和辩证法的根本对立》(发表于《红旗》1963 年第 5 期)。这些东西，现在看来，也多过时之论，但当时却得到不少人的称道，特别是第一篇发表在《红旗》杂志的首篇，更引人注目。

我在那段时期内发表的文章，常常得到社会上的好评和领导上的赏识，以致中宣部部长陆定一约见我，希望我到中宣部工作，后因了解到我不是党员，未果。1961 年全国宣传工作会议上，宣传部副部长周扬要我在大会上作了题为“批判新黑格尔主义”的报告。我当时不免自得，但现在看来，对我的那些赞誉，适足以说明，我的那部分“大批判”文字不过是在政治形势指导下的“一唱亿和”

之作。那个时代从事哲学专业的人，只能叫做“哲学工作者”，不能心存“哲学家”之想，意思就是不能有自己独立的思想，只能做马克思主义经典的注译者。1992年我发表过一篇短文，题为《无家可归与有家归未得》。我当时就是一个“有家归未得”之人。现亦将此文收录于后。[14]

我虽然也算是从旧社会过来的知识分子，但年轻，没有参加过国民党、三青团之类的任何反动组织，家庭出身是中小学教员，所以在历次政治运动中，我没有这些方面的历史包袱需要做自我检查。但我的思想检查也连连不断，那就是检查从小就培养起来的不问政治、自命清高的思想。我在50年代中到60年代中那一段时期的“学术研究”，既是与各种政治运动同行的过程，也是与批判我个人不问政治、自命清高的思想检查同行的过程。两者同行的结果是什么呢？无非是以政治代替学术、压制学术。我今天仍然认为学术应“走出象牙之塔”，但我从象牙之塔走出以后，却长期误入了一条“左”的教条主义的歧途。“既自以心为形役”，夫复何言！

“文化大革命”前，我的一项主要业余工作是担任《光明日报·哲学》专刊的编辑。《哲学》专刊于1954年创刊，刊头由艾思奇题写，发刊辞由潘梓年撰稿，北大哲学系主任金岳霖与郑昕先生先后任编委会主任，编委中北大哲学系占4至5名，中央党校哲学教研室、中国科学院哲学研究所、人民大学哲学系三个单位各一名。1954到1958年，由黄枬森同志负责全面的实际编辑工作，我只负责西方哲学方面的审稿，1958到1966年改由我负责全面的实际编辑工作。在这八年的时间里，经报社与北大哲学系商定，我每周以两天的固定时间用于专刊的工作，报社有专人与我联系，编辑《哲学》专刊几乎成了我的“第二职业”，我几乎成了《光明日报》报社的

一名兼职人员。从这里，我不但学得了一些编辑知识，而且学会了从作者、读者和编辑多角度看问题的方式和方法。这不仅仅是一个不同职业的人相互了解的问题，而且，按照现代解译学的理论，读者和编者也都是作品的参与人，我在哲学专业写作方面的某些进步，未尝不可以归功于那段时期的编辑工作。《哲学》专刊对于发展我国哲学事业，培养一代哲学专家，无疑起了积极的作用。但在今天看来，缺点仍然很多，从我个人方面来说，最主要的问题在于，用当时觉得很新颖而并不熟悉的一点马列主义知识去抹杀其他各种哲学思想和学说，特别是西方现当代哲学，当然更谈不上鼓励各个学者的个性哲学。以偏概全，以政治压制学术，必然使哲学走上一条自我封闭的道路，我作为《哲学》专刊的实际负责人，在这方面难辞其咎。最令我难忘的是，关于合二而一问题的论战是在我实际负责时期的《哲学》专刊上开始的，或者说得具体一点，第一篇公开的文章是在《哲学》专刊上发表的，是我签了"可用"字样之后由报社签发的（我似乎还注明了"可放在头条"的意见，但已记不清了）。从一开始，中宣部（前些年从穆欣《办〈光明日报〉十年自述》一书中方知道不是中宣部而是康生）发现"有问题"后，就指令，凡打算刊登的有关合二而一的文章都要送审，接着更把这场讨论直接包揽下来，要光明日报社将这方面的全部来稿不再按惯例送到我的手中，而直接交中宣部，中宣部一时成了《哲学》专刊关于合二而一问题论战的编辑部。人们处在那个年代里，并不觉得这种政治的直接干预怎么不合理，当然也不敢说不合理。时代曾经把枷锁套到了哲学的脖子上，又有什么办法呢？我在为《光明日报四十年》一书所写的《两个时代两代人——回忆"文化大革命"前的〈哲学〉专刊》一文和为《光明日报》50周年纪念集《名人与光明日报》一书所写的《耕耘在〈光明日报〉的园内与园外》一文中，都表达了这么几句感言：今天时代变了，枷锁正在打开，“光明在望”，我对中国哲学思想发展的美好前景仍然抱有信心。现将这两篇文章收录于本书。[15][16]

1966年“文化大革命”开始，实际上它的序幕已于1964年到1965年在北大揭开。由于我从1964年起就患肝炎，多年不愈，没有下放劳动，没有参加工人阶级“再教育”的学习会，即使是批判会和“早请示晚汇报”，也比一般教师参加得少。但也受到一些伤害：一是一位同系同事王君早在“文革”前就胡乱揭发我曾想跑香港，我因此而长期遭到党组织的怀疑，“文革”期间更是受到工宣队的审查，结果是“无疾而终”。二是工宣队从一份书写不清的外调材料中把一位比我长十岁的人误认为是我，怀疑我在昆明西南联大念书期间到武汉沦陷区当汉奸，据工宣队说为此审查了我近三年，总算真相大白，要我在大会上发言“感谢党”，然而我的小儿子却因此而在此期间不能升高中。“文革”后期，“两校大批判组”（“梁效”）通过哲学系总支书记责令我去，说是林彪家里有黑格尔的书，还有我的论黑格尔哲学的书，要我去“查”，我推辞再三，没有获准，便在它的“资料组”里工作，为了照顾我的病，让我住在家里，没有写过批判文章。“梁效”垮台后，我的检讨算是最轻的。

“文化大革命”十年大动乱，不能不使我长期告别了我的专业。我的书斋里，西方哲学、德国哲学方面的书都被推到了书柜的里层，外层摆放的尽是语录、摘编之类。我借养病期间熟读了唐诗三百首和宋词三百首，书斋成了我怡然自得的“桃花源”。我曾为我的书斋写了一首七绝：

凌乱诗书一榻斜，犹悬白石荔枝花。
闲吟李杜豁胸臆，窗外任他噪暮鸣。

当时正是齐白石的画横遭批判之际，我不忍卷起白石老人亲笔为我题字的这幅珍品。1975 年闻“白卷先生”被吹捧，我又填了一首“采桑子”：

长空雁叫关河暗，荆棘纵横，
翠叶凋零，洙泗之间走貍鼪。
居然腐鼠成滋味，鸾凤惊鸣，
竖子成名，义愤填膺泪欲倾。

这首词大概也算是我十年动乱期间的代表作吧。

这段时期里，我个人的哲学追求似乎主要都寄托在诗兴之中。妻子是中文系教唐诗的教授，长于古典诗词，她的文学气质对我在“文化大革命”后结合诗与思于一体的治学思路，起了积极的影响。

回顾解放后到“文化大革命”结束、改革开放开始约 30 年的岁月，感慨万端，赋七绝一首以自况：

三十年华转眼过，天涯浪迹岁蹉跎。
故园别久思归去，犹盼日西挥鲁戈。

13

“羁鸟恋旧林，池鱼思故渊”

——回到自我的思想家园，回到学术研究的正道

“文化大革命”的十年动乱已经常常促使我对“走出象牙之塔”之后约三十年所走过的道路进行反思，而“文化大革命”结束以后，随着改革开放浪潮的推进，我的思想更是逐渐地从政治独断和教条主义束缚下解放出来。“羁鸟恋旧林，池鱼思故渊”。我仿若一个在外飘荡了几十年的游子，重新回到了自己的家园。从此以后，我的学术研究和写作开始进入了第二个时期，也可以说开始了一个真正做学问的时期。在一种相对宽松的形势下，我个人的业务进展也比较大，青年时期就已萌发的哲学追求也似乎找到了一点边际。但“夕阳无限好，只是近黄昏”，“文化大革命”结束、改革开放的八十年代初，我已是60岁的老人了。苏老泉二十七发愤已恨晚，我和我的同辈同行们到花甲之年才认真为学，未免可笑亦可悲。然而我为了找回和补偿已丢失的盛年，仍以“人一能之己十之，人十能之己

百之”的精神，勤耕至今。

“文化大革命”结束至今，我的哲学生涯又可分为两个时期，研究的重点亦相应地分为两个方面。

在前八九年的时间里，除给研究生讲授“康德的纯粹理性批判”和“黑格尔的小逻辑”、“新黑格尔主义”等课程外，科研方面仍以德国哲学、黑格尔哲学为主，但已不是以“大批判”为指归，而是纯正的学术性研究。1982年出版了《黑格尔〈小逻辑〉绎注》一书（吉林人民出版社），书的内容是逐节讲解和注译黑格尔《小逻辑》，目的是想为读者弄懂原著、研究黑格尔的逻辑学提供一点线索和资料。本书每节都分“讲解”和“注释”两部分。“讲解”部分重在讲解难点，明白易懂之处只概述其大意。我认为要忠于像黑格尔这样晦涩的哲学家之原意，特别不能仅仅抓住他的只言片语来理解，必须通贯他的整个思想，联系其与主题相关的其他各处的讲法与提法。为此，我在“注释”部分主要采取了两种方法：一是用黑格尔注释黑格尔，即就同一问题，不仅把散见在《小逻辑》本书各节中的论述联系起来，而且把黑格尔其他许多著作中的相关论述和材料也搜集在一起，俾使读者对某一问题的理解能从我的注释中得到相互参照、相互发明的便利。二是借用一些西方研究黑格尔学者的讲解和注释以注释黑格尔，这实际上是一种“集注”。

文化大革命后出版的第二部著作是《论黑格尔的精神哲学》（上海人民出版社1986年第1版；台湾唐山出版社1995年重印）。这是一本延误了近20年的写作。“文化大革命”前，我已准备撰写此书，当时已细读了黑格尔《精神哲学》原著，系统地摘译了其中重要的段落，还作了一些批语。正打算动笔，“文化大革命”开始，那些材料一直装在一个纸糊的口袋里。“文化大革命”结束后，由于一些同志们的催促，才在《黑格尔〈小逻辑〉绎注》一书完稿之后正式开始写这本书。将近20年的时间过去了，其间的人世沧桑使我深深领会到，哲学的中心问题应该是对人的追问，而黑格尔的精神哲学，即他自己所称的“最高的学问”，正是关于人的哲学。人的本质在黑格尔看来，是精神，是自由，我的写作正是想把黑格尔的这个基本观点贯穿于全书。但如果没有这近20年的延误，我不会有这样的领会。如果在“文化大革命”前我就完成了论黑格尔精神哲学的写作，那肯定是一堆“大批判”，不可能以现在这样的面貌出现，也谈不上把握黑格尔精神哲学的精髓。从这方面说，我倒是应该向时间的拖延致谢。我在此书的“序言”中已表达了这些感想。[17]《论黑格尔的精神哲学》和先前的《论黑格尔的逻辑学》两书都被认为是中国“系统论述”黑格尔哲学体系中这两个部分的“第一部专著”（见《论黑格尔的逻辑学》日译本译者序言及1987年《中国哲学年鉴》等）。

在这个期间，我还从德文原文翻译了德国著名哲学史家库诺·菲舍尔（Kuno Fischer，1824—1907）的《近代哲学史》（Geschichte der Neuer Philosophie）一书的部分篇章，定名为《青年黑格尔的哲学思想》（吉林人民出版社1983年版）。还主编了《新黑格尔主义论著选辑》上下卷（商务印书馆1997年、2003年版）和《黑格尔辞典》（吉林人民出版社1991年版，后又在台湾重印），我个人为本辞典撰稿部分约10万字。辞典的目的是想为哲学工作者理解和研究黑格尔哲学提供线索和较全面的原始资料。我在研究黑格尔哲学的过程中，深感对某一问题的原始资料如果掌握不够，则很难写出扎实可靠的研究论文，好比一个商店，如果缺货，则无论怎样摆设，也决不能满足真正买主的需要，最多可以引起只想逛不想买的人的兴趣。我想通过《黑格尔辞典》，至少起一点运货、进货的作用。专门研

究工作者固然具备了查找资料的能力，但也要费时费功夫，《黑格尔辞典》应该可以提供系统地查找货色的方便条件。《辞典》的每个条目，都根据原文，把与该条目有关的原始资料尽量搜集齐全，好像是黑格尔关于该条目的一篇浓缩作品，为的是便于研究者在写有关该条目的论文时，基本的原始资料已是现成的了。

在这个时期，由于给研究生讲授康德的纯粹理性批判课程，便根据讲课记录，出版了《康德的〈纯粹理性批判〉》一书（北京大学出版社1987年版）。此书的主旨可以归结为一句话：康德所讲的限制知识，为信仰留地盘，实际上是为个人的主体性和自由留地盘。在写作这本书和此前的《论黑格尔的精神哲学》的这段时期，我对于西方哲学发展线索形成了一个基本的看法：从中世纪到现当代，人权和人的自由本质的发展大体上经历了三个阶段：在第一个阶段里，人的个体性和自由本质受神权的压制，文艺复兴把人权从神权的束缚下解放出来；在第二个阶段里，人的个体性和自由本质被置于超感性的、抽象的本质世界之中，从而受到旧形而上学的压制，康德、黑格尔哲学归根结底属于这个阶段；第三个阶段是黑格尔以后的西方现当代哲学，人的个体性和自由本质逐渐从超验的抽象世界中解放出来而被置于现实的具体的生活世界之中，人逐渐成了不仅仅是作为认识（知）主体的抽象的人，而是知、情、意合而为一的具体的人，这是一个更能伸张人性、更能体现人的自由本质的阶段。我的《论黑格尔的精神哲学》和《康德的〈纯粹理性批判〉》两书都是在这一总的哲学史观点的支配下写成的。

此后，我的研究重点已不在康德、黑格尔哲学，但由于出版界的需要，我又应约写了《自我实现的历程——解读黑格尔的〈精神现象学〉》一书（山东人民出版社2001年版）和几篇有关黑格尔的专文，颇能代表我对黑格尔哲学的最近的审视和观点。

在《自我实现的历程——解读黑格尔的〈精神现象学〉》一书中，我把黑格尔的《精神现象学》一书解读为一部描述人为了实现自我、达到“主客同一”所必须通过的战斗历程的伟大著作，其主要特点之一是强调自我实现之历程的漫长性、矛盾性和曲折性。和“文化大革命”前一味批判黑格尔哲学的唯心主义不同，这本书更多地强调黑格尔哲学对他死后的西方现当代哲学的积极作用和影响，强调学习黑格尔哲学中关于人的主体性和自由本质的意义。现收录此书“序言”、“导言”节录及“后记”。[18] 在此书出版后之次年为梁志学译黑格尔《逻辑学——哲学全书·第一部分》一书（人民出版社2002年版）所写的《中文版序》中，我更明确地断言：“黑格尔哲学既是传统形而上学的顶峰，又蕴涵和预示了传统形而上学的倾覆和现当代哲学的某些重要思想（例如超越主客式的人与世界融合为一的思想），现当代许多批评黑格尔哲学的大家们往往是踩着黑格尔的肩膀起飞的”。现收录该书《中文版序》附后[19]。今年（2007年）初，应《江海学刊》之约，在为纪念黑格尔《精神现象学》发表200周年所写的题为《现象学口号“回到事情本身”的源头——黑格尔的〈精神现象学〉》一文（《江海学刊》2007年第2期）中，我更专门申述了黑格尔哲学与现当代现象学的渊源关系：“我们过去经常说，黑格尔是西方传统形而上学之集大成者，其实，我们更应该着重说，黑格尔是他死后的西方现当代哲学的先驱。”作为西方现当代哲学主要思潮之一的现象学，其标志性口号是：“面向事情本身”，而“这个口号实质上最早是黑格尔在《精神现象学》的序言中提出的。这个口号的内涵，即使在现当代现象学这里，其实质也只有从黑格尔《精

神现象学》关于‘实体本质上即是主体’的命题和思想中得到真切的理解和说明。《精神现象学》序言一开始就指出：哲学或真理本身不在于单纯的最终结论或结果，而在于‘结果连同其成为结果的过程’，在于实现这一结果或目的的‘现实的整体’，而这一过程或整体就是实现‘实体本质上即是主体’这一结论（结果、目的）的全部过程、全部体系。”所谓“实体”，就是作为认识者的自我（即主体）的对象。在认识活动过程之初，自我与对象之间，或者说，主体与客体之间的关系是对立的，但随着认识活动的前进，实体愈来愈显现自己的本质，同时也愈来愈显现为主体，也就是说，认识者（自身）的对象愈来愈显现为作为认识者的自我，客体愈来愈显现为主体，而当实体完全地显现自己即是主体之时，当实体的本质完全地显现自己即是主体之时，主与客的对立就完全克服了，主客也就完全融合为一了。黑格尔精神现象学的全部内容，就是对实体如何完全成为主体的活动过程的描述。黑格尔《精神现象学》出版将近一百年以后，现代现象学创始人胡塞尔重新提到“走近事情本身”的口号，以至后来更明确提出了“回到事情本身”的口号。胡塞尔的这类口号，按照他自己的解释，就是排除关于一切外在于意识之存在的成见，而纯粹地专注于事物如何被给予我们、如何显现于我们的意识之前的描述。为了“回到事情本身”这一目的，胡塞尔运用了“悬置”、“现象学还原”、“先验还原”、“本质还原”等观点和术语，把所有的东西都“还原为”相对于意识而存在的东西，“还原为”显现于意识中的东西。现象学所强调的普遍性本质就这样而成为意识中的东西，它不是超越于意识之外的外在之物。可以看到，胡塞尔的“回到事情本身”，就其基本观点和思路而言，其实就是黑格尔的“致力于事情”和“实体本质上即是主体”的命题所要表达的思想，尽管两人在具体途径和针对的目标等方面各不相同。现将此文收录于本书。[20] 从这里可以窥见我在“文化大革命”后对黑格尔哲学的整体把握与评价。

2006年我应人民出版社之约，担任了《黑格尔全集》中译本的主编，《全集》拟于五六年之内出齐。这也许是我此生能为黑格尔哲学所做的最后一项工作。

“文化大革命”结束后，我的主要业余活动是在国内高等院校作学术讲演和参加国际学术会议或讲学。1980年以来，我在国内近30所高等院校讲黑格尔哲学、西方哲学家史和中西哲学史与文化思想的结合问题；在一些国际哲学讨论会上的学术报告或公开讲演也大多以这些内容为主题。1986年10月，我参加了瑞士卢策恩市举行的题为“唯心主义中和现代哲学中的统一性概念”的国际哲学讨论会，做了题为“黑格尔关于反思与对立统一性的学说”的公开讲演，当地报纸在报道中突出了我的到会和公开讲演。1987年9月，参加了在联邦德国吉森举行的第14届德国哲学大会，在专题小组会上做了题为“西方哲学史上的主体性原则与中国哲学史上关于人的理论”的学术报告，会议期间，我接受了德国电台记者的采访。1988年5月，参加了在巴黎召开的国际辩证哲学讨论会，在小组会上做了题为“黑格尔关于人的理论”的报告。1989年9月，参加了在美国芝加哥举行的纪念海德格尔诞辰百周年的国际哲学讨论会，在大会上做了题为“海德格尔与道家”的讲演。1990年7月，在日本京都大学做了题为“中国哲学界对黑格尔的研究与解释”的报告。1992年6月，在奥地利维也纳大学和德国美因兹大学做了题为“超越自我”的公开讲演。1995年3月，参加了在美国孟菲斯大学举行的第八届国际康德哲学大会，在小组会上做了题为“康德与中国哲学”的小组报告。1988年4月，我在武汉主持召开了一次以“德国

1981年7月作者（右二）参加中国社会科学院哲学研究所研究生毕业论文答辩会与贺麟先生（正中）、王玖兴先生（右三）、汝信先生（左四）等合影。

哲学中人的理论”为主题的国际哲学讨会，参加会议的国内外学者百余人，其中德国学者10余人，还有瑞士、法国、美国和日本的学者。会议论文集于1993年由商务印书馆出版，书名《哲学与人》。我的开幕词收录于本书。[21]会议期间，还举行了一次中德学者的座谈会，讨论有关《德国哲学》杂志的问题。《德国哲学》杂志由湖北大学哲学所主办，我作为哲学所所长兼任杂志主编，自1986年创刊以来，引起了西方和美国哲学界的关注。现将我所撰写的该刊发刊辞收录于本书。[22]德国著名哲学教授Karen Gloy在德国的权威杂志《哲学研究杂志》（Zeitschrift für philosophische Forschung ）1989，Band43 · Heft 2上发表了关于此次讨论会和《德国哲学》杂志的长篇报道。现收录这篇报道的中译。[23]

1988年5月在巴黎第十大学参加国际辩证哲学协会“法国革命：哲学与科学”讨论会，作者（左二）与法国哲学大会主席贾克·董教授（左三）、德国慕尼黑大学教授劳特（右二）等合影。

1988年5月参加在巴黎召开的国际辩证哲学讨论会，作者（左二）与王玖兴教授（右二）、高宣扬教授（右一）在凡尔赛宫合影。

1988年4月在武汉主持国际学术会议时与德国哲学大会主席H.Schnädelbach教授（左一）、张慎女士（右一）合影。

1988 年在武汉与德国哲学大会主席 H.Schnädelbach 教授（左三）、美国著名哲学家 J.Sallis 教授（左一）、日本著名哲学家隈元忠敬教授（右一）等合影。

1990年7月作者与日本著名哲学家隈元忠敬教授合影。
图中背景为广岛原子弹爆炸后残存建筑。

1988 年 1 月 24 日是我一生中最悲伤的日子，也是我哲学生涯的又一次转折，我妻彭兰于那天凌晨因癌症不治去世。我的人生旅程是因她而走出象牙之塔，也因她而在几十年惊涛骇浪的人海中自立自强。从今以后，纵有千愁万绪，更与何人诉说！我写下了这样一副挽联：

春城弦诵喜结缡，争吟韵事，从此谁与正平仄！
人海徊徨承解惑，共诉衷肠，他生再面嗟沧桑。

失去了她，我的前路将走向何方？她从青年时期起就一贯追求进步，追求革命，但在看到“文化大革命”期间周围的同志、朋友横遭迫害的情景之后终于写下了“多少事，欲话苦难言”的诗句，婉约地透露了一代知识分子的苦闷、痛楚与悲哀；在逝世前的几年里，她每一回顾自己的后半世，总不免要兴“冯唐易老岁蹉跎”、“年华虚掷意茫茫”之叹，她用诗的语言表达了我们这一辈人的心声。我要继承她的遗愿，继续前行，不能走老路，重蹈覆辙。现收录我为《若兰诗集》所写的序言。[24]我的三个儿女，聪颖勤奋，从小都不要我俩劳神。女儿念完高中、大学，一直在高校任教师兼干部；大儿子因“文革”只念完初中，但恢复高考的第一年就靠自学考取了全国重点大学；小儿子也因“文革”只是初中毕业，后来也靠自学考取了中国社会科学院研究生院，获硕士学位。三个孩子在事业上都做出了很好的成绩，现在虽然年岁不小，工作很忙，但都对我关心备至，这是我在哲学追求的道路上能不断前行的有利条件，我也可以此告慰于我夫人在天之灵。

14

“路漫漫其修远兮，吾将上下而求索”

——哲学的新方向

八十年代中后期以来，我的研究范围逐渐由黑格尔哲学、德国古典哲学转向现当代西方哲学特别是德国现当代哲学与中国古代哲学的研究，具体地说，是转向以中西哲学之结合为背景，致力于哲学何为、中国哲学走向何方等问题之研究。这是“文化大革命”结束以来我的学术研究的第二个时期。我的总体志向是要探索追寻到一条哲学的新路子、新方向。我近20年来翻阅得最多的书，西方哲学方面是尼采、狄尔泰、海德格尔、伽达默尔和一些后现代主义者的著作，中国哲学方面是老庄哲学和宋明道学家特别是王阳明的著作。

80年代前期，在改革开放的新形势下，中国哲学界兴起了一股讨论“主体性”的热潮，我也有兴趣读了其中不少文章，“主体性”这个概念几乎都被解释为主观、独断、片面、任性之类。实际上，“主体性”（subjectivity，Subjektivitaet）这个术语来自西方，这引起了我重温西方自笛卡尔以来的近代“主体性哲学”的兴趣，同时又进一步把我引领到黑格尔死后以批判“主体性哲学”为主要特点之一的西方现当代哲学（如尼采、海德格尔、伽达默尔）的思想领域。我感到欧洲大陆的现当代人文主义思潮特别是海德格尔的思想与中国古代的哲学特别是老庄哲学，虽不相同，却又有许多相通之处，中国古代哲学似乎闪现了西方现当代人文主义思潮的某些火花，我于是又重新捡起青年时期比较熟悉的中国古典哲学著作特别是老庄的经典。我着重把中国哲学与西方哲学都放在整个人类思想发展的历史长河中去评价其地位，作用和意义，试图会通中西，找出中国哲学以至哲学本身的出路，为中国人、也为人本身，寻找“安身立命”之所。

在这一会通中西的研读过程中，我感受最深切的是，我原来长期研究的黑格尔哲学虽然强调“具体的普遍性”（“具体共相”），强调普遍性不能脱离特殊性，但它最终还是以普遍性、以“绝对”为最高原则，黑格尔的形而上学崇奉超感性的理性本质，把自我、主体吹胀为抽象的、神圣的、永恒的普遍性，压抑了有本能、有意欲、有感性、有个性的具体人的存在。他所谓“绝对”也者、“最高、最具体的普遍”也者，归根结底，多少有些类似中国儒家传统中的“天理”，抑制人欲而很少给活生生的人留余地。黑格尔死后的现当代哲学家海德格尔等人和一些后现代主义者，起而反对黑格尔的抽象的“绝对”、“普遍”、“同一”，反对传统的“主体性哲学”，强调人的生活世界，强调生活在世界中的活生生的人，不能不说是西方哲学史上一次把个性从共性（普遍性）束缚下解放出来、把具体存在从抽象本质束缚下解放出来的思想运动。这也就是我们平常说的西方现当代哲学对传统形而上学的反抗运动。中国哲学史上占主导地位的正统儒家思想，也是形而上学的一种类型，它把封建的人伦道德原则吹胀为天经地义的“天理”，“天理”超乎人之上而又宰制人。明清之际形成了一股反正统儒家形而上学的思潮，反对把封建道德之理吹胀和绝对化为天经地义。我以为在封建的“天理”传统根深蒂固的中国，要发展中国哲学，必须进一步大力推进明清之际以来反对中国式的传统形而上学的思潮，需要有一种从“天理”（包括其在当今的各种变式）的永恒教条和共性的独断下走出来的个性解放。海德格尔哲学中返本归真的思想，后现代主义的个体性原则，与中国反传统的道家、诗人思想家陶渊明的“贵己”、“不丧己”的思想，颇有相似相通之处，可以作为我们反对封建传统的借鉴。我近一二十年来读海德格尔，读后现代主义的书，每爱与中国的道家、陶渊明相联系，我似乎又回到了童年和青年时代的个性和思想爱好。基尔凯郭尔说过：一个人自己的思想是他生活的家。我从黑格尔转向海德格尔等西方现当代人文主义思想家和中国的道家与陶渊明，恍惚间又看到了自己的家。陶渊明因不愿“以心为形役”，故赋“归去来辞”，海德格尔因不甘“沉沦”而思回归“本真”，古今中外，诗人与哲学家，确有异曲同工之妙。但我的思想家园究竟何在？我只能探索再探索，追寻再追寻。“路漫漫其修远兮，吾将上下而求索”（屈原《离骚》）。

关于中西哲学史方面的探索，我的第一部研究成果集中体现在《天人之际——中西哲学的困惑与选择》一书（人民出版社 1995 年第 1 版，2005 年第 3 次重印，2007 年第 2 版）中。

我认为古希腊早期哲学不分主体与客体，按照海德格尔的说法，就是强调人与存在的“契合”（Entsprechen），按照黑格尔的说法，就是“以东方式的精神物与自然物的实体性合一为基础”，有某种类似中国的“天人合一”思想之处。由智者作准备、由柏拉图加以实现的哲学观点，是西方哲学史上的第一个转折点。自柏拉图开始，

哲学主要不再是讲人与存在的“契合”或精神的东西与自然的东西的“实体性合一”，而是把存在当作人所渴望的一种外在之物来加以追求。这种外在的追求，乃真正以“哲学”为专名之学问的独特任务。柏拉图的学说实开西方“主体——客体”关系式之先河。但真正意义的“主体——客体”式是由笛卡尔开创的近代哲学之事。此种思维模式在西方又称“主客二分”（Subject-Object Dichotomy）。“主客二分”即“主体——客体”式，或称“主客关系”，它不仅指主与客之间的分离对立，而且包括通过认识而达到的主客统一。“主体——客体”式的要旨就是认为，主体（人）与客体（外部世界）原来是彼此外在的，通过主体对客体的认识，以利用客体、征服客体，达到主客的对立统一。黑格尔是西方近代“主体——客体”式的“主体性哲学”之集大成者。西方现当代哲学家如尼采、狄尔泰、海德格尔、伽达默尔等人，都不满意这种“主体——客体”式，他们认为，哲学与人生不只是在主体与客体之间搭上一座认识的桥梁而已，有的哲学家把“主体——客体”式贬称为“主客桥梁型”。他们认为，人的现实的生活世界是作为知、情、意（包括下意识和本能在内）相结合的人与物交融合一的活生生的整体，所以这些西方现当代哲学家，还有一些哲学神学家，都强调超越主客关系，对“主体”概念大加批判。从西方近代“主体——客体”式的“主体性哲学”到西方现当代哲学对它的批判，是西方哲学史上的又一次大转折。

中国传统哲学有“天人合一”的思想，也有“天人相分”的思想，但“天人合一”长期占主导地位。“天人合一”不是主体与客体的统一，它缺乏主体与客体的划界，当然也缺乏在二者之间搭上认识之桥的思想（当然，这并不排斥有些以主张天人合一为主的哲学家的思想中包含了“主体——客体”式的思想成分）。明清之际以后，主要是鸦片战争以后，“主体——客体”式的思想成分逐渐抬头，传统的“天人合一”遭到批评。19世纪末20世纪初的一批先进思想家谭嗣同、梁启超等人一心要向西方寻求真理：或明确提出“我”与“非我”之区分，实即区分主体与客体；或大力介绍西方自笛卡尔以来的“主体——客体”式和“主体性哲学”。孙中山的精神物质二元论更明显的是西方“主客二分”的思想。“五四”运动所提出的“科学”与“民主”两口号，从哲学上讲，实可归结为对西方“主体——客体”式和“主体性哲学”的追求，因为“主体——客体”式和“主体性哲学”所主张的，正是作为主体的人对客体（包括自然和封建统治者）的支配权和独立自主性。一部中国近代思想史可以说就是向西方近代学习和召唤“主体性”的历史。只可惜我们的步伐走得太曲折、太缓慢了，直到80年代上半期才公开明确地提出和讨论“主体性”问题。而当我们正热烈讨论新鲜的“主体性”问题之时，西方现当代人文主义思潮的哲学家们，后现代主义的思想家们，却早已热衷于批判过时的“主体性哲学”和“主体——客体”式，甚至过激地提出“主体已经死亡”的口号，他们大多强调不分主体与客体，提倡一种有些类似中国“天人合一”的思想。中国传统的“天人合一”基本上是一种“前主体——客体”式、“前主体性”的思想，缺乏西方意义的主体性，不利于科学与民主的发展，而西方现当代的上述哲学思想则已超越了“主体——客体”式，超越了“主体性哲学”，我称之为“后主体——客体”式或“后主体性的哲学”。

我们当然不需要亦步亦趋地追随西方，先花几百年的时间补完“主体——客体”式和“主体性哲学”之课，再走批判和超越的道路。我们应该结合中西，利用和发扬中国固有的天人合一思想之长处，例如它给我们提供某种高远的境界，但这种境界不能停留于

"前主体——客体"式，而是既包含又超越"主体——客体"式的。我国亟须发展科学与民主，那种排斥"主体——客体"式和"主体性哲学"的观点是不切实际的。当然，我们也应该正视"主体——客体"式和"主体性哲学"的弊端，不能停留在这个阶段。我主张提倡一种超主客的哲学原则和理想人格。我认为中西哲学的结合点也许体现在这样一个共同的公式之中：前主体——客体式的天人合一→主体客体二分或主体性原则→后主体——客体式的天人合一。这里收录《天人之际》一书的"序"和正文部分节录[25]。

《天人之际》出版以后，我继续写了一些文章，在主张超越"主体——客体"式的同时，反对那些完全排斥"主体——客体"式、把"天人合一"与"主客关系"绝对对立起来的观点，这种观点片面宣扬中国传统的、缺乏"主体——客体"式的"天人合一"，认为只要固守这种传统的"天人合一"，就可以挽救文化危机特别是可以挽救生态危机，解决环境污染等问题，达到人与自然和谐相处的目的。殊不知传统的"天人合一"，按其原有的形式，不注重人与自然物之分，不注重主体与客体之分，不注重认识论，当然也就不重视对自然规律的科学认识，以改造自然物，征服自然物。显然人与自然的和谐相处，仅仅靠人的单方面的"天人合一"的精神境界，是远远不够的。自然物不同于人，它不能理解人，不能约束自己，主动使自己适应人，与人和谐相处。水可以载舟，亦可以覆舟。人要与自然和谐相处，除了"天人合一"的精神境界外，还必须以"天人相分"或西方的"主体——客体"式的哲学原则为依据，发展科学，顺应自然规律，以便与自然物作斗争。中国传统的"天人合一"，无论是正统儒家的，还是道家的，都不重"主体——客体"关系的思维方式，如何能挽救生态危机？如何能达到人与自然和谐相处的目的？一味引证传统"天人合一"思想中关于人与自然和谐相处的一些主观意愿方面的古语，以为这样就可以展示此种古旧的“天人合一”之无边法力，诚不思之甚也。最近，我应《求是》杂志之约，写了一篇题为《中国古代的“天人合一”思想》的文章（《求是》2007年第7期），又一次论述了有关这个问题的一些看法，现收录于本书（收录时，略有增补）。[26]

西方哲学史由传统的“主体——客体”关系到现当代主客融合为一的转向，从另一角度看，也就是由“在场的形而上学”（metaphysics of presence）到在场与不在场相结合的思想转向。“主体——客体”关系式与“单纯在场”的观点有必然联系；主客融合为一与在场不在场相结合的观点也密不可分。《天人之际》一书着重讲由“主体——客体”关系到主客融合为一的转向，内容和篇幅都侧重在“史”的方面。在写作《天人之际》的过程中，我虽已联系到在场与不在场的关系问题，联系到一些哲学理论问题，亦即“论”的方面，但后者远非《天人之际》的重点。《天人之际》出版以后，我转而着重从事后一方面的探索，其成果体现在《天人之际》以后的新著《进入澄明之境——哲学的新方向》一书（商务印书馆1999年版）中。

“主体——客体”关系的思维模式，要求主体通过认识的途径以把握客体的本质概念或普遍性、同一性，认为哲学的最高任务就是从感性中直接的东西上升到理解中的东西，从而以“永恒在场的”本质概念或同一性为万事万物的根底，这种哲学观点把人的注意力引向抽象的概念世界，哲学变得远离现实，苍白乏味。现当代人文主义思潮的哲学家海德格尔、伽达默尔以及德里达等后现代主义思想家，不满足于这种“在场的形而上学”，转而强调构成事物之背后的隐蔽方面的重要性，强调把显现于当前的在场的具体事物与隐蔽于背后的不在场的然而同样具体的事物结合为一个无穷尽的整体，认为这才是人实际生活于其中、实践于其中的活生生的世界。于是，旧形而上学所崇尚的抽象性被代之以人的现实性，纯理论性被代之以实践性（这里的实践性是广义的，而非专指阶级斗争和生产斗争的实践）。哲学与人生紧密结合，变得生动活泼，富有诗意，引导人进入澄明之境。

我以为世界上的每一事物，包括每一个人，都是普遍的相互联系、相互作用、相互影响之网上的一个纽结、交叉点或聚集点，宇宙万物都与之处于或远或近、或直接或间接、或有形或无形、或重要或不重要的相互联系、相互作用、相互影响之中，但这些联系、影响、作用并非显现于当前，而是隐蔽于一事物的背后。因此，任何一事物都既有其出场（在场）的方面，又有其未出场（不在场）的方面，而显现于当前在场的方面总是以隐蔽于其背后的不在场的方面为根源或根底。这种根底不是抽象的同一性或普遍性概念，而是与在场方面同样具体的东西。例如张三其人当前在场的表现，就是植根于他的出身、禀赋、环境、教育、朋友、传统文化等等不在场的因素之中，这些因素都不是抽象的概念，而是具体的东西，只不过相对于张三当前在场的表现而言，是不在场的东西而已。这种根底又是无穷无尽的，因为任何一件事物所植根于其中的因素是无穷无尽的，所以也可以说，这种根底是无底之底。我们讲哲学，总是要讲超越当前的东西，追究其根底。但我所强调的超越，不是像西方旧传统形而上学（“在场形而上学”）那样从具体的东西超越到抽象的同一性概念中去，以抽象的东西为根底，而是要从在场的具体的东西超越到其背后不在场的、然而同样具体的东西中去，以无穷无尽的现实具体物为根底。旧形而上学所讲的超越可以叫做“纵向超越”，其特点是从具体到抽象；我所讲的超越可以叫做“横向超越”，其特点是从具体（在场的具体物）到具体（不在场的具体物）。

单纯依靠思维，依靠从感性认识上升到理性认识，最终只不过是撇开差异性以达到永恒在场的同一性，而不能越出在场的东西以达到不在场的东西，不能越出同一性以达到不同一性。但我认为哲学的最高任务不是仅仅停留于达到同一性（我无意否认找到同一性的重要），而是要达到互不相同的万物（包括在场的与不在场的、显现的与隐蔽的）之间的相通相融。要达到这个目标，不能单靠思维，而还要靠想象。思维以把握事物间的同一性为目标，重在界定在场的某类事物，而想象则是一种把未出场的东西与出场的东西综合、融合为一个“共时性”整体的能力，重在冲破界限，超越在场，不仅冲破某一个别事物的界限以想象到同类事物中其他个别事物，而且冲破整个类的界限以想象到不同类的事物。想象扩大和拓展了思维所把握的可能性的范围，达到思维所达不到的可能。思维的极限正是想象的起点。

根据上述的思路，我以为我们的真理观应该突破（不是抛弃）主客符合说，强调把一事物置于它所处的无穷联系、作用、影响之网络中，以如其所是地显现其真实性；我们的美学观点应该突破模仿说和典型说，强调作品的诗言在于（通过想象）从在场的东西显现出隐蔽的东西，作品所留给我们的想象空间越大，就越具有诗意；我们的历史观应该突破寻求历史原貌的观点，强调把古和今、过去和现在看成是运用想象而达到的相互显隐、相互在场与不在场的互通互融的历史整体。

如何看待传统与现在的关系问题，也是我当时哲学研究的一个重要方面。我们平常讲天人合一与主客关系，往往只限于讲人与自然、人与物或人与人的关系，其实，这两种关系也可以适用于古与今、过去和现在的关系，适用于今人对待古人、现在对待过去的态度问题。把古与今、过去和现在看成是互相独立的、彼此外在的

东西，认为研究历史只不过是把古的、过去的东西当做外在的客体对象来对待，这种态度就是主客关系的思维模式的观点。反之，把古和今、过去和现在看成是一体的，没有孤立的古或过去，也没有孤立的今或现在，认为历史研究的最高兴趣就是要从古往今来的连续性和统一性中看待历史事件和人物，这就是主客融合的观点，或者借用中国哲学的术语来说，就是天人合一的观点。中国哲学只讲（撇开"天"的封建道德含义或义理之天等等不谈）人与自然、人与物或人与人的融合，而少讲现在与过去的融合。现当代许多力图打破主客关系模式、希望在东方找到启发的西方哲学家，也往往只讲人与自然的融合。在这方面，我赞同伽达默尔的观点，认为历史研究的真正兴趣和最高任务不能只停留于恢复过去的原貌，停留于对历史事件发生的时间、地点等事实性考证，甚至也不在于对作者本人之意图、目的和动机的甄别，而在于理解历史事件的意义。任何历史事件的发生，都有其经济的、社会的、文化的以及许多其他方面的背景，事件与背景构成了一个有机整体。由于时间和历史的变迁，这些背景发生了变化，事件本身的意义也就发生了变化。因此，从这个角度看，历史事件的原本是恢复不了的。就传统而言，都有其相对的原本，原本是传统的始发言行。随着时间的进展，原本逐渐被认为是具有权威性的、天经地义的东西而为群体所接受，成为凝聚群体的力量，于是原本也就逐渐形成为传统。问题的关键在于，传统逐渐形成的过程也是一个逐步远离传统的过程。但这种远离，不仅打破了原本的限制，扩大了原本的范围，也丰富了原本的内涵。而这种远离之所以可能，是解释使然。离开了现在的参照系，就谈不上对传统意义和价值的解释。所以，解释历史传统的根本要义就在于指向现在，使过去的、已经确定了的东西生动起来，使远离我们的东西化为贴近我们的东西。正是由于传统与现在的这种结合，才在传统继承人面前展开一个新的、贴近自己的视域，一个新的世界。根据这种“通古今之变”的历史观点，我认为国学研究虽然也要包括读懂原文原意和考证之类的学问，但更重要的应该是联系我们现时代的参照系对我国的传统做出新的解释。这种参照系既包括现今中国的现状，也应包括中国之外的世界。因此，处当今改革开放之世，为了使中国哲学的研究大放异彩，我们应该从世界的角度衡量中国哲学，应当与外国学者直接对话，让中国哲学与西方的思想相互撞击，又在撞击中相互融合。我国学术界近些年来片面地重国学而轻西学的现象，不利于我国整个思想文化的发展，对某种企图复古的倾向尤其需要提高警惕。

我相信，我所主张的拓展想象，以超越在场、超越当前的限制与藩篱的哲学观点，既是具有现实性与实践性的，又是开放的和具有远大的胸怀的。这也就是我在《进入澄明之境——哲学的新方向》一书中所设想和申述的哲学的新方向。我还拟定了一些新方向所需要着重研讨的新的哲学范畴，以补充一般哲学教科书所讲的诸如思维与存在、主体与客体、本质与现象、普遍与个别、感性认识与理性认识之类的旧范畴。我初步想到的新范畴有：在场与不在场，显现与隐藏，有与无，相同与相通，思与诗，理解与误解，超越与限制，中心与边缘，古与今，言与无言，思维与想象等等。我的设想还极其粗糙，抛砖引玉而已。这里收录《方法》杂志 1996 年第 7 期所载本人文章《哲学的转向及其影响》和《编者按》[27]。

《天人之际》和《进入澄明之境》两书都是从 80 年代中期开始、我的研究范围由黑格尔哲学、德国古典哲学转向西方现当代哲学和中国古代哲学以后 10 余年的研究成果。两书虽然都结合了中国古代哲学，但其主要脉络则都讲的是由西方传统形而上学到现当代哲学人文主义思潮的转向。我的哲学新方向就是在这一转向的研究过

程中和中西哲学相结合的研究过程中逐渐领会到的。在此期间，我有了一种从以黑格尔为代表的传统形而上学藩篱中获得解放之感，我冲破了旧的“主体——客体”关系的框架，冲破了共性压制个性、压制人的自由本质的牢笼，常常感到有一种思如泉涌、笔意奔放而不能已于言的激情在催促着我。基于这种情感的支配，我在写作这两本书的同时，写了一些短小的随笔，发表在《光明日报》和几家文学杂志上，内容多系品味人生、抒发个性之作。这些随笔构成《北窗呓语——张世英随笔》一书（东方出版社1998年版）的主要内容。如果说《天人之际》与《进入澄明之境》两书是以哲学理论的形式表述了我那10余年里思想解放的内心感情，那么，《北窗呓语》则可以说是以随笔散文的形式凝结了我那段时期的哲学理论，我试图以文学的形式让我的哲学理论起到一点感染读者的作用，只是由于我的文学禀赋甚弱；文字干瘪，那些随笔仍然达不到我的主观愿望。这里收录《北窗呓语》序和《光明日报》访谈录以及香港《华人》杂志1999年第6期专栏作者对本人的专访。[28]

1998年4月28日人民出版社在北大举行了《北窗呓语》首发式，《北京大学学报》同年第5期作了如下报道：

北大学者与人民出版社座谈交流并举行张世英《北窗呓语》首发式

为庆祝北京大学百年华诞，4月28日，人民出版社总编辑薛德震带领社内一批中青年编辑来到北大，与著名学者张岱年、张中行、龚育之、张世英、乐黛云、吴同瑞、王树人、孙小礼和一批中青年学者以及出版界知名人士沈昌文、李连科、林尔蔚等共约五十人举行了出版交流座谈会暨《北窗呓语》首

1998年4月28日张世英《北窗呓语》首发式。
正中自左至右：张中行　张岱年　薛德震　龚育之
左侧自右至左：张世英　严　平　李连科　王树人

发式。

北大著名学者张世英先生新著《北窗呓语》是一本文学与哲学相结合的随笔集。作者由论道而及论人、论时、论事，由天人之学而转向人文终极关怀。睿智的思想、真挚的情感、中肯的评论时时溢于笔端。全书内容丰富，有感时之论，有悼亡之词，有学术杂谈，有人生见解，有书评和书序。可以说，本书思想深刻，笔调优美而富有哲理。

此外，《光明日报》、《中国青年报》、《中国文化报》、《北京青年报》、《新闻出版报》、《中华读书版》、《中国图书商报》、《方法》杂志等10余家报刊也先后作了类似的报道或转载了该书序言。

80年代中期到2001年，这段期间我的教学工作是指导博士研究生。1991年我70岁时离休，但指导博士研究生的工作没有停止。我所指导的研究生，其中不少已成为硕果累累的著名学者，我为他们的成就而感到自豪。招收最后一届博士生时，我已年近80，是学校有鉴于我这10余年里致力于中西哲学结合之研究，才特批我继续指导的，而且是以“中西哲学之比较研究”和“马克思主义哲学与西方哲学”为专业的博士生，在此以前，我所指导的历届博士都是以西方哲学为专业。由于我年事已高，加上学校给我派了一位副导师，我没有做什么实际的指导工作，我至今对最后一届这几位研究生犹感歉疚。

值得一提的是，武汉大学西方哲学专业的博士生，自80年代中期第一届起，他们的毕业论文答辩委员会都是由我去主持的，一直到2004年，几近二十年来，除一次例外，年年如此。我和武大哲学系特别是西方哲学专业毕业的博士生，结下了深厚的友谊，他们现在多已有丰硕的学术成果，不少人已成为知名教授。

这段期间还有一事，想附带一提。1993年夏，我到香港参加一个大型国际学术会议，大陆去了四五十人。一天早餐，与我同桌的有四五位来自上海、北京的学者，看来他们彼此间都很熟悉，只有我与他们不相识，也未交谈，席间，他们对北京大学作了一番议论，从当时的校长到历史、哲学、中文等人文学科的水平都有议论，多系负面的批评之词。我一个人低着头，一面咀嚼，一面洗耳恭听，觉得这是一次难得的机会，但听到刺耳处（例如说北大“缺乏真正有学术水平的校领导”，某某校领导“不学无术”，“如此领导不可能带领北大成为世界一流大学”，等等）仍不免忐忑不安，汗流浃背，我第一次体会到了“母校”之“母”字的感情和意义。不料用餐结束时，其中一位起座，偏偏要同我寒暄：“请问，您是哪个学校的？”我只能回答说：“我就是北大的”。他们四五个人连声道歉。我说：“难得听到来自校外最真实的声音。你们的评论基本上是事实。”这里收录《光明日报》1998年3月24日载《我与北大》一文。[29]这四五位学者的议论，既触发了我的“母校”情感，令我感到难堪，又令我感到人家的批评的确深中肯綮，值得重视。1998年北大百周年校庆之际，英国 BBC 广播电台采访我，曾问到北大如何才能成为世界一流大学之类的问题，我回答说：北大的名声与蔡元培、胡适、马寅初、汤用彤这些校长的名字是分不开的，没有真正有大学问的学者校长，不可能创建世界一流大学。我劝当时的校领导作为先贤的后继者，应该借百年校庆的良机，多多冷静地思考一些自身不足之处，多多追寻一下达到世界一流大学水平的差距。后来有人告诉我，我在 BBC 访谈中的谈话，引起了北大有的校领导对我的不满。我在那段期间，还在国内一家报纸记者关于学术腐败问题的集体采访中，一般性地谈到了有些学校领导层的学术腐败现象。后来也有人告诉我：北大有的校领导对我愤然。我想，北大向以兼容并包的大家风度著称，我的一点来自校内自我批评的声音，既未点名，又是出自对母校的深情，应该可以得到他们的认真对待和理解。

15

“万有相通”的哲学

——我的《哲学导论》一书

我在《天人之际》（1995 年）和《进入澄明之境》（1999 年）两本哲学著作出版之后的几年里，继续在新的哲学方向上前行、探索，似乎逐渐形成了一系列属于我个人的思想观点，其所涉及的领域除哲学本身所讲的本体论和认识论之外，还包括美学、伦理学和历史哲学。我越来越萌发了一点想清理和系统化自己的哲学思想的打算。2001 年上半年，北京大学哲学系两位负责同志要我为本科新生开设《哲学导论》课程，说是为了发挥老教授之所长，恢复昔日老教授为低年级本科生开设基础课的优良传统，要我以近 10 余年来的研究成果为主要内容，讲授这门课程，并要求我在次年（2002 年）初结束本课程时，以教材形式出版《哲学导论》一书。这时，我已离休 10 年，除指导博士生，为博士生讲授过一点德国古典哲学外，久已告别本科生的讲坛，我担心一年级新生很难听懂我的哲学思想，加上我的一些自命为在“新”的哲学方向上所探索到的“新”东西，与一般的哲学教科书上的东西颇多龃龉，心中不免犹豫。但在他们两位的鼓励和劝说下，我也就欣然接受了这个任务。从2001年夏初到2002年初大约八九个月的时间里（其中有4个月的时间是在讲课的过程中），我终于在上述已出版的两本著作的基础上，经过增写新的内容和修改补充原作，于2002年初完成了《哲学导论》一书，由北京大学出版社以“北京市高等教育精品教材建设项目”的名义出版。教学相长。讲课、备课、同学们的提问，都大大促进了我已经形成的一系列个人哲学思想观点的深化和系统化。

我们中国人有一句口头禅，叫做“人生在世”。人怎样生活在这个世界上？抱着什么态度来面对这个世界？这是人生最大、最根本的问题，也是哲学的最根本的问题。所以我在《哲学导论》一书中把哲学的根本问题概括为人生在世的“在世结构”的问题。“结构”就是指人与世界相结合的关系和方式。在中西哲学史上，对这个哲学根本问题的看法，概括起来说，可分为两个层次、三个发展阶段。一个层次是把人与世界万物看成是息息相通、融为一体的体系，人所生活于其中的世界是与人世界万物交融的结果，在这样的世界里，人因世界万物而获得自身的内容，世界万物因人而获得自身的意义。两者的结合、交融，构成人所生活于其中的世界。西方有些现当代哲学家把这样的关系叫做“自我—世界”结构（美国梯利希的用语）或“此在—世界”结构（德国海德格尔的用语）。对于我们中国人来说，这些用语显得有些晦涩难懂，我想借用中国传统哲学的术语把这种关系叫做“万物一体”或“天人合一”。我在《哲学导论》一书中把这个层次的关系叫做“人与世界融合为一”的“在世结构”，用一个公式表达就叫做“人—世界”的在世结构。第二层次的在世结构是把人与世界万物的关系看做是主体与客体的关系，人是主，世界万物是客，世界万物在人之外，二者分离、对立，相互外在，只是通过人的主动性、主体性对客体加以认识、征服，才达到主体与客体的统一。西方哲学对这种关系有一个现成的概括和术语，也是我国学界所通用和熟悉的一个术语，叫做“主体—客体”关系。以上所说的两种关系不是平等并列的，前者是基础，是第一性的，后者是派生的，是第二性的。这也就是说，“主体—客体”关系的在世结构是在“人—世界”的在世结构的基础上产生的。

人生在世，无论是就个人的发展阶段而言，或者是就一个民族或整个人类思想发展的阶段而言，大体上都经历三个阶段：第一阶段叫做“前主客关系的合一”或“前主客关系的‘人—世界’结构”。第二阶段是“主体—客体”关系的阶段。第三个阶段是包括“主体—客体”关系在内而又超越了“主体—客体”关系的阶段，我称之为“后主客关系的合一”或“后主客关系的‘人—世界’结构”。

西方哲学史上自笛卡尔到黑格尔的近代哲学的主导原则是：“主体—客体”的关系，唯物论和唯心论之争是这个阶段中哲学讨论的根本问题。从19世纪中叶起，西方现当代哲学，特别是欧洲大陆人文主义思潮的哲学，其占主导地位的哲学原则是“后主客关系的合一”，其所讨论的根本问题已经不是唯物唯心之争了。中国传统哲学家，其占主导地位的哲学原则尚处于“前主客关系的合一”阶段。一直到鸦片战争中国受了帝国主义的欺凌以后，思想家们才意识到传统的那种不分你我（不分主体与客体）的“万物一体”、“天人合一”思想的缺点，于是大力介绍、宣传西方近代哲学家的“主体性哲学”，强调要区分我与非我，区分主体与客体，发挥人的主体性。中国哲学发展史从此才开始进入“主体—客体”关系的阶段，注重唯物唯心之分。可以看到，主要发生在“主体—客体”关系阶段的

唯物唯心之争，并非全部哲学史的根本问题。

我国在上世纪下半叶所广为宣传的哲学，主要属于“主体—客体”关系的框架：哲学的最高任务就是把客体（客观存在）当作独立于作为主体的人以外的东西，通过人的认识能力（感性认识到理性认识），认识客体的普遍规律性，从而征服客体，利用客体，以达到“主客的对立统一”。哲学于是变成了追求普遍规律的学问或“最”普遍规律的学问。于是有的人把哲学干脆定义为科学：“哲学是自然科学与社会科学的概括与总结”，“哲学是关于自然、社会和精神的本质性、规律性的学问”，“哲学是科学”，都是这种定义的不同表达。我以为哲学需要讲普遍规律性，也需要讲最普遍的规律性，但这种在“主体—客体”关系式的框架内把哲学界定为只是对外在于人的客体之最普遍规律性的追求的哲学概念，已经过时了。哲学的含义和任务应该超越这种旧有的界定。西方现当代哲学大讲“哲学的终结”和所谓“后哲学”，就是指的这类旧意义的哲学的终结。

在这样的哲学终结以后，是否还有哲学的领地呢？我的《哲学导论》就是要对这个问题作出肯定的回答：哲学是以提高人生境界为目标的学问，是提高人生境界之学。

哲学不以追求知识体系或外部事物的普遍规律为最终目标，而是讲人对世界的态度，讲人怎样生活在这个世界上。一个人或一个群体抱什么样的态度来面对世界，这是一个人或一个群体的境界问题，不是知识体系或外部事物的普遍规律性问题。一个人或一个群体有什么样的境界，他或他们就有什么样的哲学。那种只有个人功利境界、把一切（包括人在内）都看成是为我所用的工具的人，他或他们的哲学是极端个人主义的哲学。那种以仁爱之心待人待物的人，他或他们的哲学就是“民胞物与”的哲学。如此类推，于是在人类思想史上产生了各式各样的哲学。

人对世界的态度或人生境界不是独立自在、随意产生的，任何一种人生态度或境界都有它之所以产生的经济基础、科学依据、地理环境、时代背景、民族性格、历史文化传统等为缘由；就一个个人来说，甚至与他的血型、禀性、出身、遭遇等都有或多或少的联系。以讲人生态度或人生境界为基本内容的哲学当然也与上述种种复杂因素有密切联系。

在传统意义的哲学终结以后，在以追求外部事物最普遍规律为终极目标的哲学终结以后，以提高人生境界为目标的哲学决非抛弃普遍规律和最普遍的规律，决非抛弃知识和知识体系，而是在它们的基础上提高人生境界。当今的世界正处于普遍性、规律性和必然性知识日新月异、迅猛扩展的时代，我们以什么样的人生态度来面对这样的世界？我们将如何不断更新自身以适应不断更新的世界？我们应当以什么样的境界来指导我们的行动？这正是当今的哲学所面临的问题。哲学比科学有更多、更高的任务，它既需要科学知识，需要掌握普遍的规律性、必然性，又要超越科学知识、超越普遍的规律性、必然性。超越不是抛弃，而是指抱什么样的人生态度、以什么样的精神境界来面对日新月异的科学知识和普遍性、必然性。学哲学的人应当广泛涉猎各种科学知识：自然科学方面的，人文学科方面的，越广越好。哲学问题是渗透到各种现象领域和各门学科之内的，所以今后的哲学，应该讲各种现象领域的哲学：美的哲学、伦理道德的哲学、科学的哲学、历史的哲学、经济的哲学、政治的哲学……不同门类的哲学中都有针对该门类特殊知识和规律性、必然性的人生态度和精神境界问题，所以，各门类的哲学既要包括该门类的知识体系，又要超越该门类的知识体系。例如经济的哲学、政治的哲学就应当既包括经济学又超越经济学，既包括政治学又超

越政治学。只有这样的哲学才既非脱离科学知识的空洞、玄虚之学，又非等同于科学之学。

人生境界各异，不能强求一致，但出现一种能为同一个时代、同一个民族的人群所共鸣的哲学，则是必然的。我们平常说某个民族的哲学、某个时代的哲学、某种阶层、阶级的哲学，就是这样一种为大家所共鸣的哲学。

当今的中国需要一种什么样的哲学呢？什么样的哲学能引起当今中国人群的共鸣呢？

针对中国长期的“前主客关系”式的“万物一体”的老传统至今仍留给我们的负面影响，针对当今的中国亟待发展科学、发扬人的主体性的需要，我们将继续学习和吸取西方近代“主体—客体”关系式的“主体哲学”的精神。但另一方面，我们也应当看到，西方近代的“主体—客体”关系式对西方人的负面影响（如超感性概念的抽象性、极端的人类中心主义、环境污染、物统治人以及极端的个人自我中心主义等所造成的对人与自然、人与人的和谐的破坏）在当今的中国已有明显的表现。针对这种情况，我主张把中国传统的“万物一体”与西方近代的“主体—客体”关系式结合起来，具体地说，就是把“主体—客体”关系式吸取和充实到“万物一体”的精神境界中来，一方面避免中国传统的“万物一体”中那种不分你我、不分主体与客体之弊，一方面避免西方近代把“主体—客体”关系式奉为哲学最高原则所造成的流弊。这种哲学，可以借用中国的哲学术语简称为“万物一体的哲学”，但它不是传统意义的“万物一体”，而是一种超越了主客关系的万物一体的境界之学。这样的哲学乃是一种能以高远的精神境界指导人们发挥主体性、奋发前进、执著追求的哲学。我相信这样的哲学符合中国当今的需要，能引起当今中国人的共鸣。

我所提倡的这种“万物一体”的境界，由于它是超越了“主体—客体”关系的在世结构，因此，我们也可以说它是一种“后主客关系的合一”。但它不同于西方现当代人文主义思潮的“后主客关系的合一”，而是一种中国式的“后主客关系的合一”。

我在《哲学导论》一书中对“万物一体”的含义作了新的诠释，它既吸取了老庄的“万物与我为一”思想和宋明道学家“仁者以天地万物为一体”和“一体之仁”的思想，又更多地结合西方现当代哲学关于“在场”与“不在场”综合为一的观点，赋予它以新的内容。天地万物千差万别，彼此都不相同，但彼此不同的东西之间又有“相互联系、相互影响、相互作用”（尼采语），我把这三个“相互”统称之为“相通”。万物不同而相通，这就是万物之所以能构成“一体”的根据。任何一个当前的事物或现象都有它背后的无穷事物或现象作为它的背景，它之所以成为它当前的这个样子，都是以这些隐蔽的东西为其根源和构成因素的。用西方现当代哲学的语言来说就是，“在场的东西”以“不在场的东西”为根源，“在场的东西”与“不在场的东西”一体相通。万物不同而又相通，这就叫做“万物一体”。为了区别于中国传统的旧的“万物一体”观，我更倾向于把我所主张的新的万物一体观叫做“万有相通的哲学”。

我以为这样的“万物一体”既是真、又是善，也是美。就一事物之真实面貌只有在“万物一体”之中（在无穷的“相互联系、相互影响、相互作用”之中）才能认识（知）到而言，它是真；就“万物一体”使人有“民吾同胞，物吾与也”的同类感和责任感（意）而言，它是善；就“万物一体”使人能通过当前“在场的东西”（例如通过建筑、雕刻、绘画、音乐、诗的语言等）而显现出隐蔽的背后的东西（例如“情在词外”之“情”、“意在言外”之“意”），从而使鉴赏者在想象的空间中纵横驰骋、玩味无穷而言，

它就是美。所以“万物一体”可谓集真善美于一体。人能有“万物一体”的体语，就是达到了既真又善又美的高远境界。我的《哲学导论》所提倡的哲学，就是以达到这种境界为目标。全书的第一篇“本体论与认识论”主要是讲真，第二篇“审美观”讲的是美，第三篇“伦理观”讲善。这前三篇是本书的主要篇章。哲学是真善美的统一，《哲学导论》一书就是以“万物一体”为纲，把它贯穿于全书的各个篇章。所以我的哲学也可以简称为“新的万物一体的哲学”。

哲学导论的课程于2002年1月中旬结束。半年多来，边写边讲，日夜兼程，总算课和书同时完成，心情感到轻松愉快。哲学系鉴于我年过八旬，专门配备了由一位副教授和几位同学组成的小组，除了由这位副教授做些辅导工作外，每次上课前后还专门有同学接送我，在接送过程中，不断地聊些学习和生活中的问题，师生间自然地产生了亲切之感，听说有的同学还争着要到我家来接我，以便多一点闲聊的机会。课堂上，我每爱在讲哲学大道理的同时，念一些中国的古诗词，当念到同学们都熟悉的诗词时，他们往往不约而同地和我齐声朗诵，真算得是弦歌一堂，其乐融融。我真没有料想到，如此晚年，我还能继续享受到教书育人的愉快。课程结束前，按照学校的规定，学生要给老师写评语，学校给我的通知上有这么几行：“同学们认为张老师在教学中突出的优点是：敬业勤勉，学识渊博，风趣幽默，条理清楚，发人思考，和蔼可亲”。“本课程今后亟待改进的地方是：希望多些讨论，一本好的教材，及相关教参”。（见北大学生教育评估委员会2001年12月通知，编号：0212304）我对同学的评语感到欣慰。遗憾的是，我的《哲学导论》一书，只是在课程结束前几天才由北京大学出版社赶印出版，同学们只能在考试前一个多星期才拿到手上复习。

《哲学导论》一书出版后不到半年，广西师范大学出版社的编辑赵明节先生来我家，说打算出版一套《大学名师讲课实录》，约我把哲学导论的讲课录音整理充数。我怕与刚刚出版的《哲学导论》一书重复，心存疑虑，赵先生说，他要的是讲课时生动的语言和师生间的问答，不会与书本一模一样。经过八九个月的奋战，终于在一位青年朋友的帮助下完成了任务。这就是继《哲学导论》之后的《新哲学讲演录》一书（广西师范大学出版社 2004 年版）。

我原来没有想到这项工作那么艰苦繁杂，以为有音必录，稍事修理，就可满足出版社所提出的保持课堂语言生动性的要求，能很快交稿。在实际整理过程中我才发现，在把录音变成文字后，读起来会出现意想不到的问题：课堂语言的生动性有很大成分是靠主讲人的姿势、神态、动作和课堂上的气氛包括学生的表情来完成的，现在这些都没有了，单纯凭录音来听，很多地方都是些不完整的、简单重复的、文法不通甚至简直不可读的句子。所以我在听自己的录音时已有腻烦之感，更何况把录音变成文字后，声音的抑扬顿挫也没有了，语气也没有了，所谓课堂语言的生动性更是大打折扣。这本《实录》显然不可能是机械的简单实录，它实际上掺杂了这次整理时所下的很多文字工夫在内。由此我倒也切身体会到了言说的语言和书写的文字之间的差距和辩证法。不过，无论如何，讲课实录毕竟不同于已出版的那本教材：除了大部分口语化因而也更通俗化外，内容上也增加了不少课堂上即兴的补充说明和讲解；教材里许多没有展开的东西，在《实录》中得到了明显的展开；有的重要内容，教材中根本没有，是讲课时增加的；也还有些是教材中不必写而课堂上必须讲的东西；至于每次课后的答疑更是已出版的《哲学导论》一书中所没有的。

《哲学导论》一书至今已重印五次，一些大学哲学系的哲学导论课程将此书列为主要参考书；《新哲学讲演录》也已重印三次。评论两书的文章约近10篇，《江海学刊》2005年第2期以“张世英先生学术思想研究”为标题推出了四篇专题论文，评述了这两本书的思想观点。这些书评多系赞许之词，但有两篇评论在文末表示了同样的批评意见。一篇是上海社会科学院哲学所研究员孙月才先生写的，他在文章最后，委婉地提问：“万物一体”论“是否也可以将社会存在论（按指马克思主义哲学——引者）看做‘万物一体’中的基本关系，而使‘生活世界’更具体而现实呢？”（见《江海学刊》2005年第2期孙月才文：《一个民族的现代的哲学系统——读张世英先生〈哲学导论〉》）另一篇是上海师范大学伦理学教授陈泽环先生写的，他在文章最后明确指出：“就其关注问题的焦点和所属的哲学家类别而言，张世英的哲学——伦理观主要是一种关于个人问题的哲学和伦理学观点，而不是一种关于社会问题的哲学和伦理学观点，张世英本人也主要是一个个人哲学家，而不是社会哲学家（见《上海师范大学学报》2004年第5期陈泽环文：《论张世英的哲学——伦理观》）。孙先生和陈先生的意见不约而同地提醒了我，《哲学导论》一书中所讲的“万物一体”的哲学只是一种讲个人精神境界之学，只讲到“个人问题”而没有讲到“社会问题”，需要用“社会存在论”来使“万物一体”的“生活世界”具体化和现实化。我觉得他们两位的意见切中要害，我的哲学探索还需加大步伐，继续前行。这里收录孙月才先生《希望哲学：生长“能思想的苇草”》一文（《社会科学报》2003年5月29日）。[30]

16

“朝闻道，夕死可矣”

——我的《境界与文化》一书

我在 1995 年出版的《天人之际》一书中已经提出，哲学应以提高人生境界为主要任务，后来在《哲学导论》中对这个观点作了系统的发挥，但对如何提高人生境界的问题，主要只是从个人修养的角度来论述，这一点集中表现在该书的第八章“超越自我”与第九章“超越之路”两章中。《哲学导论》为了把我的“万物一体”的哲学基本观点贯穿于美学、伦理学、历史哲学领域，除了在第一篇用较大篇幅讲哲学本身的问题（本体论与认识论）外，还用了三篇的篇幅分别讲美学观、伦理观与历史观。该书出版之后，我对哲学本身的问题的兴趣似乎逐渐有点淡漠，转而注重思考美学、伦理学、科学、宗教等领域的问题，于是写了几篇关于科学、审美、道德、宗教诸方面之间相互关系的文章，但并没有着重从社会历史文化的角度来考虑。在写作这些东西的

过程中，愈来愈意识到，个人境界的形成与提高，同一个民族、一个时代的道德、审美、科学、宗教等等社会历史文化因素有密不可分的联系。离开社会历史文化而谈“万物一体”的境界之学，必然流于空疏；加上在此期间，我读到了孙月才和陈泽环两先生对《哲学导论》的评论文字，更明确地意识到，我在《哲学导论》中所提出的“万物一体”的哲学观缺乏社会存在维度的考虑。由人民出版社出版的《境界与文化——成人之道》一书，便是《哲学导论》出版后我如此继续探索、思考的结晶。

如果说“境界”一词只是指个人的精神境界，那么，“文化”则是指一个社会、一个民族的精神境界。一个社会、一个民族的文化是由它所属成员的个人境界构成的，离开了个人的精神境界，所谓社会文化、民族文化是空无内容的。但是，更值得注意的是，个人的精神境界（人格、性格、对世界的态度等等）又是在他所属的社会文化、民族文化的影响下形成的，人不能离开文化的大背景而有个人的境界，而文化又总是具有社会性、民族性的。个人的精神境界之形成，既受自然条件的制约（如个人的遗传因素，出生的地理环境等等），更受文化环境的熏染。一个人可以因某些食物被文化打上了不洁净的烙印而宁肯不食而死，这就说明文化的力量可以大于生死，说明人所生死以之的理想人格是在某种社会文化、民族文化背景下形成的。有某种社会文化、民族文化，就有某种相应的人生境界。西方的基督教文化产生了西方人的人生境界，包括他们的道德境界、审美境界、宗教境界。中华民族的儒、道、释三大文化支柱产生了儒家、道家、释家各自的人生境界。

显然，如何提高个人境界的问题，不能丝毫脱离一个民族的文化传统而孤立地来考虑。我的《境界与文化》一书，就是想补《哲学导论》之不足，着力探讨一下各种人生境界之间、各种文化活动之间的关系，特别是中西方民族文化各自的特征，以期为提高人的精神境界（包括个人的精神境界和整个民族的精神境界）摸索一条可供参考的途径。书的副标题“成人之道”即取此意。“成人”者，成为有高远境界之人之谓也。

人的文化活动多种多样，本书主要讨论的是科学、道德、审美、宗教和哲学。

关于中国传统文化，我只讲了儒家和道家，没有讲佛家，唯一的原因是因为我缺乏这方面的研究，这是本书的一大缺点。我以为中国古代科学虽不及西方，但不能说没有科学，而中国古代科学主要出于道家；至于审美，在道家那里则占首要地位；道教的宗教观念，不是西方基督教意义的宗教。道家所提倡的逍遥之道或成真之道，可以说是道家的成人之道，这种成人之道似乎是以“万物与我为一”的审美境界为人生的最高追求，它是对道德的一种超越。儒家的成人之道是成圣之道，其特点是以道德境界为人生最高境界，儒家把达到此种境界的理想人格称为“圣人”。

西方文化的内涵，一般认为包含希腊精神、基督教和科学三者。《境界与文化》一书着重论述了希腊精神与科学之间、基督教与道德之间，基督教与审美之间的关系。和中国儒家与道家文化注重在时间之内的此岸世界实现自我的特点不同，西方传统文化的特点可以说是注重在超时间的彼岸世界实现自我：人相对于超验的、永恒的无限而言，总有欠缺之感，所以西方传统文化所教导的成人之道，基本上可以用基督教所宣讲的拯救之道为代表，人需要上帝的恩典、拯救而成人。西方后现代主义的文化对传统文化的弊端提出了很多批评。《境界与文化》一书，在对中国传统文化与西方传统文化以及西方后现代主义文化进行综合论述的基础上，着重从文化的角度更进一步阐发了《哲学导论》中所讲的“万物一体”的哲学。我以为“万物一体”（包括儒家的和道家的）是中国传统文化的核心因素，也可以说是中国传统文化的哲学基础。把中国传统的“万物一体”观与西方传统文化、西方后现代文化相结合而建立起来的新的万物一体观，乃是弘扬我中华民族文化的可行之道，也是我们应当提倡的成人之道，处当今之世，我们既不要求成圣、成真、成仙、成佛，也不需要什么上帝的拯救，我们只渴望成为一个普通的、然而又是真正的人，一个大写的人。用英文来表达，这本书的副标题就是“How to be a Man？”

文化，有本民族的，有外来的。我们平常老爱说既要弘扬本民族的传统文化，又要吸收外来文化特别是西方文化的优点，这里包括一个如何评判文化的问题，以及如何评判中国传统文化和西方文化的问题。

文化的因素很多，科学、道德、审美、宗教、哲学等等，不能一概而论。一般地说，文化价值很难以高低优劣来评判。但文化中的科学因素是人的生命、生活得以保障和改进的一个最具关键性的手段，科学的发达与否应是评判、衡量一个民族文化的一种尺度。如果说，对于道德、审美之类的文化因素，不能简单地用进步与落后这样的尺度来评判、衡量，那么科学的情况则不然，科学是时代积累性的东西，因而是可以用“进步”的尺度来评判、衡量的。我们在评判一个民族的文化时，可以比较明确地断言某民族文化在科学方面落后，某民族文化在科学方面进步，但是对于道德、审美等方面来说，则不能轻易地作这样简单的评判和划分。基于中国传统文化中科学方面较弱，我把中国传统文化称为“前科学的文化”，而把西方近现代文化称为“后科学的文化”。然而这样的划分，决不等于是对中西文化作出高低等级的总体评价。文化中的诸种因素是有机地结合在一起的，科学的进步与落后是评价一个民族文化的尺度之一，但在对文化作整体评价时却不能以科学或知识与技术作为唯一的尺度。

当然，道德与审美之类的文化因素虽不能用科学上时代积累意义下的“进步”尺度来评判、衡量，但又不是绝对不可以评判、衡量的。例如就道德方面而言，我们就可以用是否维护人的尊严，人的基本权利和人的天然同类感作为评判、衡量道德的尺度——标准。中国封建社会的妇女缠足、烈妇殉夫，就因其否定人的尊严、违反人的基本权利和人的天然同类感而遭到否定的评价，而主要不是因其不科学，因为这些都主要地不是科学问题。我们在日常用语中也往往用“落后”这些术语来评说妇女缠足、烈妇殉夫，但这里的“落后”一词主要不具有科学上时代积累的意义。人对自身的尊严、基本权利和同类感的认识也有一个自我觉醒的时间性、历史性过程。在此意义下，道德行为似乎可以有时代性的进步与落后之分，但时间的先后并不是对一种道德行为持肯定与否定评价之最本质的、最深层的标准。

由于文化是科学、道德、审美等等因素的一个有机整体，其中每一种因素必然打上其他因素的烙印。就科学与道德、审美的关系而论，一种道德文化或审美文化现象必然与其所发生的时代中科学发达程度的状况紧密相连。“子曰：贤哉，回也！一箪食，一瓢饮，在陋巷，人不堪其忧，回也不改其乐。”箪食瓢饮是科学落后的景象，但我们却不能因儒家这种安贫乐道的道德情操打上了科学落后的烙印，属于我所谓“前科学的文化”现象，便不加分析地贬抑它、否定它。儒家孔颜之乐的道德情操在中国历史上仍然传颂千古，原因在于颜回的德行体现了人生的终极意义和价值。儒家这种为了崇高的价值理想而不为贫贱所移的道德观念，是我们民族传统文化的一大特点，也是我们民族文化的精华。我们今天许多优秀的科学工作者，为了繁荣我们国家的科学事业，为了提高我们人民的生活水平，往往不顾个人的苦乐安危，宁愿到最艰苦的环境中去奋战，这与颜回的“箪食”、“瓢饮”相比，属于两个完全不同的时代，似乎不可同日而语，但细察之，两者在道德精神上确有一脉相通之处。我们应当也正在改变着我们民族的“前科学的文化”状态，不再安于“箪食瓢饮”，我们必须大力发展科学，使我们的国力日益富强，人民的生活水平日益提高，走上“后科学的文化”之道，但我们传统文化中那种为了实现崇高价值理想而不计个人利害（“贫贱不移”）的道德精神，却具有永恒的魅力，永远值得我们继承和发扬。

当然，中国传统文化中缺乏平等之爱和基本人权平等这类的思想观点，这是我们应当着重向西方文化学习的地方，也是我在有关中西文化之比较的许多论述中所特别强调的一个方面。

西方近代科学技术的发展，尽管给西方人带来了许多自由平等之类的观念，但这种“后科学文化”也产生了把人等同于机器、损害人的尊严以及极端个人主义等等恶果。我们不能因为西方近代文化与科学紧密相连，就单纯用科学的尺度评判其整个人文化体系。

中国传统文化的隐秀之美、含蓄之美，也打上了“前科学文化”的烙印。柳宗元《江雪》：“孤舟蓑笠翁，独钓寒江雪。”蓑笠诚然属于“前科学文化”，现代人写诗一般不会以蓑笠为题材了，但这首诗的妙处在于它显现了可见的画面背后诗人不畏雨横风狂的孤高风格。这种隐秀之美，虽在今天流行高科技的风雨衣的时代，仍为人们所赏玩。稍有点审美意识的人，大概不会因为诗中的“蓑笠”而讥其“落后”吧。陶渊明《归园田居》(其三)：“晨兴理荒秽，带月荷锄归。……衣沾不足惜，但使愿无违。”“带月荷锄”诚然是小农经济、科技落后的文化现象，但如果我们在赏析这首诗时竟把它同小农经济、科技落后扯在一起，那就未免太“倒胃口了”吧。这首诗的诗意之美，实际上也体现了中国古典诗重隐秀的特点，它言词上写的是辛勤耕作，而词外之情却是诗人遗世而独立的傲岸风骨。我们今人仍然欣赏这首陶诗，应在于它的这种隐秀之美，而不在于称颂陶之勤劳。20世纪下半叶，我们的文学评论界有人竟强调此诗的优点在于说明了陶渊明如何具有“参加劳动”的品格，实在是不伦不类。

我认为在科技繁荣发达的今天，我们固然不可能再以什么“蓑笠”、“荷锄”之类的东西作为审美的题材和内容，但我们仍然可以在高精尖的科技园里写出“后科学文化”时代中富有中国传统的审美特色的文艺作品。这也正是我对中国当今文艺工作者的一点期望。

从中西文化的总体水平来看，似乎可以得到这样一个结论：由于中国传统文化中科学的落后，今后在提高我们民族文化方面，首要的仍应是发展科学，但在发展科学的同时，又要避免科学主义，注意弘扬我们传统文化中道德的、审美的等等人文方面的优秀之处，同时剔除其中的缺点(例如前面提到的缺乏平等之爱和基本人权平等的思想)，使民族文化的人文特色适应现代科学的时代潮流，更放异彩。西方的科学主义自近代以来已经给西方人带来很多人文方面的损害，西方文化的种种危机已是许多西方近现代思想家所研究的课题。如果可以把文化比喻为一个整体的人，那么，科学似乎可以比作人的身体，道德、审美可以比作人的心灵和民族灵魂。中国传统文化显得中国人的身体比西方人虚弱，而在灵魂方面各有特色，中华民族文化发展的未来，似乎应该是在壮大我们的躯体的同时，相应地提高和改进我们的灵魂，使我们的民族灵魂在传统的基础上走上现代化。

在当今的社会文化环境里，我们民族的理想人格，或者说理想的精神境界，显然不该是也不可能是科学上愚昧无知、只讲抽象的道德和审美境界的腐儒。一个有崇高之美的境界和道德境界的人在今天高度发展的科学文化的社会里，也不可能脱离科学的求实境界，不可能不享受科学技术所给人带来的福利。总之，民族文化也好，个人的精神境界也好，都是科学与道德、审美等等的有机统一体，其中科学是基础。我们当前所着力追求的应是在发展科学的基础上，大力提高和改进我们民族的人文文化和个人的人文素质。

如何发展中华民族文化？如何提高和改进我们民族的人文文化和个人的人文素质？有什么具体途径可循？这是《境界与文化》一书所着力探讨的问题。本书共3篇17章，每章都有一个副标题，每章又分若干小节，其中绝大部分副标题或某一节的小标题都明确地表达了我对于如何发展中华民族文化的具体设想。例如“科学与道德”章的副标题是“提倡科学的自由精神和知识向善的精神”；“科学与宗教”章的副标题和所属最后一节的标题为“以宗教感情作为推动科学研究的原动力”和“学习西方科学的关键在于培养对真理之爱的宗教感情”；“道德与宗教”章的副标题为“为道德寻找一种无神论的宗教根据”；“道家与科学”章的副标题为“发掘道家哲学中的科学基因”；“道家与审美”章的副标题为“提倡一点虚实结合的精神”；“儒家与道德”章的副标题为“在基本人权平等前提下承认差等之爱的空间”；“基督教与道德”章的副标题和其中第二节的标题可合并为“我们的道德意识应从基督教那里吸取责任感和平等之爱的观念”；“基督教与审美”章的副标题为“提倡一点美的神圣性”；“后现代主义对现代性的批判”章的副标题为“让我们多一点批判和自我超越的精神”。显然，所有这些设想，都蕴涵着一重重深刻的文化变革。中华传统文化有精华与糟粕两方面，此乃老生常谈，但欲思前进，则不能一味徜徉于颂扬声中，而应清醒地意识到，中华传统需要新生，需要多思考一点如何去其糟粕的问题。中华文化长期累于封建主义及其各种变式之重负，释负不易。上世纪80年代以来，我们在思想解放、摆脱传统文化的负面影响方面，的确前进了一大步，然而背负过重，举步维艰，民主、平等、自由、个性解放，至今还不过是一些渴望，人皆嗫嚅而讳言。我的《境界与文化》一书在这方面多少吐露了一点自己的心声，但仍觉言不尽意，欲话苦难言。我在《境界与文化》一书交稿后不久写了如下一篇简短后记：

书已经交稿了，心情却不平静。全书讲的都不过是些理论，然而理论总是灰色的：当今之世，浮躁之风，势不可挡，什么“精神境界”、“成人之道”的大道理，即使讲得能说服人，也感染不了人，于事何补？何况要想做到理论能说服人，亦非易事！

理论又是胆怯的。“情在词外”，“言不尽意”。说不完的言词终究不能直抒胸臆，达不到心灵深处。表面上讲的头头是道，实际上却用全面性掩盖了思想感情的真实性。理论往往把最真实的东西隐藏在背后，成了自我保护的烟幕。

我自惭形秽，一辈子只会写点干巴巴的说理文，奈何？还

是把它公之于世，让尊敬的读者去剖析和评说吧。

为了理论，我耗尽了毕生的精力。我的身体确乎有些疲惫，但我的胸中却仍然波涛汹涌，万马奔腾。我恨不能把这些用理论编织的蛛网烧成熊熊烈火，驱散这天上的片片愁云；恨不能把这只秃笔化作一把犁，犁尽这世间不平地。子曰："朝闻道，夕死可矣。"问苍茫大地，道在何方？[31]

附 录

【1】

"嗟来食"

对于老知识分子来说，恐怕没有人不知道什么叫做"嗟来食"的了，但也许现在的不少年轻知识分子就不一定了解其中的详细内容和出处。无论如何，重温一下，似乎仍有必要。《礼·檀弓》上有这样一段记载：齐国遇到大灾荒，黔敖左奉食，右执饮，以待饿者，有饿者贸贸然走来，黔敖以居高临下的态度说："嗟来食"。"嗟来食"，非敬辞也。饿者扬目而视之，曰："予唯不食嗟来之食，以至于斯也"。饿者终不食而死。后世遂以"不食嗟来之食"的成语赞美一个人宁可饿死也不肯受辱的气节。这确实是中华民族看重人的尊严的美德。如果用现代的语言来说，我看，"不食嗟来之食"可算得是中华民族最早的、最朴素的"人权宣言"，其核心和实质翻成大白话就是：与其让我跪着活，不如站着死。但这种气节和美德究竟是体现在统治者身上呢？还是体现在老百姓身上？我看，尊严——人权历来都是要靠老百姓付出代价来不断争取的。

司马迁的遭遇便是一例。李陵虽忠，但被迫而投降匈奴，司马迁极言其忠，下腐刑。最近正上演电视剧《司马迁》，剧中的狱卒偷偷对司马迁说："你真是个好人，只不过是说了几句皇帝不愿听的话呀！"虽说是剧中人说的，但此话的确反映了老百姓最真实的心声。我看到这里，情不自禁地自言自语了一句："谈何人的尊严！"聊以补足狱卒之语气耳。可是司马迁真正代表了"中国的灵魂"（鲁迅：《华盖集·忽然想到》），他不甘作"主上所戏弄"的帮闲文人，终于效法"西伯拘而演周易，仲尼厄而作春秋，屈原放逐，乃赋离骚，左丘失明，厥有国语"，"隐忍苟活"，完成了被誉为"史家之绝唱，无韵之离骚"的"谤书"——《史记》。司马迁在写作过程中，痛心疾首地说："每念斯耻，汗未尝不发背沾衣"。这真是一幅千秋万世都难以忘怀的为争取人的尊严而忍辱负重的壮烈情景。

陶渊明"不为五斗米折腰"[①]的事迹，虽不及司马迁之壮烈和令人感动，但也不失为中国古人维护人的尊严之一例。"五斗米"，言官俸之少，足够温饱而已，但即使如此，陶渊明也不愿为此而唯唯诺诺，点头哈腰，"拳拳事乡里小人"（《晋书·陶潜传》）。这又一次证明，"嗟来之食"正是对人的尊严的损害。

明末的李贽，和儒家相对立，卑侮孔孟，认为"六经语孟"皆"童心"之障碍。"夫童心者，真心也，若以童心为不可，是以真心为不可也。夫童心者，绝伪纯真，最初一念之本心也。若失却童心，便失却真心，失却真心，便失却真人。……童心既障，于是发而为言语，则言语不由衷；见而为政事，则政事无根柢；著而为文辞，则文辞不能达"（《焚书·童心说》）。李贽为了存"真心"，做"真人"，触犯了经典，虽"一境如狂"，受到他讲学当地群众的狂热欢迎，却屡遭统治者的迫害，被旧传统视为"得罪于名教，比之毁圣叛道"，"卒就囹圄"（袁中道：《李温陵传》），自杀身亡，其著作亦屡遭禁毁。呜呼！人的尊严何在？人权何在？然而李贽的著作却反而因此而广为流传，所谓"卓吾死而书愈重"，我不知道这是否曾经引起当时统治者的深思。

1997年11月3日

---

① 有的学者，把"五斗米"理解为"五斗米道"，兹不具论。

[2]

张石渠先生二三事

余园叟

张石渠先生，武汉市东西湖区柏泉老屋湾人，幼年因家境贫寒，无力供其读书，遂发愤坚持自学。为筹措购买一部《康熙字典》的书钱，先生曾不得不替一向鄙视的富户去打短工。这种刻苦好学的精神，深为本族一显贵长辈所赞赏，因而在他的资助下，始得毕业于汉阳晴川中学。后又依靠公费，毕业于武昌高等师范学堂，此后长期执教于武汉中小学。

1938年武汉陷敌后，先生辞去汉口第六小学教务主任职务，蛰居故里，率家人租种田地，勉强维持一家八口人一天两顿稀饭的艰辛生活。沦陷初期，日伪武汉治安维持会会长多次“邀请”他出任伪职，甚至派人预先送来一个月薪金，但他宁可过清贫生活，决不同流合污当汉奸，始终坚辞不就。

1940年春季以后，先生断续任教于老屋松荫小学。其时，学校规模小，学生年龄、程度又参差不齐，任教班级常为多级复式，往往三四十个学生，班级则多达五六个；还设有一个初中班，学生三四人，科目设有国文、数学、英语、常识（史、地、理、化）、书法，全由先生一人分年级、分科目授课（初中班主要利用晚间授课），以致笔耕终日，不得适当休息。所用教材全非敌伪出版者，而《民族正气文抄》，则是其选用的重要教材之一。先生常以“还我河山”为主题，讲述岳飞、文天祥、夏完淳、林觉民等民族英雄与革命志士的作品及其光辉业绩，对学生进行爱国主义教育，并教唱岳飞《满江红》歌曲，激励学生要勇于为国献身。抗日救亡，忠贞不渝、威武不屈，贫贱不移乃是先生贯串于各科教学的基本思想。

有一次，初中班学生正在先生家中高唱《满江红》，被两位新四军干部听到后，甚感惊异，立即进屋了解情况，并让学生把先生从田地里找回，同他亲切地交谈了国事战事。从此，新四军到柏泉活动时，常与先生联系。

八年抗战期间，先生对于子女的教育也是以爱国主义为主要内容。其幼子在武汉失守时不过四五岁，常因食不果腹而吵闹，先生无法（也不忍心）制止，就放下饭碗，把两支筷子摆在桌上代表两条道路，指着问：“走那条路去当汉奸，就可吃饱穿暖；走这条路，不当汉奸，就忍饥受冻，你愿走哪条道路呢？”他的幼子当即指着后者并停止了吵闹。先生长子世英在战时大后方西南求学，通信需经日伪检查，先生去信，常以隐语诅咒敌伪，预示日寇必败，谆谆叮嘱其努力学成以报效祖国。

当日寇为加强法西斯统治，在敌占区强制推行“良民证”制度时，每个在铁蹄蹂躏下的中国人都须办理“良民证”，激于民族大义，先生在“良民证”上改为“张愚溪”，他说：“石最愚，溪即渠，字面虽改，素质不移。”“良民证”上需贴照片，先生虽穷，却不肯用旧照在敌寇面前暴露真形；重新照相时，剃光头发，摘下眼镜，如此改名易形，既是为保全自身的高洁，也是巧妙地同敌抗争。

抗战胜利后，先生出任湖北省立汉阳高中教务主任直至武汉解放。他一生唯事田耕舌耕，不慕荣利，甘于清贫，鄙视营私结党。死后除留下破房 1 所，书籍 12 箱外，别无他物。

（原载《东西湖文史资料》第 1 辑，1989 年 10 月）

[3]

重游三峡随想

船刚一离开四川巫山，就开始计算到达湖北巴东的时间，抗战时期我上中学的楠木园小镇就在巴东上行约60里的江边。估计楠木园就要出现在眼前了，心潮多少有些起伏。是即将找到失去的童年的喜悦？还是感叹时光的流逝？实在说不清楚。像企盼未来一样地期待着过去的重现。一会儿一堆丛林中隐约闪现着白屋旧瓦，一会儿一列现代工业建筑中夹杂着些许破落村户，我也随着“轻舟”，一会儿叫喊“这就是楠木园”，一会儿又叫喊“不像楠木园”。由于顾虑同船的游人会笑话这个“老头儿”，多少自觉地收敛了一点，但仍然情不自禁，东张西望，上下打量。真正是“过尽千帆皆不是”，令人怅惘。我多么急切地希望找到我的过去啊！

忽然间，带着望远镜的女婿大叫一声：“看，楠木园中学几个大字，这才是真正的楠木园！”我赶紧接过望远镜，多年的期盼真的实现了，58年来的汹涌波涛已经把楠木园的旧貌冲洗尽净，幸有古道石阶依然蜿蜒在两山的峡谷之间，还能指引我的回忆。原来这石阶两旁簇拥着几十家小商店和酒家，周边绿树环抱，溪水淙淙，宛

如一条系着铜铃的锦带，自山腰逶迤而下，垂至江边，如今却只剩下一条光秃秃的不见一个人影的山间小道。这小道在夕阳残照里仰望着山上的现代化建筑——楠木园中学和高速行驶着汽车的公路，也许会兴"天涯沦落"之感；但当今楠木园最突出的豪华大厦楠木园中学俯视着昔日的石阶古道，是否又会感到一种时代的骄傲呢？而我却紧紧盯住那石阶古道。

同船的游伴大都和我一样，来自现代化的都市：现代化的商店，现代化的工业，现代化的住宅，现代化的街道，总之是现代化的生活，其特点是执著地追求，义无反顾地奔向未来。大家旅游的具体目的地虽然不尽相同，有的是小三峡，有的是小小三峡，有的是神龙溪，但总的目标又是一致的，都是暂离现代化，寻找原始，寻找过去。我没有去小三峡和小小三峡，只是漂流了神龙溪，但据说这几处大同而小异，共同的特点是，很少开凿过的峭壁巉岩，没有污染过的碧水青山，山间古木参天，民间人情古朴。我们都来自那冲向未来的急流，这里却多少有点凝聚在过去。我的旅伴们大都第一次来三峡，这和我旧地重游颇有些不一样，但他们旅游的目的也是在寻找过去——寻找自然的过去，寻找人类的过去。

生活就是奔向未来，其间必然有征服和占有的功利追求之心。反之，对过去的回顾则无物可以占有，无物可以征服，它是超功利的。也许可以说：未来主要是属于功利的，过去总是属于超功利的。

船行太快，楠木园几乎一闪而过。女儿在我眼巴巴地期望楠木园出现时拍的一张照片，却为我留下了难忘的纪念和回忆。那苍苍的白发，臃肿的面庞，额头的深沟，眼角的皱纹，鲜明地刻画着我从童年到老年所经历的多少沧桑荣辱，多少惊涛骇浪！我思索着，所有这些究竟说明什么？无非是58年来追求未来的记载和痕迹，这张照片把我过去的这些尽收其中。面对这张照片，我似乎进入了一个忘怀一切的境界，万物都被推远了镜头。难怪德国哲学家海德格尔和伽达默尔都讲过同样一个道理：历史的真实在于，首先把过去埋藏在遗忘之中，经遗忘而回忆——回顾，就会进入一个“澄明之境”。我想，这“澄明之境”，也就是一种超功利的境界。

人啊，既要执著地追求未来，也无妨遥望一下过去，不管是个人的过去，人类的过去，还是自然的过去。对过去的回顾并不都是怀旧和发思古之幽情，它会带给你高远旷达的胸怀，更能激发未来。

（原载《光明日报》1996 年 7 月 17 日）

[4]

灵与肉的较量

抗日战争时期，我念书的中学迁移到鄂西的山区，国文老师是一位爱国志士，在课堂上讲过这么一段情节，至今难忘。他的一位大学同学长期在城市里任中小学教员，因家室之累，留在沦陷区，日本人以重金利诱，要他出任伪教育局局长，他婉言谢绝，回到自己的乡间，弃教务农，勉强维持一家人的生计。他在写给我老师的信中说："我宁可饿死首阳山，绝不出卖灵魂，去当汉奸。"老师给同学们念完他朋友的这封信后，还讲了一段故事，记得其中有一段是关于灵魂与肉体较量地位高低的争论：

肉体："我不但要吃要穿，而且要吃山珍海味，穿金戴玉。没有我，你岂不成了幽灵游魂！"

灵魂："你算什么？没有我，你不过是一具僵尸，一个躯壳。"

肉体："你他妈的……"（一段薛蟠"女儿乐"式的臭骂语言）

灵魂默然，转身而去，但还是自言自语地哼了一句："悲夫！人之去禽兽也几希矣。"

半个多世纪过去了，老师讲述的那位朋友的民族气节，一直深深地印在我脑海里，但那段灵肉的争论却几乎没有再想起过。奇怪的是，最近遇到的一件事，猛然勾引起我对这段灵肉争论的回忆。

我家附近有一所小学，几年来，我经常散步路过它的门前，校门虽很破旧，但与大操场相连，横额上又有名家题字，倒也显得比较宽敞。一年多来，校门突然不见了，前些时兀地立起了一座豪华大厦，正好位于原来的小学大门口，台阶高耸，门前的行人道全部被铁链封锁，地上写了几个大字："内部停车处"。抬头仰望，原来是一列十几米长的横额："×××× 银行"。小学是否搬家了？校门是否移了方位？我寻寻觅觅，东张西望，居然发现，就在这新建的银行大厦北侧屋脚下，有一个矮而窄的小门，从前宽大的校名横额现在变成了狭长短小的一个竖牌，还是原来那位名家的题字，但如今却被镀上了金色，似乎是要告诉过往行人：我在这儿。再往银行大门两侧的墙下看，原来墙脚下还有地下室，据说是小学教室，墙脚下露出的小窗小口是为了通空气和阳光用的。有人告诉我，所有这些，都是学校经费困难，教师待遇低，为了得到一点钱而换取的。

银行即将开业。看样子，灵魂工程师们与孔方兄的这场较量已经结束了。但留给过路人的长远印象，却是关于灵肉究竟谁胜谁负的评论之争的新场面：

孔方兄："我资助了你们，理所当然地要占领你们的地盘，你看，我多么腰肥体壮，连行人道也是属于我的。"

灵魂工程师："别看我没有什么门面和形体，但我的名字却是金碧辉煌的，难道不是我胜利了？"

其实，灵肉之争，古已有之，于今尤烈。有人说：灵肉的结合是奇妙的。我看，奇妙就在于他们是一对爱吵架的夫妻，既不离婚，又难和睦相处。只是灵肉一旦分离，他们间的争吵之激烈与无情，却是其他任何争吵都不可比拟的。

（原载《光明日报》1996 年 12 月 4 日）

[5]

从高考生文言写作想到的

读了今年高考生获得满分的文言作文《转折》，赞叹不已。我倒也并不认为这篇文章已达到至矣、尽矣、无以复加矣的高水平，所以应该得满分；我也不认为给这篇文言文以满分就是提倡写文言文，就是复古倒退；我更不认为给此文以满分会助长虚浮投机的学风。我无意参加这些问题的讨论，只是觉得，这位考生通过他的这篇文言写作所显示出来的文史知识和古典文学的功底以及写作的才能和才气，值得我们今天大书而特书，有很多值得我们今天认真思考的传统文化方面的问题也应该可以从这里得到启发。

我们的文化思想界和知识界都在高喊弘扬传统文化，这是完全应该肯定的。但从何做起？如何做法？对于这样的具体问题，却很少讨论。文化当然包括文史典籍在内，可是我们现在的青年在文史知识和古典文学修养方面，据有的教育专家告诉我，有日益滑坡的趋势。有的学人，甚至是研究文科的专家学者，专以炫耀西方现当代名人为荣，而不以缺乏起码的中国古典文史知识为耻。有的搞文科的学者，虽说文字通顺可读，但语言贫乏，不见功底，少有说服力，更谈不上有语言文字上的感染力。有的人尽管写的是中国的白话文，但佶屈聱牙，比外文和中国的文言文还难读。所有这些现象，如果继续泛滥和发展下去，我担心我们的传统文化的前途会不堪设想。在这种情况下，我们看到一个高中毕业生写出这样有较深厚的语文功底的文言文，能不为我们传统文化的未来而感到欣慰吗？从这位考生的高水平文言文，我想到了我们该如何弘扬中华传统文化的问题。我们能不能从中小学生起，就在培养和提高阅读古代文献、鉴赏古典文学作品的兴趣和能力方面，在培养和提高语文写作能力方面多下功夫？可能大家都有一个同样的亲身体验：中小学期间背诵的古典诗文，特别能铭记在心，终生不忘。语言写作方面和古典文学修养方面的功底，主要是在中小学期间打下来的。根底不深，枝叶不茂。中小学期间没有这些方面的功底，以后从事研究，特别是从事中国传统思想文化方面的研究，必然会捉襟见肘，难以达到左右逢源的境地。所以我认为，要弘扬传统文化，应当从抓中小学生的文史知识和语文写作能力做起。听说今年这位文言写作得满分的考生念中小学期间就阅读了大量中国古典文化书籍，我想，他的写作能力同他受这方面的熏陶有密切关系。为什么我们的语文教学就不能从他这里得到一点启发呢？

有人认为，要写出这位考生那样水平的文章，必须花非常大的力气和很多的时间，在科技现代化的当代，在知识爆炸的今天，让孩子们在这方面花那么多的力气和时间，不符合时代精神。言下之意，当今世界，学科学技术还来不及，何必花大力气于语言写作水平的提高？能写点一般通顺的文章，达到普及教育的目的也就可以了。这种意见首先是忽视了继承和弘扬传统思想文化的重要意义。处当今之世，一个民族、一个国家的独立与强大，离开了科学技术当然不行，但如忽视传统思想文化的继承与弘扬，也是不能维持的。语文写作决不仅仅是为科技服务的工具，它本身具有传统思想文化的内涵，也是一个人、一个民族的精神和灵魂的体现，它有自身的独立的价值。一个民族、一个人，其语文作品的水平之高低，是衡

量一个民族、一个人的思想文化水平和趣味之高低的重要标志之一。人文精神的丧失正是当前人们所警惕和力图拯救的文化危机！

其次，学习科学技术和充实文史知识、提高古典文学修养、提高语文写作能力，这两者决不是对立的。从根本上来讲，两者是完全可以结合的，我们应该提倡把两者结合起来。关于文理结合的理论问题，学术界已有很多人为文论述，我这里没有必要重复，只想举点最现实的例子来说明一下结合两者的可行性。就这位考生来说，据报载，他是读理科的高中应届毕业生，平日理科成绩就很优秀，这次以总成绩676的高分被清华大学录取。文理科成绩俱优，这不就是一个结合文理于一体的最现实、最生动的例子吗？我国古代的科学家、发明家似乎都能诗善文，有人文修养，这一点恐怕是大家都承认的吧。现当代许多著名科学家多有古文方面的修养，我想就用不着我来点名了。我个人也有这方面的亲身体验：上世纪40年代我念高中时，从二年级起就文理分班，我念的是理科班，也就是准备将来入大学念理科的班，可是全年级中语文（当时叫国文）成绩最优秀的好几个学生都在我们理科班，而不在文科班。这其间可能涉及一些其他因素，我们不必去追究这件事情的本身，但无论如何，这个现象也能说明：文理成绩俱佳，学科学与提高语文写作能力是完全可以并行不悖的。认为在科技知识爆炸的时代里，花精力和时间学文会影响学理，我看这种担心是不必要的。

最后，我想谈一下提高现代汉语写作能力或者说写白话文与古典文学修养的关系问题。我们不提倡写文言文，这一点其实是人们的共识。从报纸上我们都已经看到，给这位考生以满分的老师们也决无意要提倡写文言文。但提高古典文学方面的修养无疑对提高用现代汉语写作的能力，有很大的促进作用，甚至可以说是十分必要的。现代汉语并不是与所谓文言文相隔绝的。一篇好的白话文，一篇文字简练的白话文或我们平常所称道的所谓有文采的白话文，往往是和作者的古典文学功底紧密联系在一起的。缺乏这方面的功底的“大白话”与具有较深厚的古典文学功底的白话文，两者在读者面前所显示出来的趣味之不同和水平之高低，判然分明。一个能用文言写作出好文章的人也必然能写出好的白话文，这倒不完全在于他能运用文言文的文体，那不过是一种外在的表现，更根本的在于他有古典文字方面的功底。这位考生，据说平时经常能用现代汉语写出很漂亮的文章，这就足以说明古典文学方面的修养对提高现代汉语写作能力的积极作用。那些语言干瘪乏味的白话文作者，难道不可以从这位考生的写作中吸取一点营养吗？那种忽视提高现代汉语写作水平的现象，难道不可以从这位考生的写作那里受到一点震动吗？

（原载《前线》2003 年第 11 期）

[6]

我最喜爱的十本书（摘录）：《哈姆莱特》

《哈姆莱特》是莎士比亚所创作的10部悲剧中最知名的作品，我念大学二年级时就在一位英语老师的指导下细读了这部著作的英文原文。我喜爱悲剧，特别相信古希腊悲剧中的一个主题：人无力抗拒命运。“命运”，我把它理解为不依个人意志为转移的东西。《哈姆莱特》中所描写的重重误杀和爱情纠葛表现了由于“命运”而导致的许多悲惨结局，展示了一幅幅波涛汹涌的人生画面。我还特别喜爱《哈姆莱特》中人物性格的复杂性和立体性，恶棍也有良心发现之时，进取向上的人也有软弱和落后的方面。莎士比亚笔下的人物的这种二重性在《哈姆莱特》中表现得尤其突出，我以为这才是最真实的人生。“生”还是“死”一段激动人心的语言，深刻地表现了主人公的内心冲突，尤令人回味无穷。

（原载《北京大学教授推荐：我最喜爱的书》，陕西师范大学出版社2001年版）

[7]

长相思与老处女

40年代初在昆明西南联大念书时，同学们最感兴趣的娱乐之一就是周六晚上去南屏电影院看美国电影，好莱坞的影片和影星成为同学们茶余饭后的热门话题。由于影片都是翻译过来的，话中总不免要议论到片名翻译的好坏。当时的南屏电影院放映过许多吸引联大学生的影片，如《鸳梦重温》、《翠堤春晓》、《蝴蝶梦》、《长相思》等等。这些影片之所以吸引联大的青年学生，除了内容本身之外，就是这些片名的翻译之典雅动人。同学中盛传，南屏电影院放映的这类影片有许多是当时的著名文学家、联大西语系讲授英语诗的教授吴宓翻译的。实际情况是否如此，我至今也没有考察过。我这里要说的是联大同学们对这类翻译的赞赏和议论。别的影片且不多说，单说《长相思》这部影片的译名。影片的原名直译应是“老处女”（old maid），译者却按照内容把它意译为“长相思”，“老处女”这几个字似乎只是在播放时出现在下面的括号里（这些都是我个人的记忆，不一定十分准确）。据我所知，许多同学都曾对这样的翻译拍手叫绝：“如果直译成《老处女》，那该那么庸俗呀！也太

赤裸裸了。现在这个译名，多么典雅，多么含蓄！”

时过境迁，半个多世纪过去了，我至今仍然沉溺在这样的赞叹和审美趣味之中，不时要向周围的朋友讲述上面的情节，朋友们亦多点头称是。不料前几天在向一位学文学的中年朋友重述这段往事时，他却一听之下，便脱口而出：“要是在今天，不如直译成‘老处女’，才更能吸引人，赤裸裸的，‘长相思’这个词儿对于当今大多数青年人来说太渺茫了。”这位朋友的寥寥数语仿佛把我从梦中惊醒，同时也把我带入困惑之中：时代变了，我落后了。这是代沟？还是审美趣味的不同？抑或是一种思想上的进步和解放？

记得在青年时期读朱光潜先生关于文艺心理学的一本书，其中谈到审美意识的“距离说”，他举的例子是《西厢记》里的一段词：“软玉温香抱满怀……春至人间花弄色……露滴牡丹开”，把一个赤裸裸的性行为写得如此生动具体而又富有诗意。我当时极其欣赏这几句词，也赞扬过朱先生的分析。时隔半个多世纪，大约一年多前，在一家报纸的副刊上读到一位女士写的文章，谈她丈夫和她的床上镜头：“他一上来，三下两下就完事……”言下之意，不免丧气。真够赤裸裸的！初读之下，倒也佩服这位作者的思想解放。心想，这本是人皆有之的事，有什么可以掩饰的？封建社会那种以天理压人欲的观念应该彻底打破。其实，我当年在欣赏“春至人间花弄色”的词曲时，也同时信奉性决定一切的西方理论。不过，在佩服那位女作者的描写之余，又总觉得失落了一点什么。是不是该给“赤裸裸”蒙上一层薄纱呢？也许这就是美。西方许多有艺术价值的人体雕刻和画像，虽说是赤身裸体，但由于灌注了艺术家的灵感，实际上仍然可以说是蒙上了美的薄纱。今年夏天到武汉，街头巷尾不时听到这样一种关于穿着的流行说法：“男的长裤长袖，女的越穿越裸露。”我以为裸露如能与一位女士的高雅风度和内在气质相结合，那的确是一种美。

一位三十出头的女士对我说过她的一点经历：“念中学时，情窦初开，想说我爱你，却不敢出口，便说我喜欢你，意思是想遮掩一下。现在，只要想说我爱你，便可脱口而出，但是要像某电视节目主持人那样把‘性感’这样的词儿搬到屏幕上，我还不敢。”从不敢说爱到敢说爱，从敢说爱到敢说性感，真是越来越赤裸裸了。也许这就是时代的步伐，也许这里亦可追寻到一种美的享受。但无论如何，硬要像某电视剧那样把“狗 × 的”搬到屏幕上，恐怕就不是一个赤裸裸的问题了吧。《红楼梦》里薛蟠的那句“女儿乐”，可谓赤裸裸到了肮脏的地步，却表现了曹雪芹刻画人物入木三分的艺术天才。但据我的记忆，某电视剧将粗话搬上来似乎并非有意刻画一位人物的粗鄙。

我们的老祖宗无论在衣着、在男女之情、在待人接物诸方面，一般地说，都太重掩饰，以至于不少西方人至今还在说我们虚伪。我并不同意西方人的责备，但针对我们的旧传统，无妨赤裸裸一点为好。只是掩饰也许更容易造成美的印象，而要给赤裸裸蒙上一层美的薄纱，却并非易事。

（原载《光明日报》2000 年 9 月 7 日）

[8]

重读冯友兰解放前的《中国哲学史》

——在冯友兰诞辰101周年座谈会上的发言

去年春天，我赴美国参加第8届国际康德哲学大会。我的发言结束后，有一位美国学者在提问时谈到，他是冯友兰的学生，冯在30—40年代出版的那部《中国哲学史》至今仍是美国一些讲授中国哲学的教授指定学生必读的参考书。他的一番话引起了我学习冯友兰中国哲学史的许多回忆和想法。

抗日战争时期，我在昆明西南联合大学念哲学系时，冯先生讲授的中国哲学史课程就是以这部《中国哲学史》为教本。西南联大由北大、清华、南开三个大学联合组成。学生中盛传北大重史，清华重论；哲学系的清华教授以金岳霖和冯友兰为两大台柱，金先生研究逻辑学，冯先生把逻辑方法应用于中国哲学史的研究，两人都重理论、尚分析，形成了清华学风的重要特点之一而为学生所称道。近10多年来，我致力于西方哲学特别是现代德国哲学与中国哲学的结合，冯友兰的《中国哲学史》又成了我经常翻阅的对象。

《中国哲学史》是中国近现代史上第一部把中国传统哲学放到世界特别是西方哲学思想发展的大视域中来加以系统考察的哲学著作。冯先生受西方新实在论的影响较深，在他关于中国哲学史上许多思想学说的解释中，新实在论的观点随处可见，对公孙龙的白马论和朱熹的理气说的解释，其尤著者。我看其他一些讲中国哲学史的书，都觉得理论分析少，不甚了了，惟独听冯先生的课，读冯先生的书，才觉得他对于许多中国思想学说的解释清楚而有说服力。尽管我们今天，甚至冯先生本人在后来，已经超出了或者抛弃了他原来的不少解释和结论，特别是他的新实在论的观点，但他把中国哲学同西方哲学联系起来作系统研究的这一基本思路，却为中国哲学史的研究开辟了一条新航道、新方向，对于改革开放后中国哲学史的研究工作仍有很现实的意义。

中西哲学与思想都是整个人类思想的同一棵大树上的枝丫，它们虽各不相同而又相通。冯先生并不否认哲学思想的民族性，但他更注重时代性，他认为东西思想文化之差异在许多点上表现了整个人类思想文化的不同发展阶段之差异（见冯友兰：《中国哲学史》下卷，商务印书馆 1944 年版第 495 页）。冯先生的这一观点，同他把中国哲学史纳入整个世界思想发展的大视域中来考察的思想是分不开的，很值得我们重视和参考。

冯先生把历史分为“历史之自身”与“写的历史”，与此相应，哲学史亦可分为“哲学史之自身”与“写的哲学史”。“哲学史之自身”只有一个，而“写的哲学史，亦惟须永远重写而已”（同上，上卷，第 21 页）。由于时代条件的限制，冯先生所倚重的西方哲学思想仍属西方传统哲学的范畴，主要是柏拉图主义，他当时抱有康德的“物自身”的思想，还不可能知道今日西方之诠释学哲学已不断批评了所谓“历史之自身”的抽象性和狭隘性，诠释学哲学认为凡够得上称为“历史事件”的历史，其所谓“自身”也不是孤立的，而是随着时间的推移，不断开拓自身、更新自身的。但冯先生强调的“写的哲学史”“须永远重写”的观点却与今日西方诠释学

哲学的上述思想有近似之处。有人把西方诠释学哲学的历史观解释为历史可以任意打扮，这当然是误解和曲解。而冯先生在强调"写的哲学史""须永远重写"的观点的同时，亦非否认"信史"，他甚至斥责那种"本无意于作信史之流"，"当然可以不论"（同上，第19页）。

冯先生的那部《中国哲学史》继承和吸收了中国传统著作方式的优点，引证了大量原文，让读者可以"直接与原来史料相接触"，但冯先生并不满足于此种"选录式"，他同时采取了西方哲学史的"叙述式"（同上，第22页），用自己的语言讲述了他自己的大量新颖的见解，而且在这里，特别表现了他运用逻辑方法作细致的理论分析的清华学风。与当时其他许多哲学史著作相比，他这部著作的理论性是最强的。他的贞元六年的核心著作《新理学》可以说是他的《中国哲学史》的理论基础，前者所讲的理论的思想清晰地贯穿于后者之始终。不懂冯先生的哲学理论著作，就不能真正懂得他的哲学史著作。

冯先生在中国哲学史方面的造诣，同他的中国古典文学与外文方面的功底是分不开的。冯先生能诗善文，他为西南联大所撰写的纪念碑文为海内外学者所称道，便是一例。他的哲学和哲学史著作虽重概念分析和逻辑推理，但从字里行间，亦可窥见其在中国文学方面的素养。我们今天提倡弘扬中国传统文化，这是很有必要的。不能设想，一个民族的知识分子对本民族的古典文学和文字方面的修养甚差而能真正领会和弘扬民族的传统思想和文化；不能设想，一个研究中国哲学史的学者缺乏中国古典文学方面的功底而能对哲学史的研究有真正可观的造诣。弘扬中国传统文化应该包含一条重要的举措，就是加强从小学到中学到大学以至研究生在中国古典文学和文字方面的训练和修养。像冯友兰先生这样的大师是我们学者的榜样。

冯先生的英文很好，是他熟悉西方哲学并能把中国哲学放到世界思想文化发展的视域中来加以考察的重要条件之一。我在西南联大时曾亲自见到过冯先生在讲演中与一位英国学者用英语进行流利对话和辩论的场面。我还亲自听到闻一多在讲中国古典文学课时曾大力主张研究中国文学的学者应熟悉外文，把中国文学与外国文学结合起来。闻一多、冯友兰的教导和榜样，多么值得我们深思啊！

（原载《东方文化》1997 年第 2 期）

[9]

知趣不知趣

宰相刘罗锅与皇帝对弈，敢于杀败皇帝，议者曰：刘罗锅不知趣而有趣。显然，知趣与不知趣，其中大有文章。刘罗锅若知进退，善逢迎，故意败于皇帝手下，岂不可以博得皇帝欢心，大为“红火”？然果如是，则世人又将议论曰：刘罗锅虽知趣而无趣。刘罗锅反遭世人唾弃。

考“趣”字原意，一曰趋赴，一曰趣味或意味。“知趣”者熟悉趋赴之道：上有一语出焉，下则“顺口”接应，“倚势欺良”（袁宏道：《与幼子》）。此等人“童心既障”，“言语不由衷”（李贽：《童心说》），无“趣”（味）之极矣。若夫童子，“面无端容，目无定睛，口喃喃而欲语，足跳跃而不定”（袁宏道：《叙陈正甫会心集》），可谓“不知趣”者，然人若能如此不失赤子之心，则是“趣”之“正等正觉”，“最上乘也”。袁宏道自述：当其“无品”之时，“率心而行，无所忌惮”，虽“举世非笑，不顾也”，斯可谓“近趣”（接近有趣味）矣；迨夫官渐高，品渐大，毛孔骨节，俱为接应上司之言语知识所缚，则“去趣愈远”矣（同上）。余以为，有趣无趣，不在有品无品、官位高低，而在人是否存童心而不事趋赴。“夫童心者，真心也”（李贽:《童心说》），要在一真字。高官有品而刚正不阿、不媚上者有之，无官无品而谄上骄下者亦有之。若见从己出，不随声附和，则人人皆可为有趣之人，此所谓不知趣而无往非趣也。

何谓真？袁宏道论诗云：“大抵物真则贵，真则我面不能同君面，而况古人之面貌乎？”（袁宏道:《与丘长儒》）袁宏道从两层意识上论真字：一是真则不袭古，有如作诗，初唐、盛唐、中唐、晚唐，各自有诗，而不必抄袭初唐、盛唐而后为诗；赵宋亦然，不必以不唐病宋。二是真则同时代之人彼此不相袭：同一唐代之李、杜、王、岑、钱、刘，下迨元、白、卢、郑，均各自有诗，而不必彼此相袭；同一宋代之陈、欧、苏、黄诸人，亦各自有诗，而不必共唱同一腔调。袁宏道将真字解作互不相袭，面貌各异，真乃千古卓绝之论。若夫一唱亿和，一呼百诺，千篇一律，则未有不假者也。李贽云：假以假对，则“以假言与假人言，则假人喜；以假事与假人道，则假人喜；以假文与假人谈，则假人喜。无所不假，则无所不喜”（《童心说》）。满场皆喜，假者居多，真者不敢辩，尚何“趣”（味）之有哉？

“夫趣，得之自然者深”（袁宏道:《叙陈正甫会心集》）。自然者，质（朴）也。本无可言，为干禄而连篇累牍，刻意求肖于世之权威，则如丑妇而饰之以朱粉，人皆厌离而思去之。此等文章，虽能获宠于上司，邀誉于一时，而有识者常视若敝屣。何也？模拟迎合至极，而求之质无有也。袁宏道云：“世人所难得者，唯趣”。人有趣如山有色，水有文，花有光，此皆“质至”之故也。山无色则荒，水无文则腐，花无光则谢，人无趣则鄙，“质不至”之所致也。袁宏道论学风、文风，力主文贵质、不相袭，乃真“深于趣”者也。呜呼，今之人，能知趣如袁宏道、李贽、刘罗锅者，几人哉？

1997 年 11 月 24 日

[10]

北大人学术思想的一面镜子

作为中国最高学府之学术窗口的《北京大学学报》，迎来了她50岁的生日，我首先向她致以衷心的祝贺。从《学报》诞生的第一期起，我就是她的忠实读者与作者，最近20年来，我在《学报》发表文章约十四五篇，还五次获《学报》优秀论文奖，我对《北大学报》很自然地产生了一些亲切的感情。

《北大学报》1955年创刊号上发表的一篇批判胡适的文章，作者的署名是"金岳霖、汪子嵩、张世英、黄枬森"。回忆起那篇文章的内容和起草文章的具体过程，不禁联想到了当时以政治代替学术的一些情景，今天看来，不知情的年轻人对这种情景会觉得不能想像，就连我这个作者之一也感到怵目惊心。有兴趣的读者与编辑如能把《北大学报》从第一期到现在翻阅一遍，一定会有一种隔世之感。这不仅是指《学报》所载文章的主题、内容和思想观点以至文风的巨大变化，而且更重要的是《学报》的这些变化反映了整个时代精神的变化。《北大学报》是北大人学术思想面貌的一面镜子，也是整个中国知识界、学术界、思想界的一面镜子。从《北大学报》50年的生涯中，必可窥见中国知识分子50年来在雨横风狂中所走过的足迹。《北大学报》对于我们如何反思中国现当代思想文化史，必有很重要的启发意义。

（原载《北京大学学报》2005年第5期）

[11]

现代资产阶级主观唯心论的主要来源

——巴克莱的哲学

巴克莱（一六八四——一七五三）是英国反动的资产阶级哲学家，西欧现代主观唯心论哲学的主要创立人。他是英国教会的一个大主教，他创立他的主观唯心论哲学的目的就是要公开为宗教、神学作辩护。他不顾一切地向唯物论和无神论进攻，并在这种进攻中来发挥他的主观唯心论。

他看到了唯物论和无神论思想的根本依据是承认客观事物不依赖于我们人的意识而独立存在，也就是说，承认有客观存在着的物质；于是他就把物质的客观存在作为他攻击的对象。因为，正如他自己所招认的，“在论物质或物质实体的学说的基础上，建筑了无神论和反宗教的一切渎神的体系。”

就让我们首先来看看这位反动神学家攻击物质的谬论吧：

巴克莱认为我们认识的一切对象，例如桌子、苹果，山河等等，只有当人们感觉到它的时候，或者曾经感觉过它以后，我们才能对它说出一些什么话来，例如说有一个苹果，它是绿色的，等等；反之，如果没有感觉到它，我们就不能对它说出任何话来；既然如此，那么，我们所认识的东西，就都只不过是我们的感觉，至于不被感觉的东西，或者说，在感觉以外的东西，就不能存在。因此，我们所认识的桌子、苹果等等，都只是我们关于桌子、苹果等等的感觉，而不是在我们感觉以外独立存在的桌子、苹果等等东西本身。至于那些在我们感觉以外独立存在的桌子、苹果等等东西本身，那是根本没有的；因为在他看来，凡是在感觉以外的东西，既然不是感觉，既然不被感觉到，那么，如果还要说它存在，那就是“抽象”和“武断”。巴克莱认为唯物论承认有离开感觉、在感觉之外独立存在的物质，就是这样一种“抽象”和“武断”的结果。因此，客观存在着的物质是应该“从自然界中驱除出去”的！

巴克莱真的把物质“从自然界中驱除出去”了吗？在我们科学的唯物论者看来，感觉的确是我们认识的唯一源泉；没有感觉，就不可能有认识。这当然是毋庸置疑的事实。但是，我们决不认为从这一点出发，就可以像巴克莱那样断言，我们所认识的东西，仅只是我们的感觉，断言在感觉以外的东西，是根本没有的。因为感觉只是我们认识客观事物的途径，而决不是客观事物本身。我们一定要通过感觉这条途径，才有可能认识客观事物，但我们所认识的，却不是感觉，而是客观事物：当我看到一张桌子时，我是通过我的视觉，看到了一张客观存在的桌子，而并不是看到了一个视觉；当我尝到一个苹果时，我是通过我的味觉，尝到了一个客观存在的苹果，而并不是尝到了一个味觉。一切客观存在的东西，即使我现在还没有发现它，但将来也一定会逐步地通过感觉和思想来证明它的存在；如果像巴克莱那样，认为当人们没有感觉到某物的时候，某物就不存在，那么，世界上有许多事物是我们前辈人所完全不知道的，为什么我们现在却发现这些事物是老早就已经存在的呢？我们明明通过感觉和思想，可以认识到客观事物，而巴克莱却硬说我们所认识的只是感觉，并因此而否认客观事物的存在，这不完全是一种诡辩吗？

巴克莱在进行这种诡辩时所要的把戏，不过是把我们认识客观事物的途径（即感觉）和我们所认识的客观事物（即引起感觉的对象）混为一谈。他说：感觉的对象与感觉是同一个东西，分开就是抽象。其实，他不过是企图利用这种混淆的说法来骗人，使人相信客观事物仅只是我们的感觉，其本身并不存在。我们感觉到的就是感觉，这就是巴克莱的“妙不可言”的骗人把戏！

巴克莱基于同一个观点，还从另一个角度来“驳斥”物质的客观存在：他认为我们的认识应该从经验出发，但在我们的经验中所遇到的，只是一些个别的东西，而不是一般性的东西。例如我们只能遇到这一个等边三角形，或那一个不等边三角形，而并不能遇到一个既不等边，又不是不等边，既不是等腰，也不是不等腰的这样一个所谓一般的三角形。因此，一般的三角形是不存在的。所谓一般的三角形，以及其他任何事物的一般概念，都不过是些空洞的名称和符号，它们并不代表任何实际内容。既然如此，那么，物质这个一般的概念也是没有实际意义的；物质是虚无，它是不存在的。因为按巴克莱的想法，我们并不能在经验中遇到一个一般的物质。

诚然，认识开始于感觉经验，这一点是我们唯物论者所坚决承认的；一个闭着眼睛，塞着耳朵，同外界完全隔绝的人，当然是不可能有认识的。但是，我们仅仅通过感觉经验所认识到的东西，究竟是什么性质呢？我们通过感觉经验固然也能认识到外界某些真实的东西，不过仅仅通过感觉，我们就只能认识事物的一些表面和片面，而并不能全面地认识事物，并不能认识事物的本质和规律。事物的本质和规律，是需要我们进一步运用思考来仔细地“想一想”以后，才能认识得到的。因此，通过感觉并进一步运用思考以后所认识到的东西，不但不是更空虚、更不可靠，相反的，这乃是更深刻、更正确、更完全地认识了事物。例如，我们仅仅通过感觉，固然的确会像巴克莱所说的那样，只能看到一个一个的个别的三角形；但是巴克莱却故意抹杀了一个事实，即如果我们学一学几何学，稍稍运用我们的思考来"想一想"的话，那么，我们就可以认识到所有的三角形，其三内角之和等于一百八十度；而这就是我们对于三角形的一个一般的概念。我们并不能用视觉来看到这个一般概念，亦不能用味觉来尝到它，但我们决不会因此就说，一般的三角形是根本没有的。由此可见，巴克莱对于物质的这一方面的"驳斥"，也是毫无根据的。

巴克莱在从这一方面来"驳斥"物质时所耍的把戏，就是否认我们的认识能力除了感觉以外，还进一步有思想的能力。他企图利用这个诡计来使我们相信：人既然没有思想来认识一般性的东西，那也就可以证明一般性的东西，例如一般的三角形和物质就是不存在的，真正存在的只有感觉。因此，我们在反驳巴克莱这方面的谬论时，也必须看破和拆穿他在这里面所耍的鬼把戏。

巴克莱的诡计虽然多端，但基本论点却只有一个：我们所认识的，仅只是感觉，离开了感觉，一切事物都不能存在；世界上只有感觉和感觉者，此外就什么也没有了。"存在就是被知觉"，这就是巴克莱的主观唯心论的主要公式。这句话的意思就是说，任何东西之所以存在，只是因为人们知觉着它；离开了人的知觉，就不能有任何东西。人的知觉是世界的创造者。我们周围的事物，都不过是我们的感觉。巴克莱的这样一种哲学思想，我们就叫它作主观唯心论。

我们现在就来看看巴克莱的主观唯心论对于世界的具体描绘吧：这会帮助我们更具体地认清他这种哲学的荒谬。

我面前的这张桌子之所以存在，就是因为我看见它，摸到它。我之所以说苹果有香气，只是因为我嗅到它，之所以说它是甜的，只是因为我尝到它。桌子不过是硬、黄、方、圆等等的一堆感觉，苹果不过是圆、绿、香、甜、软等等一堆感觉。我之所以把这一堆感觉叫做苹果，只是因为圆、绿、香、甜、软等等感觉常常是联合在一起出现，所以我才把它当作是一个独立存在的东西，并以苹果这个名称来称呼它；其实，它只是偶然堆集在一起的一堆感觉，并非在

我之外真有一个苹果。对于桌子、书本、山河等等，都可以这样说。

任何一物，都不过是“感觉的集合”。这就是巴克莱对客观事物的具体描绘！

但是，根据这种描绘，巴克莱又怎样能解释某物在我不感觉到它的时候，它仍然继续存在呢？假如真的没有客观物质的话，那么，究竟是什么东西引起感觉呢？是什么原因使得某一堆感觉老是联合在一起出现呢？我们凭什么标准来区别真实的东西和虚幻的东西呢？我们怎样来解释事物的规律性呢？

巴克莱认为对于这些问题的回答，正是他公开提出“上帝”的好时机：在他看来，既然客观的物质世界是不存在的，那么，要回答这些问题，就适足以证明“上帝”的存在。巴克莱从一切事物都只能存在于感觉中这一基本原则出发，认为当我没有感觉到某物时，别人也在感觉它，因而它还是存在于别人的感觉中；即使在没有任何一个人感觉它的时候，“上帝”还是在感觉它，因而它仍然继续存在于“上帝”的感觉中。引起我们感觉的是“上帝”；使得某些感觉老是联合在一起的也是“上帝”；各种感觉之所以按照一定的法则呈现出来的原因，也是根据“上帝”的意志。真实的感觉比较鲜明、稳定，虚幻的感觉比较模糊、不定；前者是所有的人都共有的，后者只是某一个个人所有的，是暂时的；巴克莱认为真实的东西是“上帝”安置在人心中的感觉，虚幻的东西则只是某一个个人的想像所创造出来的。因此，区别真实的东西和虚幻的东西的标准，不是在人以外的客观事物中，而是在于人们是否有共同的感觉，在于感觉是否由“上帝”引起的。

巴克莱以为提出了“上帝”，就可以满意地回答了科学和常识所提出的上面这一系列的问题！巴克莱的如意算盘是：科学和常识认为人的认识是从感觉经验出发的，而我的哲学也是从感觉经验出发的，可见我是很科学的，是合乎常识的；不过我认为并没有客观的物质世界，科学所承认的客观物质世界都不过是感觉。如果科学和常识认为我这种看法，不能解释事物在不被人感觉时仍然继续存在，以及真幻的标准等等问题，那么，我认为这些问题都可以用“上帝”来解释；有了“上帝”，并不表示事物没有规律，并不表示真幻没有标准，并不表示事物不被感觉时就不能继续存在；可见承认“上帝”存在，是和科学、常识相一致的，可见承认“上帝”存在，是和科学之注重经验也是一致的。因此，科学和常识并无反对宗教、上帝的权利！

巴克莱的这些算盘，无非是企图把宗教和科学调和起来；但是，真正的科学却坚决认为巴克莱是它的不可调和的敌人。科学注重感觉经验，但科学却认为感觉是由感觉以外的客观事物所引起的。巴克莱不过是由于害怕科学和常识，害怕自己的胡说八道不能为人所接受，所以才把感觉经验拉到自己方面去，用主观唯心论的观点来加以曲解，以便证明“上帝”、宗教的存在权。巴克莱反复声辩，“上帝”的存在并不和科学、常识相矛盾，这正是他胆怯、心虚和无耻的表现。

“上帝”真的存在吗？大家都知道，这是完全违反科学的，用不着我们来说明。但我们在这里需要指出的是，主张“上帝”的存在，这即使在巴克莱自己的哲学系统中，也是说不通的。因为根据他哲学的出发点，既然一切事物都只能存在于人的感觉中，那么，“上帝”又怎样能离开人的感觉而独立存在呢？巴克莱最初说过，人所认识的都是感觉，但“上帝”却是我们所感觉不到的呀！那它又怎能存在呢？可见巴克莱说有“上帝”存在，是和他自己哲学的出发点相矛盾的。不过他哲学的目的既然是为宗教、神学作辩护，因此，他为要证明“上帝”的存在而不惜前后矛盾、首尾两端，这也倒是并不足为奇的啊！

其实，不仅“上帝”在他的哲学中是前后矛盾的；如果严格按照他哲学的出发点说下去，世界上除了我之外，就连你和他以及任何人也都是不能存在的；因为既然一切事物都只能存在于感觉之中，那么，当我不感觉到你和他的时候，你和他不也是不能存在吗？

这样一来，世界上除了我和我的感觉以外，任何其他的人和事物就都没有自己的独立存在了。这该是一种多么荒谬绝伦的理论呀！这种理论，我们给它一个名称，就叫做唯我论。

原来企图把宗教、上帝说成与科学相一致的巴克莱的主观唯心论，归根结底讲来，不过是这样一种荒谬绝伦的唯我论而已！

巴克莱的主观唯心论，是马赫主义和现代帝国主义反动资产阶级哲学中其他许多主观唯心论流派的一个主要来源。“存在就是被知觉”这一公式，为现代一切主观唯心论流派改头换面地重复着。列宁在“唯物论与经验批判论”一书中，不仅全面地、深刻地批判了巴克莱的主观唯心论，给了它以致命的打击；他还指出了，马赫主义和各种现代帝国主义资产阶级主观唯心论哲学（包括我们目前正在开展批判的实用主义），实质上也都是巴克莱主义，仅仅是标签不同而已。所以，我们明白了巴克莱主观唯心论的实质，也就更容易认清现代反动资产阶级哲学中许多主观唯心论流派的反科学的、反革命的本来面貌。

（原载《光明日报》1955 年 5 月 4 日）

[12]

略谈对唯心主义的评价问题

百家争鸣的方针提出来以后，大家感到应该更多地注意研究唯心主义；原因大体上有两方面：一方面，多注意研究唯心主义，可以使我们对唯心主义的批判作得更细致、更深入、更有力量；另一方面，在唯心主义那里，也有不少好东西可供我们批判地吸取。关于前一方面，没有什么争论的问题，本文不去谈它。关于后一方面，一般地说，要我们从唯心主义那里批判地吸取一些好东西，这一点也是一般人所同意的；但是，如果进一步问一下，这些所谓可以吸取的东西究竟是什么性质？是唯心主义思想体系里所包含的一些与唯心主义自身相矛盾的合理思想呢？还是有某些思想，**作为唯心主义**，就是合理的、可以吸取的呢？或者还有什么别的情形呢？——总之，说“唯心主义有好东西”，究竟“好”在哪里？对于这个问题的意见是很不一致的。

我对于这个问题的初步回答可以分为以下几点：

第一，唯心主义可以促使唯物主义的发展；从唯心主义那里可以吸取教训。

我们知道，唯物主义与唯心主义是根本对立的。为要回答唯心主义所提出的问题，为要反驳唯心主义的各种论证，唯物主义不能不更紧密地依靠科学、依靠实践，用细致的、强有力的论据来不断地健全自己、充实自己。最明显的例子：法国唯物主义的机械性与形而上学性曾受到德国古典唯心主义的反驳，但是唯物主义并未因此而战败；相反，德国唯心主义对唯物主义的反驳反而促使唯物主义发展到了它的最高峰——辩证唯物主义。又如笛卡尔的唯心主义的“天赋观念”说促进了唯物主义关于知识起源于经验、感觉学说的发展，使这一学说到洛克那里得到了精细的、系统的论证。这样的例子俯拾皆是，不必多举。当然，这里并不是说唯心主义对唯物主义的反驳是唯物主义发展的唯一原因，因为它主要是依靠科学与实践而发展起来的；但这里所说的，无论如何，也是许多原因之一，这一点也是可以肯定的。

关于从唯心主义那里可以吸取教训，这一点也很明显。哲学上有许多问题，唯心主义都曾试图解决，但是它失败了，而我们则可以从唯心主义的失败中吸取教训。例如关于思想、意识能否认识客观存在的问题，洛克曾提出“代表说”，根据这个学说，认识者不能直接与外物发生接触，我们所认识的不可能是外物本身，而只能是外物在我们心中的图像或代表。这个学说的唯心主义性质在洛克那里还不很明显。到了贝克莱，他严格遵循“代表说”的路线，于是把“代表说”的唯心主义倾向发展到了极端，把它的唯心主义本质完全暴露无遗：他认为既然我们感觉到的只能是外物在我们心中的图像或代表，那么，究竟是否有任何与我们的图像或代表相应的外物存在，也是无法知道的；因此，洛克所谓“实体”不过是虚伪的“抽象作用”所捏造的结果；贝克莱从这里就走进了荒谬的主观唯心主义和唯我论。从洛克的代表说到贝克莱的主观唯心主义的发展给了我们一个教训：任何“代表说”的观点和思想不可避免地要最后导入主观唯心主义和不可知论。这样，对唯心主义的研究也就可以提高我们的嗅觉：例如，只要我们稍微嗅到一点“代表说”的思想、嗅到一点关于意识不可能直接接触外物的思想，我们马上就能意识到这种思想会导入什么样的荒谬地步。

以上是所谓唯心主义有“好”处的第一点含义。显然，这里所谓的“好”，完全不是说唯心主义作为唯心主义是正确的、合理的；这里所谓的“好”也还没有说到唯心主义思想体系里面包含有什么正确的、合理的东西。这里所谓的“好”，只不过是说唯心主义对唯物主义的发展可以起一种刺激和警惕的作用而已，犹如中国一句古话“无敌国外患者国恒亡”这句话里“敌国”对“我国”所起的一种作用。当然，这里决不是说，一旦没有了唯心主义，唯物主义这一真理也就不能发展了。

第二，在唯心主义思想体系（不是说一切唯心主义思想体系）里面，的确有不少合理的东西，而这些东西是和唯心主义相矛盾的。

道理很明显：唯心主义哲学家虽然创造了一整套唯心主义体系，但是，客观事实和真理像铁一样地摆在他们面前，他们也往往不能不在其唯心主义体系中本能地、不自觉地、不由己地达到了一些反映客观真实情况的正确的、合理的思想。例如莱布尼兹认为本体（他所谓“单子”）具有内在活动性；康德看到了不依人的意识为转移的“物自身”；黑格尔猜测到了客观事物的辩证法……如此等等。

这里需要特别指出的是：我们之所以说唯心主义体系中这些东西是合理的，决不是因为它们是唯心主义的缘故，决不是就它们的唯心主义性质而说的。莱布尼兹关于单子具有内在活动性的学说，按莱氏本来所表述的那种形式而言，是反科学的，因为他认为世界的本体不是物质的，而是精神的。这种看法不符合客观事实，因而也就不正确、不合理。莱氏这一学说的合理之处在于它在客观上反映了客观物质世界的内在活动性这一事实；然而唯心主义者莱布尼兹决没有自觉地、有意识地去认识客观物质世界的内在活动性。承认客观物质世界的内在活动性，这与莱氏的唯心主义体系，与他的形而上学，都是矛盾的。如果说莱氏学说之合理是说他那单子活动说本身，按其本来的唯心主义的形式，就是合理的，那显然是不对的；因为尽管莱布尼兹谈到了“内在活动”，但科学告诉我们，他所谈的那个内在活动着的精神实体——“单子”压根儿就是不存在的。再拿康德来说，康德承认“物自身”存在，是其哲学合理之处，但这个合理之处正是和他的唯心主义相矛盾之处；这一点是大家所熟知的，不用多说。至于说到黑格尔，我们都很清楚，他的合理之处是辩证法。这是不是说辩证法按黑格尔所表达的那种唯心主义形式说就是合理的呢？不是的，那是很荒谬的，是完全不能适用的。其合理之处在哪里呢？在于它在客观上猜测到了客观事物的辩证法，而客观事物的辩证法是和黑格尔的唯心主义体系相矛盾的。举一个具体例子来说：黑格尔说过这么一句话：“逻辑是纯科学，也就是纯粹的自己全面发展的知识”。列宁对这句话的批语是“第一行是荒谬的。第二行是天才的”。（“哲学笔记”，中译本，第 80 页）第一行是指纯粹的科学、纯粹的知识。黑格尔认为逻辑科学、知识、概念是在自然、社会存在之先就有的，是纯粹抽象的。这是反科学的看法，所以列宁说它荒谬。第二行是指发展，列宁认为黑格尔指出知识、认识是发展的这一点是天才的。把列宁的这两句批语联系起来看，显然，列宁决不是说黑格尔这句话按其原来的唯心主义形式就是合理的、天才的，因为尽管他谈到发展，然而他那发展着的“纯粹的”知识压根儿就是不存在的。列宁的批语鲜明地告诉我们：黑格尔在这里的合理之处、天才之处只是在于他这句话在客观上反映了人类实际认识、知识处于发展之中这一客观事实。

总之，说唯心主义里面包含有好东西，这决不是说唯心主义本身是好的、是正确的。唯心主义尽管有各种各样的遁词，但归根到底，其根本原则仍然是：精神是第一性的，物质是第二性的；而这是不符合客观事实的。因此，我们可以简单明白、毫不含糊地断定：唯心主义是错误。我们之所以说唯心主义体系里包含有合理的东西，这只是因为唯心主义者不自觉地、在客观上反映了唯心主义者自己所不承认的、与唯心主义原则相矛盾的客观物质世界的真实情况。为什么要这样说呢？我们只要提一个问题就能明白这个道理，这个问题就是：说唯心主义里某一思想是合理的，某另一思想是不合理的，标准究竟在哪里？显然，只要是在客观上反映了客观物质世界的真实情况的就叫合理的，否则就是不合理的；而唯心主义的根本原则是根本不承认有不依精神、意识为转移的客观物质世界的，是与我们的标准相矛盾的。任何所谓唯心主义中的合理的东西，实际上，按唯心主义的现成的形式，都是不合理的；只有当我们看出它在客观上反映了客观物质世界的某一方面的真实情况，我们才说这一点是某某唯心主义体系中的合理思想。列宁在评价黑格尔的“逻辑学”时曾经说过这么一句话：“在黑格尔这部最唯心的著作中，唯心主义最少，唯物主义最多。‘矛盾’，然而是事实！”（“哲学笔记”，中译本，第223页）列宁的意思决不是说，黑格尔的“逻辑学”中讲了最多的唯物主义；不是的，黑格尔的“逻辑学”是一部彻头彻尾的唯心主义著作。列宁的意思只不过是说：黑格尔这部最唯心的著作中包含着极其丰富的合理思想，包含着极其丰富的关于客观物质世界真实情况的猜测。

第三点，在马克思主义哲学——辩证唯物主义出现以前，唯心主义夸大了真理的某些片面，而这些片面在当时的唯物主义还根本没有看到；如果能驳斥唯心主义的夸大之处，则这些片面也是合理的，而这也可以说是唯心主义里面的“好东西”之一。例如费希特、黑格尔，他们强调了主观能动作用，这里有合理的因素。但这里也需要特别指出一点：就是，我们决不能因为唯心主义强调了主观能动作用，就以此作为论据，认为唯心主义这一原则本身是正确的、合理的。许多主张唯心主义本身是“好东西”的人总爱引用这一点来为自己辩护，好像只要提到主观作用、精神意识的作用，那就只能是唯心主义的“天下”。实际上，我们都知道，辩证唯物主义是坚决承认主观能动作用的，这不是因为别的，只是因为这是符合客观实际情况的。但辩证唯物主义决不把主观能动作用夸大到不符合客观实际情况的地位。按照唯心主义者费希特、黑格尔所强调、夸大的主观能动作用，则“自我”创造“非我”，精神、观念是自然、

人类的创造主；这难道是正确的、合理的吗？而唯心主义之成为唯心主义正在于把主观能动作用夸大到这一地步；如果对主观能动作用不加以夸大，如果实事求是地承认这种作用，那就根本不是唯心主义，而是唯物主义。把唯心主义说成是如实地反映了客观事实、客观真理的一个片面，并且就在这个意义下说唯心主义也有片面的真理，这种说法是不对的。

以上是所谓唯心主义有“好东西”的第三点含义。显然，从这一点来看，我们固然一方面必须肯定唯心主义里面有合理的东西，另一方面，我们却仍然不能说唯心主义这一原则本身是好的、合理的。

以上第二、第三两点都是肯定在唯心主义里面有“好东西”，同时也肯定唯心主义这个原则本身是不正确的、不好的。基于这种看法，我们认为：决不能说唯心主义这一颠倒是非，违反事实的原则对于人类之认识真理能有什么贡献，但我们却可以说有某些唯心主义者（或者说某些唯心主义著作）对于人类之认识真理是有贡献的。因为，如前所说，他们在唯心主义的形式下，在唯心主义的体系里，不自觉地说中了一些客观物质世界的真实情况；尽管他们坚决否认客观物质世界的存在。所以，关于唯心主义对于人类之认识真理有没有贡献的问题，我们的答复是“有贡献的”，但这里“功”只是在某些唯心主义“者”，而不是在“唯心主义”。正是因为这个缘故，所以马克思、恩格斯在评价黑格尔时，一再肯定黑格尔有伟大功绩，一再肯定要研读黑格尔的著作，而同时又坚决反对黑格尔的唯心主义。

我们知道，人类对于客观真理的认识道路是漫长而曲折的。我们有时能够既不夸大又不缩小地认识真理的一个方面，有时则根本没有看到某一方面，有时则虽然看到了却又同时歪曲了某一方面。唯心主义则是歪曲地反映了客观真实性的某些片面。在整个客观真理的长河中，有些点滴被我们通过正确的、亦即唯物的基本观点所反映，但是有些点滴则在历史上是通过不正确的唯心主义观点而歪曲地反映出来的。我们所谓吸取唯心主义体系里面的好东西，并不是按照那种歪曲的样式把它们原原本本地搬过来，而是批判、修改那歪曲的方面，而认识其本来面目；所以，从唯心主义那里吸取“好东西”，那必然也不是一件没有困难的工作。历史上有些唯心主义者的功绩在于他们反映出（尽管是歪曲地反映出）了客观真理的某些点滴，而在当时的唯物主义著作中，这些点滴却还没有被反映出来。我们承认这些唯心主义者的功绩，我们不怕困难地要从唯心主义者所歪曲地反映的东西中去寻求合理的东西，这正是我们热爱客观真理的表现。

第四，有些唯心主义的思想，作为唯心主义，在历史上也曾起过进步作用。

这种情况要在历史上找例子是比较困难些，但它在一定历史条件下、在个别场合确实是会发生的，我们可以举欧洲中世纪的神秘主义为例。神秘主义认为人可以与神直接交往，而不需要教会的中介。这种理论是对当时最反动的教会的一种抗议，它作为唯心主义在当时就起了一定的进步作用。从这里，我们也就可以看到某些错误的、唯心主义的理论也不是不可以在特殊的历史情况下，在个别场合也可以起着进步的，好的作用。因为它本身虽然是错误的理论，但它在某一特殊情况下，却能削减那最坏的、最反动的东西所起的作用。不过，尽管如此，我们却决不能因为它起过进步作用就认为唯心主义这一原则不是错误的；这也是很显然的。

以上四点就是所谓唯心主义有“好”处的说明，不过，这四点也同时都说明了唯心主义本身是反科学的、错误的。

为什么唯心主义这种反科学的、错误的理论在历史上会占优势（一般地说）呢？为什么唯心主义著作的声势会显得浩大些（一般地说）呢？例如一般讲来，历史上唯心主义者的著作多半卷帙浩繁，其理论大多较“艰深”、“复杂”、“严密”。为什么会有这种情况呢？这里需要分析一下：第一，唯心主义本质上不是从科学、实践中总结出来的，它可以在基本上、在实质上是脱离实际地臆造出来的一套体系，因此，它的"复杂"、"严密"、"艰深"以及卷帙之浩繁并不能表示它的合理的东西就必定都是多一些、丰富一些、深刻一些。因此，在回答上述的问题时，必须把唯心主义的"声势"中所包含的某些假象剥掉。第二，历史上过去几千年都是剥削阶级占统治地位，一般地讲他们只是在作为进步阶级出现时曾经拥护唯物主义，但很快他们就变成了反动阶级，从而也就拥护唯心主义哲学。因此，在历史上，唯心主义发展的条件一般都是比较优厚的，而唯物主义的发展多半是受到摧残的。布鲁诺被烧死在广场上，斯宾诺莎因横遭迫害而很难出版自己的著作，费尔巴哈因写了包含重要的唯物主义思想的著作而被逐出大学讲坛，这些都是唯物主义思想遭到反动势力摧残的例证；然而像德国古典唯心主义的最大代表黑格尔哲学则受到普鲁士政府的宠幸，被捧为官方哲学。唯心主义著作之所以比起唯物主义来显得声势浩大些，这里所谈的是极为重要的原因。唯物主义在历史上经过了艰苦的奋斗过程，只有在无产阶级取得政权的今天，它才得到了最有利的发展条件。新中国的哲学工作者所面临的任务，就是要利用这最有利的条件，依靠科学、依靠实践，继承唯物主义的传统，以至批判地吸取唯心主义哲学中所包含的"好东西"，来不断地充实辩证唯物主义、发展唯物主义。

（原载《人民日报》1957 年 2 月 2 日）

[13]

真理是具体的

“没有抽象的真理，真理总是具体的”。列宁所再三强调的这一真理观，是马克思主义认识论中一个极其重要的原理。可以说，我们认识的目的就是要把握具体真理，并运用它来指导实践。

*　　　　*　　　　*

什么叫做“具体”呢？这里所谓“具体”，正如马克思在《政治经济学批判》一书的《导言》中所说，是指的“许多规定的总结”或“多样性的统一”。与这里的“具体”相对立的“抽象”，是指孤立、片面、割裂、空洞的意思。

真理之所以是具体的，是因为客观事物是具体的。真理是对客观事物的正确反映；客观事物的具体性，经过一个认识过程，在人的头脑中再现出来，就成为真理的具体性。

马克思曾以研究资本主义社会生产是否可从分析人口着手的问题为例，来说明事物的具体性。他指出：人口是“一个丰富的、由许多规定和关系形成的总体”[①]。人口是由阶级构成的，如果抛开人

① 《政治经济学批判》，人民出版社 1955 年版，第 162 页。

口所由以构成的阶级，人口就是一个抽象。如果不认识阶级所依据的因素如雇佣劳动、资本之类，阶级又是一句空话。而这些因素又以交换、分工、价格等为前提。譬如说资本，如果没有雇佣劳动，没有价值、货币、价格等等，它就什么也不是。必须具体分析构成人口的这一切因素，弄清它们之间的内在联系，人口这一"混沌的表象"才能变成一个丰富的、由许多规定和关系形成的总体。如果我们抛开了人口所由以构成的这许多复杂的规定，那么，它只是一个空洞的、抽象的东西。人口如此，其他任何具体事物也莫不如此；它们都是"许多规定的总结"或"多样性的统一"，都是"一个丰富的、由许多规定和关系形成的总体"。绝对单纯的、孤立的东西是抽象的，因而在现实界是不存在的。

具体的东西虽然具有许多方面、许多规定，但这许多方面和许多规定并不是纷然杂陈的，它们实际上是许多彼此对立的方面；具体的东西就是由这许多对立面构成的。因此，具体的东西既可说是"多样性的统一"，又可说是"对立面的统一"。列宁说："事物（现象等等）是对立面的总和与统一。"[①]"任何具体的东西、任何具体的某物，都是和其余的一切处于相异的并且常常是矛盾的关系中，因此，它往往既是自身又是他物。"[②]列宁这段话实际上就是把"具体的东西"规定为"自身"与"他物"两个对立面的统一。所谓"自身"，是指一事物的现存状态或性质。毛泽东同志说："事物的性质，主要地是由取得支配地位的矛盾的主要方面所规定的。"[③]所谓事物的"自身"，也可以说，就是指这个规定事物性质的矛盾的主要方面。所谓"他物"就是指该具体事物的否定的、与"自身"相反的、不对该具体事物的性质起规定或决定作用的方面。

① 《哲学笔记》,《列宁全集》第38卷，人民出版社1959年版，第238页。

② 《哲学笔记》,《列宁全集》第38卷，人民出版社1959年版，第144页；着重点是引用者加的。

③ 《矛盾论》,《毛泽东选集》第1卷，人民出版社1952年第2版，第310页。

列宁关于具体的东西既是自身又是他物的定义告诉我们：一个具体事物的否定方面，是该事物自身内部的不可缺少的构成环节。形而上学不理解这一点，它总以为世界上的事物只能是单纯的：自身就是自身，他物就是他物，“非此即彼。”辩证唯物主义令人信服地证明，现实界并没有“非此即彼”、自身排斥他物的抽象事物，而只有“亦此亦彼”、自身包含他物的具体事物。

懂得了上面这一点，我们就可以知道，要具体地、深刻地理解一个事物，就必须在该事物自身同它的对方的矛盾统一中去理解它；离开了该事物同它的对方的矛盾统一，而单纯地从它自身去理解它，则我们对它的理解只能是抽象的，而不是具体的。没有和它作对的另一方，它自己这一方就失去了存在的条件。例如，“生”和“死”是两个明显对立的现象，但两者又是互相关联的。“没有生，死就不见；没有死，生也不见。”[①]“生”这个现象，并不是单纯的“生”，生物体的新陈代谢过程包含着一部分衰老细胞的死亡，所以“生”是包含自己的“他物”（对方）——“死”在自身之内的，“死”是构成“生”的不可缺少的环节；要具体地、深刻地理解“生”，就要从“生”和“死”的矛盾统一中去理解，否则，我们对“生”的理解就是抽象的。又如，要具体地、深刻地理解资产阶级，也得从它和无产阶级的矛盾统一中去理解。资产阶级和无产阶级是两个在本质上根本相反的阶级，决不可以混淆两者的界限，但它们又是互相关联的两个阶级。资产阶级之为资产阶级，就在于它既需要无产阶级的存在，又需要剥夺无产阶级的生存权；所以，脱离了资产阶级与无产阶级的这种又斗争又统一的关系，而单纯地就资产阶级本身去看资产阶级，便不可能对资产阶级有具体的、深刻的理解。

总之，具体真理就是对客观事物的“许多规定的总结”或“对立的统一”的如实的反映。毛泽东同志在论述认识过程时说：“论理的认识则推进了一大步，……到达了暴露周围世界的内在的矛盾，

① 《矛盾论》，《毛泽东选集》第1卷，人民出版社1952年第2版，第316页。

因而能在周围世界的总体上，在周围世界一切方面的内部联系上去把握周围世界的发展。”[①] 毛泽东同志在这里所说的论理的认识，也可以说，就是对于具体真理的把握。

* * *

真理是具体的，是“多样性的统一”；但是，要达到把握具体真理的目标，决不是一下子就可以完成的，它需要经过一个漫长曲折的认识过程。

客观的具体事物，作为“一个丰富的、由许多规定和关系形成的总体”，摆在认识的主体——人的面前。人在实践中必然要对它进行认识活动，它是认识的出发点；没有它，就谈不上认识，认识正是对它的反映。人在认识过程中，首先通过生动的直观，看到它，听到它，感触到它。所以马克思说，这个作为“多样性的统一”的具体事物，“在现实中是出发点，因此也是直观和表象的出发点”[②]。

但是，通过生动直观所能认识到的，还只是关于这个具体事物的表面的、现象的东西，用马克思的话来说，它还只是关于这个具体事物的整体的“混沌表象”[③]；具体事物还远未能作为“多样性的统一”，即未能作为全体的、本质的、内部联系的东西呈现于人脑之中。这时，人对具体事物的认识，还只是处于感性阶段。

为了使我们的认识向着把握“多样性的统一”这一目标接近，就不能停滞在生动直观的感性阶段，而必须发展到把握住事物的全体、本质、内部联系的理性阶段。这首先就需要进行“抽象活动”，也就是说，需要对生动直观中所得到的“关于整体的混沌表象”加以分析，以便把它分解为个别的、简单的部分或方面，单独地、逐一地加以考察。还是以马克思所举的人口一例来说明。马克思指出，

① 《实践论》，《毛泽东选集》第1卷，人民出版社1952年第2版，第275页。

② 《政治经济学批判》，人民出版社1955年版，第163页；中译本未将这两句译出。

③ 《政治经济学批判》，人民出版社1955年版，第162页。

我们对人口的认识在开始时只有一个关于它的整体的“混沌表象”，至于对人口所由以构成的各种规定性，如阶级、雇佣劳动、资本等等，则尚无所知，这时，我们对于人口的认识便是很空洞的。为了使我们的认识向着把握人口这一作为“多样性的统一”的具体事物的目标接近，我们就得进行“抽象活动”，对人口的整体的“混沌表象”加以分析，分析出构成人口的上述各种规定性；随着这种分析活动的进行，我们所把握到的事物的诸规定就越来越浅显，越来越简单。

但是，仅仅停留在这种“抽象活动”的阶段，还不可能达到把握具体事物的目标。因为任何一个具体事物，决不是一些简单规定的偶然堆集，而是作为“许多规定的总结”的整体，而“抽象活动”则不过是从这个整体中逐一地抽取其一部分，使它脱离和该整体其余部分的错综复杂的联系，单独地对它加以考察。当然，我们所进行的“抽象活动”，与形而上学意义下的“抽象”是有区别的。形而上学意义下的“抽象”是把事物看成为孤立的、片面的、互相割裂的东西。而我们则是把“抽象活动”当做认识过程中的一个阶段。如果我们停留在“抽象活动”的阶段，即是说，只是对具体事物进行分解，将其各个规定或方面分别地、单独地加以考察，那么，我们不仅不可能对具体事物的整体具有全面的、深刻的认识，而且，由于尚未从这一方面与别的方面的联系与关系中去考察某一方面，因而也就难免对一个方面在整体中所处的地位认识不清，也就难免产生某种程度的形而上学见解。所以，为要把握具体事物，我们还必须再进一步把“抽象活动”中所得来的诸简单规定，按照它们在客观事物中本来的复杂关系，如实地结合起来、统一起来，即进行综合，使具体事物的整体呈现于头脑之中；可是这次呈现于头脑之中的整体，不再像认识开始时那样只是一个“混沌的表象”，而是“一个丰富的、由许多规定和关系形成的总体”了。至此，我们就可以说达到对于具体事物的深刻的、具体的认识了。

我们的认识之从抽象到具体——从最简单的规定到具体事物作

为"许多规定的总结"呈现于头脑之中，乃是一个逐步进行的过程。在"抽象活动"中所得出的最简单的规定（方面），是和具体事物的整体中的其余诸规定隔离开来的，因而也是最抽象的。以后，我们便逐步地使一个规定或方面与越来越多的其余的规定或方面，按照它们在客观事物中实际存在着的复杂关系结合起来，统一起来。这样结合起来、统一起来的方面愈多，我们对该具体事物的概念就愈具体。

关于这种从抽象一步一步地走向具体的思维过程，马克思的《资本论》提供了一个很好的范例。《资本论》对资本主义社会这一具体事物的把握，就是从"商品"这一简单的、抽象的规定开始的。从"商品"出发，然后，《资本论》就进入到了"货币"的概念，"货币"包括"商品"在内，但"货币"这个概念包含着"商品"和其他规定性的联系和关系，"货币"这个概念的内容比起"商品"来较为复杂，因而它也是一个比"商品"较为具体的概念。在论述了"货币"之后，《资本论》就进入到"资本"的概念，"资本"包括"货币"在内，但"资本"这个概念包含着"货币"和其他规定性的联系和关系，"资本"这个概念的内容比起"货币"来又较为复杂，因而它又是一个比"货币"较为具体的概念。《资本论》由"商品"到"货币"，由"货币"到"资本"，以至最后到达关于资本主义生产总过程的把握；这样，资本主义这一作为"多样性的统一"，作为"一个丰富的、由许多规定和关系形成的总体"的具体事物——资本主义的社会形态，便如实地呈现于我们的头脑之中了。

上面所说对直观中的"浑沌表象"进行分析的活动，以及将分析所得出的简单抽象规定加以结合和统一的活动，即综合的活动，都是思维活动。我们所说的理性认识阶段，实际上也就是包含这两种活动在内的思维活动。思维活动，从一方面来说，不像生动直观那样与客观具体事物发生直接接触，而是"离开"了具体事物；但另一方面，正是这种思维活动使我们接近和把握具体真理，使具体事物呈现于人脑之中。所以这种"离开"，乃是以一种迂回曲折的方式向具体事物接近和前进。列宁说："当思维从具体的东西上升到抽象的东西时，它不是离开——如果它是正确的（注意）（……）——真理，而是接近真理。物质的抽象，自然规律的抽象，价值的抽象及其他等等，一句话，那一切科学的（正确的、郑重的、不是荒唐的）抽象，都更深刻、更正确、更完全地反映着自然。从生动的直观到抽象的思维，并从抽象的思维到实践，这就是认识真理、认识客观实在的辩证的途径。"①

列宁这里所说的"抽象"，是指相对于生动直观的整个思维活动，亦即相对于感性认识阶段的整个理性认识阶段；他所说的"科学的抽象"，就是指的不脱离实际内容、不抛弃多样性的抽象。与"科学的抽象"相对立的还有形而上学的抽象，即把分析和综合割裂开来，孤立地片面地静止地观察事物的方法。这种形而上学的"抽象思维"，是认识真理的障碍。列宁之所以强调"科学的抽象"，就是要我们在思维活动中，把分析和综合结合起来，对许多不同的规定加以总结，从多样性中抽引出它们所固有的统一性。所以，只有科学的抽象才能更加接近具体真理，而不是"离开"具体真理，才能使具体事物作为"许多规定的总结"呈现于头脑之中，从而让我们"更深刻、更正确、更完全地反映着自然"。

* * *

具体事物虽然客观地存在于我们之外，但要如实地精确地认识它，要获得一个关于它的具体概念，却需要经过上述的过程。所以，具体事物决不是一开始时就呈现于思维之中的；具体事物之呈现于思维，乃是思维的过程和结果。这就是为什么马克思说："在思维中它（指具体事物——引者注）表现为总结的过程，表现为结果而不是表现为出发点。"② 那种以为具体真理可以在认识开始时就一下子把握住，而不需要对具体事物的具体内容进行分析和综合的观点，是错误的。

简单接受了一个现成的正确的原则和结论，并不等于就算是真

---

① 《哲学笔记》，《列宁全集》第38卷，人民出版社1959年版，第181页。

② 《政治经济学批判》，人民出版社1955年版，第163页。

正把握了具体真理。黑格尔曾经举了文法做例子：文法本来寓于具体语言的“多样性”之中，但对于初学一种语言的人来说，文法乃是一个脱离了“多样性”的“统一”，是脱离了具体内容的结论和原则。因为他还没有学具体的语言，文法对于他是很抽象的，不过是些僵死的、空洞的骨骼。但是等到已经学习了该种语言之后，如果再回头来温习一下初学时老师所教的同样一些文法，那时，他就会对这些文法有比较深刻的体会，就会觉得这些文法很具体。为什么同样的文法在初学时觉得它很抽象、很陌生，而在学习了具体语言之后，又觉得它很具体、很亲切呢？这就是由于，在前一种状况下，它是脱离了“多样性”（具体语言）的“统一”，或者说是没有经历过“多样性”的“统一”，而在后一种状况下，它则是包含了“多样性”在内或者说经历了“多样性”之后的“统一”。

黑格尔在举上述这个比喻时说道，真理（他把真理唯心主义地看成是“绝对理念”）“不只是抽象的普遍，而且是自身包含着特殊东西的丰富性的普遍”[①]。列宁在《哲学笔记》中称赞黑格尔的这个比喻“微妙而深刻”，并且称赞黑格尔关于多样性的统一的概括是一个“绝妙的公式”。从列宁的这些摘引和批语中，可以很清楚地看到：我们平常说的对某一个论断理解得很抽象，那就是因为我们还不知道这个论断（普遍性、统一性）所包含的实际内容（特殊性、多样性）；当我们说对某一个论断理解得很具体时，那就是因为我们已经知道这个论断所包含的实际内容了。

常常被大家提起的列宁读拉萨尔的《爱非斯的晦涩哲人赫拉克利特的哲学》一书的事，也说明了这个道理。原来在列宁以前，马克思已经读过拉萨尔的这部著作，马克思把它叫做“‘小学生的’作文”，认为“不值得一读”[②]。但尽管马克思的结论本身是从拉萨尔

① 转引自《哲学笔记》，《列宁全集》第38卷，人民出版社1959年版，第98页。

② 转引自《哲学笔记》，《列宁全集》第38卷，人民出版社1959年版，第385、402页。

原书的实际内容中抽取出来的东西，当列宁尚未读原书时，马克思的结论对他来说，就是一个脱离多样性的统一，脱离了特殊性的普遍，列宁对这个结论的理解还是很抽象的。因此，当他认为在思想战线上有必要时，他便不辞劳苦去仔细阅读拉萨尔那本又臭又长的书，并作了摘要。尽管他在读完这本书之后所得的结论和马克思的一样，即认为“拉萨尔的这本书不值得一读”，但这个结论现在对列宁来说，已经不是抽象的，而是一个经历过多样性的统一，一个包含着特殊性的普遍，一个包含着具体内容的结论。

*　　*　　*

在关于如何把握具体真理的问题上，有一种看法是极端错误的，这就是抓住个别的、特殊的东西，而无视那贯穿于其中的统一性、普遍性或总的原则；只不过看到事物的一个片面，甚至一个极细小、极不重要的片面，就把它当做全部真理。这只能叫做抽象看问题，不能叫把握了具体真理。

黑格尔在《谁在抽象地思维？》一文[①]中，曾经举了一些生动的例子来说明什么叫做具体的真理，什么叫做抽象的思维。我们挑其中一个例子来说说。一位女顾客对一个女商贩说：“喂，老太婆，你卖的是臭蛋呀！”女商贩恼火了，就大骂这位女顾客一顿：“什么？我的蛋是臭的？！你自己才臭哩！……你爸爸吃了虱子，你妈妈跟法国人相好吧？你奶奶死在养老院里了吧？……像你这样的女人，只配坐监牢！最好你还是补补袜子上的窟窿去吧！”总之，她把这位女顾客骂得一无是处。黑格尔认为，这位女商贩就是一个抽象思维的人，因为她不知道任何一个事物都是具体的，都是多方面的统一；她对顾客的一切情况并不了解，仅仅因为顾客说了一句她的蛋是臭的，就抽象地把顾客当作一个坏人，从头到脚，从本身到亲属骂得全都沾上了臭蛋的气味；这位女商贩的思想方法，正是一种以一概全、抓住一个片面就认为是全部的思想方法。这种思想方法就是“抽象思维”。

① 见《学习译丛》1957年第2期。

我国古代战国时期，魏将庞涓领兵攻打韩国。韩国向齐国求救。齐国派著名军事家孙膑领兵救援。孙膑施了一个计策，命令齐兵进入魏地后，第一天做十万个灶，第二天减为五万，第三天又减为两万。庞涓看了，以为齐兵害怕魏兵，所以进入魏地三天就逃亡过半，于是猛追齐兵。追到马陵，中了孙膑的伏兵计，被打得大败，庞涓也自杀了。庞涓落得如此下场，就因为他仅仅看到减灶这个实质上并不重要的变动，即匆匆得出结论，认为"齐兵畏魏，入吾地三日，逃亡者已过半矣。"庞涓完全不考虑减灶这个变动在大的军情判断中起什么作用，有多大意义，只抓住一点，就轻率地做出大的结论。庞涓之不智就在于他作了"抽象思维"，没有对具体事物做具体分析。

上面的例子说明了：不知道从整体看问题，从多样性的统一中看问题，抓住事情的一个方面，或者一种现象，就以为是事情的全部，这正是抽象思维，是片面看问题。我们平常所说的"攻其一点，不及其余"的方法，也就是这种方法。用这种方法，当然是不可能说出或把握任何真理的。

列宁所规定的关于帝国主义的概念，是把握具体真理的一个很好的范例。列宁写道："帝国主义是发展到这样一个阶段的资本主义，在这个阶段上，垄断组织和财政资本的统治业已确立，资本输出具有特别重大的意义，国际托拉斯已开始分割世界，最大的资本主义国家已把全球领土瓜分完毕。"[①]"帝国主义是寄生的或腐朽的资本主义"，"帝国主义是垂死的资本主义"[②]。列宁所规定的关于帝国主义的这一具体概念，就是由这个定义中所包含的许多主要规定彼此有机地联系起来的一个整体。在这个概念中，列宁正是从各个方面、各个规定的统一和相互联系中，而不是从某一个片面来说明帝国主义的。反之，第二国际机会主义者考茨基所下的帝国主义的定

① 《帝国主义是资本主义的最高阶段》，《列宁全集》第22卷，人民出版社1958年版，第259页。

② 《帝国主义和社会主义运动中的分裂》，《列宁全集》第23卷，人民出版社1958年版，第103页。

义，就是片面的，因而也是抽象的。考茨基说："帝国主义是工业资本主义高度发展的产物。帝国主义就是每个工业资本主义民族力图愈来愈多地吞并或征服农业（着重号是考茨基加的）区域，而不管那里居住的是什么民族。"[①] 列宁指出：考茨基的"这个定义是根本要不得的。因为它片面地、武断地单单强调了一个民族问题（虽然这个问题就其本身以及它对帝国主义的关系来说，是极其重要的），武断地、错误地把这个问题单单同兼并其他民族的那些国家的工业资本联系起来，又同样武断地、错误地强调了兼并农业区域这一点"[②]。从列宁对考茨基的定义的批判中，可以清楚地看到，真理的具体性就在于它的全面性；片面性是与具体性不相容的。

任何总的、普遍的原则，都是从具体事物中概括出来的具体真理。人们对具体事物进行概括，得出某个总的、普遍性的原则，也就是得出了某个具体真理。这个总的、普遍性的原则又可以指导我们去认识具体事物。当我们运用这个原则时，必须结合当前特殊的、具体的情况和条件，对具体事物作具体分析，使总的、普遍的原则具体化；如果不顾当前特殊的、具体的情况和条件，生搬硬套这些总的、普遍的原则，那就是把普遍原则变成不可捉摸的纯粹抽象的公式，就是抽象地对待具体真理。这当然是不对的。但是，在联系当前特殊情况和条件来运用总的、普遍的原则时，也一定要从多样性的统一中看问题。客观事物中所包含着的许多方面并非都居于同等地位，都具有同样意义。它们中间总是有些方面对于总的原则起着决定性的作用，具有本质的意义，这些方面如果有了改变，总原则也要随之加以修改；可是另外也有许多方面对于总原则只有非本质的意义，其所起的作用并不重要，它们的改变并不影响总原则。我们说对具体事物要作具体分析，这就是要我们从多样性的统一中看问题，看看当前特殊的具体情况和条件在总体中占据什么地

① 转引自《列宁全集》第22卷，人民出版社1958年版，第260页。

② 《帝国主义是资本主义的最高阶段》，《列宁全集》第22卷，人民出版社1958年版，第260页。

位，具有何种意义。如果它们是起决定性作用和具有本质意义的方面，那诚然要适应当前特殊的、具体的情况和条件，对旧的原则作适当的修改；不这样做，不能算是认识了真理的具体性。但如果当前特殊的情况和条件在总体中并不具有本质的意义，那么，尽管表现总原则的形式可以有所不同，却并不因此而影响总原则的现实性和有效性。如果因为一点不重要的特殊情况和条件的变动，就据以改变总的原则，这也只能叫"抽象思维"，决不是什么对具体事物作具体分析。

一切新老修正主义者对帝国主义的观察，就犯这种"抽象思维"的毛病。他们总是看到帝国主义发展中的某些变动，就作出或者实际上作出帝国主义的本质、本性已经改变，帝国主义的根本规律已经改变的结论，并且按照这种观点去制定策略。列宁说，修正主义者总是"把资本主义发展的某种特点或某一'教训'加以夸大，发展成片面的理论和片面的策略体系"①；自以为把握了真理的具体性，实际上这是对具体真理的嘲弄。

总之，要想把握具体真理，必须在多样性中发现其间的统一性，必须从一个方面与其他诸方面的错综复杂的联系和关系中看问题。根据一个片面便遽尔得出普遍结论，看到一个细小变化便据以改变总的原则，这种方法，貌似具体看问题，实际上是形而上学的"抽象思维"，是我们应该避免的。

（原载《红旗》1962 年第 2 期）

---

① 《欧洲工人运动中的分歧》，《列宁全集》第 16 卷，人民出版社 1959 年版，第 347—348 页。

[14]

无家可归与有家归未得

每个人都眷恋自己的家，其实，这个家不一定指有形的家。有形的家如果不是和睦相处，家也就变成了枷。可见人们所眷恋的家，从根本上讲，不在有形，而在无形。有形的家之所以值得眷恋，首要的也是因为家里人心心相印，能说出自己的心声。基尔凯戈尔说过："一个人必须以他的思想作为他生活的家，否则，所有的人就都要发疯。"人是多么需要有自己的思想、自己的心灵作为安身立命之所啊！陶渊明因"无适俗韵"，不愿"以心为形役"，故作"归去来兮辞"，他实则是以他"本爱丘山"之"性"为家。李白诗云："人生在世不称意，明朝散发弄扁舟。"这里说的也是弃冠簪不仕，而思以扁舟为家。元结的诗："思欲委符节，引竿自刺船；将家就鱼麦，归老江湖边。"其意境大致与李诗相似。丘山也者，扁舟也者，鱼麦也者，皆非实际的家，但只要有自己真实的性灵，独特的思想，就有了各自最眷恋的家。

如何识别一个人有家还是无家？有一条最简便的办法。"口舌，代心者也。"看一个人说些什么话和怎样说话，就可以知道他是有家还是无家，是有心（有思想）还是无心（无思想）。海德格尔描写过人的这样一种言谈状态：“只要人家说过了的，只要是名言警句，就担保是真实的与合理的，”因而可以照说无误。这种言谈“从不以得之于心的方式表达自己，而是以人云亦云、鹦鹉学舌的方式表达自己”。“本来无根基的东西，通过这种方式的言谈，反而建立起权威性，”成了“公认的”“公众意见”，这种意见“规定着我们看什么和怎样看”。作这种言谈的人，“无需先把事情据为己有就懂得了一切”，他因得到“公认”而“免遭失败的危险”，他可以“振振有词”地这样大谈一阵而立于不败之地。海德格尔指出，这种言谈倒也“不必意在欺骗”，但它毕竟是“无根基的”，所以它不是“敞开”真实，而是“封锁”真实。海德格尔总括人们的这种言谈方式，把它称为人的“非本真状态”或“沉沦状态”。什么叫做“沉沦”？什么叫做“非本真”？用我们的语言来说，就是“丧家”。按这种方式言谈的人，没有自己的思想，也没有自己的语言，实在可以说是一个无家可归的人。

最可悲的是，在历史上，无家可归之人往往要迫使他人有家归未得。袁宏道曾斥责那些只会说别人说过的话的人，“句比字拟，务为牵合，弃目前之景，摭腐滥之辞”，但由于这样的人有“一唱亿和”之势，遂能“倚势欺良”，“见人有一语不相肖者，则共指以为野狐外道”，于是“有才者诎于法，而不敢自伸其才”。这些“有才者”有自己的思想，有自己的语言，也可以说有自己的家，只因同那些“句比字拟”、“摭腐滥之辞”的人“语不相肖”，便“不敢自伸其才”，他们除了兴“有家归未得”之叹以外，还有什么办法呢？

海德格尔把这种状况讲得更明白、更深刻。他说：人云亦云式的言谈方式本来就“封锁”了真实，而特别由于人们在作这种言谈时，总以胜利者自居，总是自以为是，因此他们便“以某种特殊的方式，压制每一新的诘问”，“这就更加深了封锁”。封锁真实，压制诘问，是无家可归者对付有家归未得者的惯用伎俩。其结局会是如何呢？海德格尔作了这样的描绘：“每个人从一开头就窥测他人，窥测他人如何举止，窥测他人将应答些什么”。这是“一种紧张的、两可的相互窥测，一种相互偷听。在相互赞成的面具下唱的是相互反对的戏”。

（原载《西北军事文学》1992 年第 4、5 期）

[15]

两个时代两代人

——回忆“文化大革命”前的《哲学》专刊

《光明日报·哲学》专刊从1954年创刊到现在三十多年，整整一代人的时间过去了，回想起来，不免有隔世之感：当年在《哲学》专刊上初露头角的青年，现在有许多已成为哲学界的名人了；当年在《哲学》专刊上活跃的一代人，现在似乎逐渐为新的一代人所代替了；当年在《哲学》专刊上已经初步得到介绍和阐释的学说、思想，现在有许多已经大大深化和系统化了；当年在《哲学》专刊上受到批判的观点，现在有许多已经洗刷了被一时蒙上的污垢，而以其本来的面貌出现在人们的眼前了；当年在《哲学》专刊上反复争论的一些主题，现在有许多似乎已自行消散，而为一些新思想、新问题所代替了。如果说，一般刊物都必然打上时代的烙印，那么“文化大革命”前的《哲学》专刊则更直接地与那个时代的背景联系在一起。

《哲学》专刊的刊头由著名哲学家艾思奇题写，发刊辞由著名哲学家潘梓年撰稿。登载的内容分辩证唯物论与历史唯物论（包括马列主义哲学史在内）、中国哲学史、西方哲学史、伦理学、逻辑学、美学、自然辩证法等几个方面，其中以辩证唯物论与历史唯物论为主。编委会由北京大学哲学系、中国科学院哲学研究所、中央党校哲学教研室、人民大学哲学系四个单位各派一至数人组成（开始一段时期只有北京大学和中央党校两个单位），以北京大学为主，北大哲学系系主任金岳霖教授和郑昕教授先后任编委会主任，编委中北大占四至五名，其余单位各一人。自1954年创刊至1958年底，由黄楠森同志负责全面的实际编辑工作；自1958年底至1966年，这项工作改由我担任。下面我主要地谈谈我负责的这大约八年时间的工作。

《哲学》专刊在开始一段时期里，是我国唯一的哲学刊物，再加上专刊具有通俗性，所以来稿比较多。为了使稿件能及时得到处理，也为了充分发挥专家判定稿件的作用，我们从创刊起到1966年暂时停刊止，一直实行全体编委分别审稿的办法。稿件收到后由报社或编辑负责人按内容门类，按编委专长分送各编委审阅，签署意见，然后由编辑负责人根据编委意见再次审定并作出编辑安排，发至报社。报社有专人与编辑负责人联系，报社在有不同意见时，再与编辑负责人商议。那时，《哲学》专刊生机盎然，不但稿源充足，经常收到读者与作者关心专刊的来信，编委们也大都作为专家发挥自己之所长，仔细阅读来稿，积极提出详细的建议或修改意见。有的编委在一段时期内曾以每周一两天的时间用于审稿，其认真负责的精神可以想见。我自创刊起一直分工审阅西方哲学史的稿件。在负责专刊具体编辑工作期间，曾由报社与北大哲学系主任商定，我每周以两天的固定时间用于专刊的工作。编委会成员没有一个是搞过专业编辑工作的，我也是如此，但我在那段期间不但学得了一些编辑知识，并从编委和作者那里学得了我的专业——西方哲学史以外的一些学术上的东西。更为重要的是，开阔了胸襟，学会了不单从作者一面看问题，也从读者和编者多角度看问题的方式和方法。这不单是一个不同职业的人互相了解的问题，按照现代解释学的理论，读者和编者也都是作者的参与人。我在专业写作方面的某些进步，未尝不可以归功于那段期间所从事的编辑工作。

《哲学》专刊是一个以雅俗共赏为特点的刊物，既强调通俗性，又注意学术性，它不排斥一些引经据典的长篇大论，但多数文章还是比较短小，所以作者面和读者面比较广泛。“文化大革命”前，全国能登哲学文章的刊物一直寥若晨星，专刊不能按一般报纸副刊的要求，专登通俗文章和短文，而是长短都有。我们要求短文具有研究基础，同时也适当发表一些学术性比较强的篇幅较长的研究论文，这对于发展哲学事业无疑会起到积极作用。后来的事实也证明，现在的不少哲学专家，他们的研究工作最初是从《哲学》专刊这块园地上起步的，他们的科研能力最初也是在《哲学》专刊这块园地上受到锻炼的，他们的第一篇名作是在《哲学》专刊上问世的。《哲学》专刊的确起到了培养一批哲学专家的作用。

由于时代的不同，当年没有像现在这样流行一种把作者划分为中青年与老年的提法，而经常出现的是“旧社会出身的知识分子”与“新社会培养的知识分子”的区分。“旧社会出身的知识分子”，其中有的是老年人，但也有相当一个多数都是现在说的中年人。由于背上了“旧社会出身”的包袱，他们较少写文章，《哲学》专刊上发表的文章还是青年人居多，没有背上“旧社会出身”的包袱的人居多。与此相应，来稿和刊载的文章几乎没有认真介绍和阐发西方现代哲学思潮的内容，如果说有的话，那就是立足于批判。在那个时代，熟悉西方现代哲学思潮的人因为是“旧社会出身”而不敢写或不愿写，而“新社会培养的知识分子”又对西方完全隔膜，这就很自然地造成了当年《哲学》专刊上缺乏认真研究西方现代哲学思潮的空白现象，更谈不上结合西方思潮谈个人人生哲学的文章。

那个时代，可以说是一个用我们很不熟悉的马列主义冲击其他一切哲学思想观点的时代。专刊上往往要发表文章，讲解什么是列宁的物质定义，什么是黑格尔的“合理内核”和费尔巴哈的基本内核。现在看来，这些问题已经老掉牙了，但在那个时代里却显得很新颖。当年的《哲学》专刊曾热衷于这一套，现在的许多哲学界人士当年曾借《哲学》专刊的园地在这方面辛勤耕耘过。应该说，《哲学》专刊对于宣传和讲解当时大家都觉得很新颖的马列主义哲学的基本知识，起了一定的作用。我以为这一点是不能否认的。但新颖也同时意味着不熟悉。我觉得应该引以为憾的是，抱着独断的态度，用自己所不熟悉的东西去抹杀别的哲学学说，特别是西方现代哲学。这不能不使哲学走上一条自我封闭的道路。

解放后哲学界的几次大论战，就我负责的那段时期来说，有两次（即思维与存在同一性问题的论战与合二而一问题的论战）都是由《哲学》专刊开始的。或者说得具体点，第一篇公开的文章是在《哲学》专刊上发表的。一般地说，学术讨论总会起到活跃学术空气，促进学术发展的作用，何况《哲学》专刊在这两次论战中毕竟发表了一些在哲学基本观点上至今仍然有价值的文章。遗憾的是，这两次论战都受到了政治上的直接干预。关于思维与存在同一性问题的文章，有很多都由当时的中宣部审查。关于合二而一的讨论，从一开始中宣部发现"问题"后，就指令：凡打算刊登的文章都要送审，接着就把关于合二而一的讨论直接包揽下来，要光明日报社将这方面的全部来稿不再送到我的手中，而直接交中宣部，中宣部一时成了《哲学》专刊关于合二而一问题的编辑部。所有这些政治上的直接干预都是发生在那个时代的事。人们处在那个时代里，一般地说并不觉得怎么不合理，也不敢说一声不合理。时代曾经把枷锁套到了哲学的脖子上，今天，时代变了，枷锁正在打开，我们似乎敢于提出联邦德国著名哲学家哈伯马斯的建立在合理性基础上的"沟通理论"来与那个时代作个对比了。哈伯马斯主张在"理想的对话情境"里让每个人都有相同的机会和条件，通过自己的论证与别人进行理性的自由讨论，一个人之所以能接受对方的意见，是通过别人的理性的论证和自己的理性的独立自主性，而不是通过外来的压力，不是由于害怕有现实的权势作后盾。哈伯马斯认为，通过理性共识之建立，才可以真正尊重他人，探求真实。

《哲学》专刊除较多地刊载辩证唯物主义与历史唯物主义、马列主义哲学史方面的文章外，也发表了不少中外哲学史，逻辑学方面的论文，还有少量伦理学、自然辩证法、美学方面的内容。专刊曾花了一些篇幅刊载关于形式逻辑性质等问题的争论，引起了我国学术界在解放后研究逻辑学的兴趣。中外哲学史是专刊的一个很受重视的领域，特别是在每次政治直接干涉哲学的大论战的高潮过去之后，中外哲学史方面的研究性论文就发表得比较多；外国哲学史方面的文章不像现在这样很难找到发表的机会。《哲学》专刊在推动解放后中外哲学史的研究方面起了很大的作用，也是有成绩的，这个领域所受到的政治干预也最少。发表文章时，主要是看质量，看学术价值，作者可以比较自由地发表己见。

回忆"文革"前的《哲学》专刊，不能不提一提工、农、兵学哲学。1958年前后，为了响应毛泽东的号召，《哲学》专刊曾经一度大登工农兵学哲学的文章，什么说《水浒》讲哲学，什么说《三国》讲哲学，什么连队学哲学、车间学哲学、棉花地里出哲学，甚至老太婆学哲学，如此等等，热闹非凡。有一期甚至整版都是这个内容，听说毛泽东阅读过并大为称赞。我至今不知道究应如何评价这一度几乎可以说是由《哲学》专刊掀起的全民学哲学的高潮。说它把哲学庸俗化了，我认为确有这个现象；还有，那次高潮中有一些作假的现象，即文章是由别人捉刀代笔的。除此以外，关于工农兵学哲学所涉及的一系列哲学问题，我此刻还没有认真思考过，没有作过研究，也就不能作出任何回答。我只是有一点感想，觉得哲学这个东西既玄远，脱离现实，又很切近实际，为人生所不可须臾分离。哲学似乎居在冷宫里，寂寞孤独，像仙女思凡，总想下到人间。"文革"前的工农兵学哲学，似乎是那个时代里的一次哲学下凡。现在提倡管理哲学、商业哲学，则使我感到这好像是现时代里的另一次哲学下凡。当然，两次下凡的形势、内容和深度都不一样，这里就不多说了。我的兴趣倒是在于思考一个问题：传说中的仙女下凡总是以被迫重回天界告终，那么，哲学这个仙女下凡的命运究竟会怎样呢？哲学的本质是否决定它只能思凡而不能下凡呢？

（原载《光明日报四十年》，光明日报出版社 1989 年版）

[16]

耕耘在《光明日报》的园内与园外

10年前《光明日报》创刊40周年之际，我曾写过一篇题为《两个时代两代人》的文章（载《光明日报四十年》，光明日报出版社1989年版），对《光明日报·哲学》专刊自1954年创刊至1966年停刊特别是自1958年至1966年我负责全面的实际编辑工作期间的一些情况，作了比较详细的介绍，转眼间，又迎来了《光明日报》50周年纪念，不免有些新的话题。

这10年间，我发表文章最多的园地要数《光明日报》，文章的主题绝大部分都是有关中西哲学结合的问题，这反映了我自80年代初以来哲学研究范围的一个新的转向。50年代初，我开始专攻德国古典哲学，特别是黑格尔哲学，我的第一篇较长的论文《关于黑格尔辩证法的几个问题》，就是1955年夏季在《光明日报》上发表的，连载了两天。不久，上海人民出版社编辑来我家约稿，要我以这篇文章为基础，写成一本小册子，由他们出版，次年，此文便以《论黑格尔的哲学》为书名问世，这算是我的第一本书。到60年代初，此书重印和再版共10余次，发行量总计十几万册。追本求源，

我的黑格尔哲学研究和德国古典哲学的研究不能不说是从《光明日报》起步的。80 年代初，我的研究范围逐渐由德国古典哲学转向德国现当代哲学，特别是狄尔泰、海德格、伽达默尔哲学。我感到海德格等人的哲学与中国古代哲学特别是道家哲学有许多相似相通之处，于是陆续写了一些人们通常称之为中西哲学之比较研究的文章，这就是为什么近十年来我在《光明日报》上发表的文章几乎全都是有关这方面的主题的原因。我不爱“比较”二字，一是因为这两个字把复杂的研究工作太简单化了；一是因为我个人近一二十年来所致力的目标不是研究中西哲学本身及其异同，而是想结合中西哲学，考虑一些哲学问题，寻找一条哲学的新思路、新方向。1992 年和 1996 年，《光明日报》曾先后两次刊登了我的访谈录，都谈到了我的哲学转向和近一二十年来我研究哲学的旨趣。可以说，《光明日报》记载了我的哲学足迹，我的学术生涯与《光明日报》是分不开的。

作为《光明日报》的一名长期的作者，我很感谢它。但我有幸也曾经兼任《光明日报》《哲学》专刊的编辑，而且长达 12 年之久，其中 8 年，每周固定两天专操此业，应该说算得上是《光明日报》的园子以内的人了。我作为一名编辑，深深地体会到办报纸和当教师一样也是一项培育人才的光荣事业。《哲学》专刊是一个以雅俗共赏为特点的刊物。“文化大革命”前，全国能登哲学文章的报刊一直寥若晨星，专刊不能按一般报纸副刊的要求专登通俗文章和短文，而是长短兼有，不排斥一些引经据典的长篇大论和学术性较强的研究论文，这对于推进我国哲学研究、发展学术事业无疑起了积极的作用。后来的事实也证明，现在的不少哲学专家，他们的研究工作最初是从《哲学》专刊这块园地上起步的，他们的科研能力最初是在《哲学》专刊上受到锻炼的，他们的第一篇名作也是在《哲学》专刊上问世的。《哲学》专刊的确起到了培养一批哲学专家的作用。我想，现在 60 多岁到 80 多岁的不少名家应该都是很好的见证人。近几年来，有时不免要和当年在一起编辑过专刊的同事闲聊起这件事，大家总是为当时的《光明日报》创办专刊之举同声赞叹，当然也以自己参与过编辑工作为荣。现在学有所成的专家有的在见面时提到："当年我的第一篇论文是在《哲学》专刊上发表的，应该感谢你。"每当听到这类话时，我心中总有说不出的愧喜交集之感，喜的是专刊的确培养了一批人才，愧的是我那时也是一个正在接受培养的青年，编者和作者不过是在同一块园地上耕耘和受锻炼的园丁。

当然，以专刊培养了一批人才为荣，这只是近些年来看到那时的青年作者今天已众多成才之后的心情，如果要问我当年编辑专刊时的感受，那却是有苦难言的时候居多。首先是《哲学》专刊的作者面广，来稿有时积压"成山"，我从未有过掌握"杀伐大权"的念头，更多的是担心伤害了作者，得罪了作者，这是其一。其二，最害怕的是怕犯政治错误。一切都要听党的话，这是党训，具体落实到人头上就是一切都要听某个当权的党员干部的话。我不是党员，无从听到党的直接指示，看到党的内部文件，看来稿主要是凭学术标准，而当时的学术标准与政治标准往往没有区分，政治标准又往往以当权的党员干部的话为依据，我的处境可想而知。最突出的一个例子是关于合二而一问题的大论战。这次论战是由我负责期间的《哲学》专刊开始的，或者说得具体点，第一篇公开的文章是1964年在《哲学》专刊上发表的。这篇文章由光明日报社转到我手中，我看后只觉得有学术水平，便签了"可用"字样，记得似乎还注明了可放在头栏的意见（记不清），报社见到我的签字后有过什么举措，我不得而知，反正很快就见报了。接着是个星期六，住在我家后面的一位哲学系同事从设在民族文化宫里的"哲学反修资料编写组"回家（他当时已从北大借调到这个小组工作），他见到我劈头第一句话："张世英啊，你闯下大祸了，你的《哲学》专刊上发的那篇讲合二而一的文章出问题了。"我心中忐忑，问他怎么回事，他也没有具体回答，他是党员，我不便多问。很快，光明日报社通知我：上面（我一直记得说的是中宣部，只是到前几年才从一本书中知道是指的康生）已发现合二而一的文章有问题，指令凡打算刊登的文

章都要送审。接着，上面又要光明日报社将这方面的来稿一律不再送到我手中，而直接上交。我心中虽觉不快，但处在那个时代，对政治直接干预学术的事也并不觉得怎么不合理。当时，光明日报社一位和我经常联系编务的同志安慰我："好在你不是党员"。我在负责专刊期间，一直和报社的同志们保持着很好的友谊。但"文革"期间，我还是就这个问题写过交代检查，遭到过盘问。前不久，应某出版社之约，编写《黑格尔读本》，当写到黑格尔主编《班堡报》期间，虽谨慎从事，仍屡遭追查，终因失望而辞职。每当忆及这一段情节时，不禁浮想联翩，感慨万端。好在时代套在哲学的脖子上的枷锁正在打开，"光明在望"，我对中国哲学思想发展的美好前景仍然抱有信心。

[17]

一本延误了二十年的写作

——《论黑格尔的精神哲学》自序

大约在1965年以前，我就准备撰写《论黑格尔的精神哲学》，当时已细读了1830年第三版《哲学全书》的第三部分即《精神哲学》，并根据《黑格尔全集》格洛克纳版比较系统地摘译了其中重要的段落，还作了一些批语。正打算动笔写作之际，“文化大革命”开始了，那些材料一直装在一个纸糊的口袋里。1982年初，由于一些同志的催促，加上《黑格尔〈小逻辑〉绎注》一书已经完稿，才正式开始写作现在的这本著作。17年的时间过去了，原已积累的那点材料很少翻阅，但经过长时间生活的播迁，那个纸口袋却已磨损得不像样子，特别是由于我个人的敝帚自珍之心，在动乱中我为了收检，总爱抚摸它，加上1982年开始执笔以来，时作时辍，直到1984年“五一”以后才真正集中精力撰写此书的绝大部分，这就更为这个纸口袋增添了“古色古香”。当此书脱稿之际，我所特别珍惜的，与其说是那些材料，倒不如说是那个纸口袋了，因为它记录了1965年以来我的生活经历。二十年来的人世沧桑使我深深感到，哲学的

中心课题应该是研究人，回避人的问题而言哲学，这种哲学必然是苍白无力的。我现在以为，能否认识这一点，是能否真正理解黑格尔思想的关键。1965年我虽已为写作这本书作了些准备，但那时并没有这个基本想法，至少是对这点体会不深，我想，当时即使完成了这本书，也不可能以现在这样的面貌出现，距离真正揭示黑格尔精神哲学的精髓将更远。从这方面说，我倒是应该向时间致谢。当然，这本书的篇幅和质量同20年的时间相比，实在太不相称了，这又不能不使我感到汗颜。

黑格尔的精神哲学是他的全部哲学体系的顶峰，用他自己的话来说，是“最高的学问”。而精神哲学就是关于人的哲学。人的本质在黑格尔看来是精神，是自由。我正是想把黑格尔的这个基本观点贯穿全书。《精神哲学》从“主观精神”到“客观精神”以至于“绝对精神”，就是讲的人如何从一般动物的意识区分开来，达到人所特有的自我意识，达到精神、自由，以及精神、自由的发展史。人的精神本质或自由本质是在《精神哲学》所描述的诸如自我意识、理论、实践、法权、道德、家庭、社会、需要、劳动、国家、艺术、宗教、哲学等等一系列的环节或阶段中来逐步实现的，精神、自由和上述这些环节所构成的整个体系是一而二、二而一的统一体。离开这些环节而谈精神、自由，则精神、自由必然是空洞抽象的，人生的意义也必然是虚无缥缈的。反之，离开人的精神本质或自由本质而谈其中任何一个环节，则这些环节必然成为僵死的、无灵魂的躯壳。黑格尔的这些思想是建立在唯心主义基础之上的，但又确实是很深刻的，比起一切旧唯物主义者在这方面的论述要高明得多。黑格尔强调，西方近代哲学的一个重要特征是重视人的精神本质或自由本质，重视人的“主体性”（Subjektivitaet）。我们亟须批判地吸取西方近代哲学的这个优点。

本书所根据的黑格尔原著，是以1830年第三版《哲学全书》的第三部分即《精神哲学》为主（我所用的版本主要是《黑格尔全集》格洛克纳版和《黑格尔著作》理论版），兼及他的其余著作。“主观精神”部分几乎全部取材于《哲学全书》的第三部分。“客观精神”部分，由于原来在《哲学全书》第三部分中所占篇幅较少，我在论述中大量增加了与之相应的1820年的《法哲学原理》的内容，并较多地引用了伊尔亭（Karl Heinz Ilting）编辑出版的四卷《黑格尔法哲学》（第1卷于1973年出版；第2—4卷于1974年出版）。我不同意所谓黑格尔在1820年《法哲学原理》中的观点和此书出版前后他几次讲课中的观点包括关于君主权限的观点有根本不同的说法。1820年的《法哲学原理》系由黑格尔亲自写作出版，文字上较多修饰，用语比较审慎、严谨，没有像讲课那样爽朗、明快、利落，但只要仔细阅读和揣摩1820年的《法哲学原理》，并不难阐明黑格尔在这部著作中所贯穿的关于人的自由本质的观点，不难发掘其进步合理之处，对这部著作作出公允的评价，从而也不难看出黑格尔的这部著作和他的几次法哲学讲演在基本观点上并无本质的区别（当然，伊尔亭版《黑格尔法哲学》中所包括的一些黑格尔的学生的听课笔记确实更有助于阐发黑格尔思想的进步合理之处）。本书的这一部分颇想在这方面作些努力，至于其他一些涉及考证的问题，并非本书的课题。就我们国内来说，解放后长期存在着贬低1820年《法哲学原理》的思想倾向，我个人虽然没有写过这方面的专论，但也曾有过这样的看法，本书的这一部分就算是我第一次认真钻研这部著作的读书笔记吧。“绝对精神”在《哲学全书》第三部分中所占篇幅最少，而与之相应的美学、宗教哲学、哲学史等几个讲演录又卷帙浩繁，宜另写专著，所以本书的这一部分仅以《哲学全书》的“绝对精神”部分为主要线索作简要的概述，其中也采用了美学和宗教哲学两个讲演录的内容，至于《哲学史讲演录》的内容，除个别引文外，基本上没有论列。

1985年2月20日

[18]

《自我实现的历程——解读黑格尔的〈精神现象学〉》自序、导言及后记

一、自　序

人要想实现自我，创造一个辉煌的世界，达到万物与我为一的崇高境界，或者用黑格尔的语言来说，达到“主体与客体同一”的“绝对知识”（精神现象学的最高阶段）的高度，总得与物打交道，与人打交道；不仅是与个人打交道，而且是与整个人类社会、人类历史打交道。这里所谓打交道，就是包括认识在内的全部生活实践，亦即作为主体的我与作为客体的他人、他物发生各种关系的过程。按照黑格尔的说法，这一自我实现的过程是漫长而又艰苦的，不是靠“手枪发射式”的“直观”或浪漫主义的空幻言词就可以完成的。孟子说：“天将降大任于斯人也，必先苦其心志，劳其筋骨，饿其体肤，空乏其身，行拂乱其所为，所以动心忍性，曾益其所不能。”（《孟子·告子下》）这就启发了我们，一个伟大的人格，一种“上下

与天地同流”(《孟子·尽心上》)的浩远境界，必须具有克服和战胜各种对立面的内在动力，黑格尔称之曰“否定性”。人的自我实现就是一个否定性的辩证过程，靠着这种否定性，人才能一步一步地冲破重重阻力，吞食各种对立面，不断地扩充自我，从而实现自我。黑格尔的《精神现象学》就是一部描述人为了实现自我、达到“主客同一”所必须通过的战斗历程的伟大著作。

《精神现象学》的主要特点之一是强调自我实现的历程的漫长性、矛盾性与曲折性，其矛头所向是谢林的浪漫主义的直观哲学，不了解这一点就不能理解黑格尔的精神现象学。在中国哲学史上，庄子主张通过“心斋”、“坐忘”以达到“天地与我并生而万物与我为一”(《庄子·齐物论》)的境界，“心斋”、“坐忘”多少有点类似谢林的浪漫式的直观方法，不免有“手枪发射”、一蹴即就之嫌。孟子主张通过“强恕”、“求仁”、“反身而诚”以达到“上下与天地同流”，这是走的一条非浪漫式的道路。相对地说，黑格尔所走的道路与孟子相近，但这只是就孟子与庄子相对比而言。孟子作为东方的中国古代哲学家，当然远未能达到西方近代的主客关系的思维方式的水平和与之相联系的“主体性原则”，我们不能要求孟子把他所走的非浪漫式的道路提高到主体与客体对立、矛盾和克服对立、矛盾的高度。黑格尔是西方近代哲学之集大成者，他把西方近代的主客关系式发展到了完善的顶峰，其主要表现就在于，他认为主体与客体的同一是一个主客二者由对立矛盾到统一，又由统一分裂为对立矛盾，再到统一，如此不断对立、不断统一的漫长曲折的过程。这样，在黑格尔那里，“主客同一”、万物与我为一这一最终的哲学目标便显得是一个“身经百战”、“遍体鳞伤”的“战将”而出现于我们面前，就像美国著名黑格尔主义哲学家鲁埃士(J.Royce)所说的那样。过程比结论更真实，血迹斑斑比最后的胜利更灿烂辉煌。这就是《精神现象学》所给我们的最大启示。

《精神现象学》是黑格尔青年时期的著作，比起后来成熟时期的著作来，更具朝气蓬勃、奋发向上的精神。尽管它是唯心主义的，

未脱西方传统形而上的主客关系式的窠臼，距离西方现当代的超主客关系思想尚有一步之遥，却仍然对我们今天的思想发展，特别是对正在向现代化迈进的中国哲学的发展，有很大的启发意义。

二、导言（节录）

1. 黑格尔哲学在西方哲学史上的历史地位和作用

黑格尔的哲学思想从早期到体系成熟期有很大的转变，例如在对待康德哲学的态度上从赞同到批判，在宗教与哲学的关系问题上从宗教高于哲学到哲学高于宗教，在审美与理性的关系问题上从审美高于理性到理性高于审美。他的早期思想已在前面作了简要的介绍，下面论述的是他的体系成熟期的哲学。

西方哲学史上关于人与世界万物的关系问题的看法，或者说，思维方式，粗略说来，经历了三个主要阶段，古希腊早期哲学不分主体与客体，按照德国现当代哲学家海德格尔的说法，就是强调人与存在的“契合”（Entsprechen）。黑格尔也说过：古希腊人“同时也有一个前提，这前提就是精神的东西与自然的东西的合一的东方式的实体性”，“希腊人以自然与精神的实体性合一作为基础、作为他们的本质”。[①] 这都说明，古希腊早期哲学有某种类似中国古代的天人合一的思想之处（尽管其间有所不同）。

由智者作准备、经柏拉图加以实现的哲学观点，是西方哲学史上的第一个转折点。自柏拉图以后，哲学主要地不是讲人与存在的“契合”或“自然与精神”的“实体性合一”，而是把存在当作人所渴望的一种外在之物来加以追求的东西。柏拉图哲学可以说开了西方“主体—客体”式或称主客关系式（又叫“主客二分”）之先河。但严格意义下的“主体—客体”式是由笛卡尔开创的近代哲学之事。“主体—客体”式不仅指主与客的分离对立，而且包括通过认识而达

① 《黑格尔著作》理论版，第18卷，第176页。

到的主客统一。“主体—客体”的思维模式，其要旨就是认为主体（人）与客体（外部世界）原来是彼此外在的，人为主，世界万物为客，世界万物只不过处于被认识、被利用和被征服的对象的地位，人通过认识、利用和征服客体以达到主客的对立统一。这种思维模式在欧洲经过了一个长期的成长和发展的过程，到欧洲人从基督教的中世纪的冬眠中觉醒以后才取得明确的形式，至18世纪末19世纪初德国古典唯心主义哲学家康德、费希特、谢林、黑格尔等人克服了17世纪到18世纪机械的因果决定论对人的主体性的束缚，把这个思维模式提高到了一个新的阶段，他们给哲学规定的任务是在主体占主导地位的基础上力求使主体与客体统一起来，主体或主体性在他们的哲学中都占中心地位。但康德哲学中仍有二元论和不可知论的思想，费希特的自我仍受制于非我的阻力，谢林的主客统一缺乏发展的过程，唯独黑格尔继承和发展了前人特别是康德、费希特和谢林的思想，克服了他们的缺点，把绝对主体（绝对精神）这一最高统一体展开为一个主客不断对立又不断统一的漫长的辩证发展过程和体系，从而使他本人也成了西方近代“主体—客体”式的“主体性哲学”之集大成者。

但近代的“主体性哲学”特别是以黑格尔为顶峰的德国古典唯心主义，有吹胀主体、自我的特征，主体、自我或主体性（主体性指“主体—客体”式中主体支配客体的特性，离开主客关系，谈不上主体性）被夸张、抬高和绝对化到唯一的、至高无上的地位，于是本来对发展科学和物质生产起促进作用的“主体性哲学”反而越来越产生了许多流弊：“主体—客体”式被扭曲成物欲横流的理论根据，主体、自我因无限的自负反而违反自然的客观规律，造成环境污染之类的物统治人的现象。黑格尔死后的许多西方当代哲学家如狄尔泰、尼采、海德格尔等人都指出了主客式的局限性，他们认为哲学与人生不仅仅是在外在的主体与客体之间搭上认识的桥梁而已，人的现实生活世界是作为不仅有知（认识）而且有情、有意（包括下意识和本能在内）的人与物融合为一的活生生的整体，在此整体

中，人与世界万物的关系好似灵魂与肉体的关系，无世界万物，则人成了魂不附体的幽灵，无人则世界万物成了无灵魂的躯壳，是无意义的。此种整体显然不同于"主体—客体"式所追求的统一体。所以上述西方现当代哲学家，甚至有的新黑格尔主义者，另外，还有一些神学家，都强调主体与客体的融合或超越主客关系，对"主体"的概念大加批判，他们大多贬低自笛卡尔到黑格尔的主客关系式，把它隶属于他们所主张的主客融合论或超主客关系思想之下，从而达到一种超越必然性的自由境界，而主客关系正是要求主体认识客体中的必然性。例如尼采就不是单纯地停留于对必然性的认识上，而是进一步主张以一种人与世界万物融为一体的"命运之爱"，积极热情地对待现实和必然性（而不是在现实性和必然性面前哀鸣叹息），他认为只有采取这种态度的人才不受主客式及其所认识的必然性的束缚，而成为真正自由的人，这就颇有点类似庄子妻死、鼓盆而歌的"逍遥"一样。当然，西方现当代哲学家中也有一种过激的思想，对主客关系式和"主体性哲学"采取完全否定的态度，甚至提出"主体已经死亡"的口号，这种观点显然是片面的。另外，西方现当代哲学思潮中的主客融合论或超主客关系论，实际上在黑格尔哲学中已经有了自己的思想渊源：黑格尔的一个主要哲学观点是实体即主体，存在即认识（详后），这就预示了他死后的西方现当代哲学的主客融合论。不理解黑格尔的这一基本观点，就很难理解现代哲学的主客融合论，只是黑格尔最终仍然容许了超乎时间之外的纯概念王国的优越性；只强调认识而忽视人是知情意的统一体，等等，从而未摆脱主客式的窠臼。黑格尔死后的西方现当代哲学则基本上已进入超越"主体—客体"式的阶段。由古希腊的主客不分到近代的"主体—客体"式，又到现当代的超主客式，这就是西方哲学史几千年来所走过的历程。黑格尔哲学居于第二阶段的顶峰，它结束了、也总结了西方过去几千年的古典哲学的时代，西方现当代哲学的许多流派为了登上新的历史顶峰都在从各不相同的角度批判黑格尔哲学，但又都以它为自己的发源地和出发点。可以毫不夸张地说，不懂黑格尔哲学，就既不能理解西方古典哲学，也不能理解西方现当代哲学，它是通达西方整个哲学以至整个西方思想文化的一把钥匙。

2. 黑格尔哲学对中国当代的意义

黑格尔逝世前后，他的哲学在德国哲学界占绝对统治的地位，但19世纪30年代后半期，黑格尔学派就已开始解体，分裂为老年黑格尔派即黑格尔右派和青年黑格尔派即黑格尔左派。前者推崇宗教，维护封建制度；后者对宗教采取批判态度，反对封建专制，要求实行资产阶级改革。马克思主义创始人马克思和恩格斯曾是黑格尔左派，后来转向唯物主义，对黑格尔的唯心主义体系进行尖锐的批判，但对黑格尔哲学中以对立统一、矛盾发展为核心的辩证法予以高度重视，把黑格尔的唯心主义辩证法改造成为唯物主义的辩证法。黑格尔满足于解释现实，马克思则进而要求改造现实，但在马克思心目中，黑格尔一直是伟大的思想家。

尽管马克思主义已于五四运动前后开始在中国传播，但黑格尔哲学作为马克思主义思想来源之一在中国广为人知，还是1949年中华人民共和国成立以后的事。在此以前，20世纪初至20年代曾有两三篇一般性介绍黑格尔学说的文章，很少人知道黑格尔。30年代初，为纪念黑格尔逝世百周年，出版了论述黑格尔哲学的专刊，推动了黑格尔哲学的传播。30年代到40年代，翻译和研究、论述黑格尔哲学的学者中少数人把它和马克思主义联系起来，评述他的辩证法；多数学者从新黑格尔主义的立场研究黑格尔，他们中间有的人着重阐述黑格尔的伦理思想和国家学说，把他的哲学与民族至上、国家至上联系起来。

1949年至1976年所谓“文化大革命”结束将近30年的时间里，黑格尔哲学作为马克思主义三个来源之一而备受学术界的重视，翻译和论著之多在西方哲学中首屈一指。学者们对黑格尔哲学的态度主要有两个方面：一是批判它的唯心主义体系，认为他的国家学说是保守的，反动的；二是指出其辩证法的“合理内核”，划清马克思

主义唯物辩证法与黑格尔唯心辩证法的界线。对黑格尔哲学中关于主体性和自由的思想观点一般都不予重视。“文化大革命”以后，学术界对德国古典唯心主义的态度由先前的重黑格尔轻康德转变为重康德轻黑格尔，对黑格尔的研究也大多从新的西方现当代哲学的观点出发。

前面已经说过，在西方哲学史上，以黑格尔为顶峰的主体性哲学已经过时了，但它又是西方现当代哲学的起点，西方哲学要登上新的历史高峰，不能离开黑格尔哲学。而在中国当代，黑格尔哲学则具有更多的意义：这不仅是指中国人要理解西方古典哲学与现当代哲学都需要理解黑格尔哲学，也不仅是指我们还要更深入地学习黑格尔的辩证法，更重要的是要重新学习黑格尔哲学，特别是学习他关于主体性和自由的思想。鸦片战争以后，19世纪末20世纪初的一批先进思想家主张向西方学习，谭嗣同强调我与非我之分，提倡“心之力”，梁启超大力介绍和赞扬笛卡尔和康德的主客关系式，孙中山更明确地宣扬物质精神二元论，其实他们都是召唤西方近代哲学的主体性的精神和原则。五四运动的科学与民主两个口号，从哲学根源上来说，一是要发挥人的主体性以认识自然，征服自然，一是要发挥人的主体性以反对封建统治者的各种形式的压迫。“五四”以后迄今，我们为科学与民主而召唤西方主体性哲学以伸张人的主体性所走的道路实在太曲折、太缓慢了。中国的新民主主义革命推翻封建主义、帝国主义和官僚资本主义，从哲学上来说，也可以说是一场发扬人的主体性的运动。但解放以后，教条主义、变相的封建主义片面地用普遍性、统一性压抑人的主体性，其影响所及，学术界、思想界以至大学的哲学课堂里，在“文化大革命”前就连西方近代哲学自笛卡尔到黑格尔的主体性原则也只字不提，人们甚至对“主体性哲学”这个西方的重要哲学术语也似乎只是到“文化大革命”后才逐渐熟悉起来。从前面我们对黑格尔哲学的介绍可以看到，黑格尔的整个哲学体系以及它的各个部分、各个阶段和环节，几乎无处不贯穿着主客观对立统一和向主体性——自由目标发展的精神和原则，可是我们（包括我个人在内）在“文化大革命”前却完全忽视和抹杀了黑格尔哲学的这条主线，而只是在批判其唯心主义体系和吸取其辩证法合理内核两个标签下打圈子。今天回想起来，难道不应该兴起重新学习黑格尔哲学的愿望吗？黑格尔的“主体性”决非一般人理解的主观、武断、片面的意思。黑格尔本人曾明确地把“主体性”一词界定为自由、独立自主、能动性、自我意识、个人的特殊性、发挥个人的聪明才智、以个人的自由意志和才能为根据等等含义。反之，由他人统治和支配，听命于神谕、迷信和命运，受制于自然，片面地只讲普遍性、统一性，不讲特殊性和差异性，以人的出身、血统为根据等等，在黑格尔看来，都是缺乏主体性。黑格尔的这些思想归结为一句话，就是尊重人的尊严，难道不值得我们今天大力加以提倡吗？在西方近代哲学史上，自笛卡尔的二元论到黑格尔的一元论乃是主体性哲学日益走向完善的过程，我们应该继我国19世纪末20世纪初一些先进思想家们介绍笛卡尔、康德的主体性哲学之后，大力介绍和阐发黑格尔的主体性哲学。中国当前需要继续沿着五四运动所开辟的道路，发扬科学和民主，与此相应的是在哲学上还需要继续召唤西方近代的主体性哲学。黑格尔哲学在中国并未过时，我们应该着重吸取其以主体性——自由为发展目标的基本精神。当然，我们也必须清醒地认识到黑格尔以后西方现当代哲学的崭新发展，站在现当代哲学的高度看待和评价黑格尔哲学。

三、后记

我在1962年41岁时就出版过一本《黑格尔精神现象学述评》（上海人民出版社）的小册子，由于时代的原因，当时主要是立足于批判黑格尔哲学的唯心主义，即使是对他的“合理内核”，也理解得非常肤浅。屈指38年，我已经是白发苍苍的老人了，面对青年时期讲过的同样一本书，同样一些道理，我更深切地体会到黑格尔的

一句名言的含义：青年时期讲过的那些同样的真理，出自老年之口，却包含着他由少而壮、由壮而老的全部生活阅历及其意义。我现在写的这本《解读黑格尔精神现象学》不仅在篇幅上比先前的《述评》扩大了两倍，而且在观点上和解释上都有大不同于过去的新见，主要是从西方现当代思潮最前沿的观点解读黑格尔。这里凝结着我个人38年来由青年人变成老年人的生活经历，其中特别包括我近10多年来阅读西方现当代人文主义哲学家们对黑格尔思想著作的评论和解读的心得体会，当然也凝结着国际思潮的变迁特别是我国近40年来时代的风云变化所给我的影响。黑格尔《精神现象学》所描绘的是人的自我实现的漫长曲折的战斗历程，我深感现在的这本《解读》，对比过去的那本《述评》来说，也是经历了近40年来风雨苍黄的产物。这本《解读》和我过去论黑格尔的那些著作不同的是，它不完全是讲解黑格尔哲学的哲学史著作，而且融汇了我个人近一二十年来的哲学思想和观点。在这方面，我希望有兴趣的读者能特别细读本书第十章“真无限？坏无限？”

《精神现象学》是一部极其晦涩难懂的书，它刚一问世，就遭到读者在这方面的责难。为了把这本《解读》写得能让更多的人接受，我原想摆脱黑格尔原著原文和术语的羁绊，完全按照我个人对《精神现象学》的体会，用自己的语言来行文，就像美国新黑格尔主义者鲁埃士关于《精神现象学》的讲演那样，这样的做法显然有利于快速地把握原书的大意，但很难让读者把我的《解读》与黑格尔的《精神现象学》原著相对照，对于读懂原著来说，收效不大。因此，我仍然采取了大体按原书段落的顺序引证必要的原文和专门术语和夹述夹议夹解释的办法；这样做，文字上难免有些梗塞，但我还是尽量设法增加了书的可读性。读者如想快速了解《精神现象学》的大意，建议先读我的“序”、“导言”中的“精神现象学”部分和第十一章中鲁埃士部分以及附录一：“超越之路”。《精神现象学》的“导论”，是《精神现象学》这本晦涩的书中最晦涩的部分，海德格尔对“导论”作了逐段的解释，他的解释非常深刻，特别是对理解黑格尔到现当代哲学的过渡很有启发，但他写得比黑格尔的原文还要晦涩，我在《解读》的第二章“《精神现象学》的‘导论’”中虽尽量努力把海德格尔的解释写得通俗些，但仍需读者具有加倍的耐心。我想，读者如果没有这方面的兴趣，可以略去这一章不读。

1962年我的那本《述评》问世时，《精神现象学》的中译本下卷尚未出版，因此本书第六章“精神”和以后的章节中所引用的《精神现象学》原文只能由我自己译自荷夫迈斯特德文本，这次因时间比较仓促，没有来得及一一改引后来出版的中译本下卷，希望得到中译本译者的理解。

附录一“超越之路——《精神现象学》的启发”是一篇独立的文章，但它是受《精神现象学》的启发写成的，对读者理解《精神现象学》或将有所助益，特附录于本书之后。

年表除按时间顺序罗列了黑格尔本人的事迹外，还增加了与黑格尔有较深关系的“同时代人”一栏，以便读者联系黑格尔当时所处的环境特别是学术环境来了解黑格尔。

本书不当之处，敬希读者指正。

张世英

2000年10月15日

于北京大学中关园

[19]

《黑格尔〈逻辑学——哲学全书·第一部分〉》中文版序

黑格尔是德国古典唯心主义之集大成者，他结束了西方传统形而上学的旧时代。黑格尔死后，西方现当代哲学家大多对黑格尔哲学采取批评的态度，但正如他们当中一些人所说的那样，现当代哲学离不开黑格尔，甚至其中许多伟大的东西都源于黑格尔。在中国，自20世纪初就有些学者致力于黑格尔哲学的介绍、翻译与评论。1949年中华人民共和国成立以后到1976年所谓“文化大革命”结束，大家所广为传播的观点是按照列宁的说法把黑格尔哲学看成是马克思主义的“三个来源”之一,一方面批判黑格尔哲学，一方面又强调吸取其“合理内核”，黑格尔是当时最受重视的西方哲学家。1976年以来，哲学界由重视西方古典哲学转而注意西方现当代哲学的介绍与评论，黑格尔哲学更多地遭到批评，其总体地位远不如从前了，但不少学者对黑格尔哲学的兴趣与研究却比以前更加深沉、更多创新。“文化大革命”前大家所熟悉的黑格尔重要著作《小逻辑》今天第一次按德文原版翻译出版，便是一个明证。黑格尔无论在西方还是在中国，其名声的浮沉，其思想影响的起伏，正说明他的哲学在人类思想史上所占的历史地位时刻不容忽视，即使是在它遭到反对的时候。他的哲学体系之庞大，著述之宏富，思想内容之广博和深邃，在中西哲学史上都是罕见的；黑格尔特别熟悉人类思想史，他的哲学像一片汪洋大海，融会了前人几乎全部的思想精华；他的著作又往往不是以完成的形态出现；未发表的手稿和听众的课堂笔记层出不穷；加上他生活在人们常说的“德国不幸的岁月”里，不得不采取中国人所说的“为人宜直”、“为文宜曲”的风格，写出一些讳莫如深、模棱两可的文字；当然还有他个人文笔的晦涩——所有这些都增加了我们对黑格尔哲学作整体把握的难度。对于我们中国读者特别是不通德文的读者来说，这种难度当然要更大一些。但只要我们耐心琢磨，仔细玩味，这气象万千的世界必能给我们提供各式各样的启迪和收益，包括一些因受黑格尔思想的启发而提出的反对意见和观点。对于一个作为辩证法大师的黑格尔来说，如果他死而有知，他一定会因为今人在不断变迁的时代里对他的观点和结论提出异议而感到欣慰的。

黑格尔的哲学体系分为逻辑学、自然哲学和精神哲学三部分。关于逻辑学的部分，黑格尔写过两部著作：第一部是他早期出版的《逻辑科学》，第二部是后来出版的《哲学百科全书》中的第一部分逻辑学。后者因篇幅较前者小了一半，被人们称之为《小逻辑》，以别于《大逻辑》，《大逻辑》是后人对《逻辑科学》一书的称呼。《小逻辑》大体上是《大逻辑》的提要。两者的主要差别在于：一、《大逻辑》“量论”部分有很多关于数学方面的材料在《小逻辑》中被删减了。二、《小逻辑》中论哲学和逻辑学的性质与方法部分比《大逻辑》更为详细，而关于西方近代哲学的主题——思维与存在的关系问题亦即黑格尔在《小逻辑》中所说的“思想与客观的对立问题”——的内容则是《大逻辑》所缺乏的。三、在思想观点方面，《小逻辑》比《大逻辑》显得更为成熟；在内容和行文上

《小逻辑》比《大逻辑》更为简洁，特别是各节的附释大多是他的学生笔记，文字上尤为通俗易懂、生动活泼。《小逻辑》的这些特点和优点使它更能广为读者所接受和喜爱。

大家都知道，黑格尔的逻辑学不是形式逻辑。他的逻辑学名为逻辑，实为形而上学或本体论，亦即关于存在本身的理论和研究，或者用黑格尔自己的语言来说，就是研究"事物的本质"的学问。黑格尔认为，万事万物（一切自然现象和精神现象都包括在内）之本质或根底是概念（理念），概念是万事万物都具有的"最一般的、最基本的规定、范畴"（黑格尔语，下同），如有、无、变、一、多、质、量、度、本质、现象、原因、结果、相互作用等等，它们是一切具体事物之所以可能的逻辑前提或理由，用西方哲学的一个专门术语来说，它们是"逻辑上在先的"。黑格尔的逻辑学就是研究这样一系列"纯粹概念"（"纯粹理念"）的科学。所谓"纯粹"，就是说，这样的概念不是具体的特殊的感性事物的概念，如桌子的概念、马的概念，而是指一切事物都具有的"最简单的、最基本的，而且是人人最熟知的概念"，也可以说，它们是最普遍的、最抽象的概念，但它们又是"逻辑上在先的"。

但是，黑格尔是一个很重视现实的哲学家，他正确地看到，在现实世界中，"一"、"多"、"质"、"量"等概念总是同感性事物结合在一起的，现实世界中决没有离开感性事物的概念，例如，没有离开一块石头、一棵树、一匹马的所谓纯粹的"一"，没有离开多块石头、多棵树、多匹马的所谓纯粹的"多"，没有离开石头、树木、马匹的所谓纯粹的"质"，没有离开石头、树木、马匹的所谓纯粹的"量"，如此等等。逻辑学所讲的"纯粹概念"如果脱离感性事物，则逻辑学只能是一个不现实的、抽象的"阴影的王国"。因此，黑格尔认为哲学不能仅仅停留于逻辑学，它必须前进到自然哲学以至于精神哲学，这也就是说，逻辑学的"纯粹概念"必然表现于万事万物之中，黑格尔把这种向外的表现叫做"外化"。"外化"并不是指时间上先有"纯粹概念"，只是到后来的某个时候，"纯粹概念”才一变而为自然事物。相反，黑格尔明白承认，尽管理念是“逻辑上在先”的，或者用他自己的话说，是“绝对在先的”，但另一方面，“自然在时间上是最先的东西。”[①] “外化”的意思不过是说，“纯粹概念”是万事万物的根本和核心，是万事万物之所以可能的前提，但是单有可能性，还不是现实性，单有核心，没有外表，还不是真实的事物，只有通过“外化”，事物才是结合核心与外表、本质与现象于一体的现实的真实的事物。黑格尔说：“包含在单纯逻辑理念中的认识，只是我们思想中的认识的概念，而不是认识的现成的本来的面貌，不是现实的精神，只是现实精神的单纯可能性”[②]。我们说“纯粹概念”是“逻辑上在先”，这就表明“纯粹概念”只是从逻辑上讲，从道理上讲是“在先的”、根本的、第一位的，但它们本身并不是现实的事物。关于这一点，英国黑格尔学者瓦拉士（W.Wallace）讲得很好，“纯思想的领域只是理念的幽灵——知识的统一性和实在性的幽灵，它必须再赋予血肉。逻辑的世界仅仅是（用康德的话来说）自然和精神的可能性。它是第一位的。”[③] 黑格尔把逻辑学看成是讲事物的“灵魂”的哲学，把自然哲学和精神哲学看成是“应用逻辑学”，这正是就“纯粹概念”比起自然现象与精神现象来是“逻辑上在先”而言，但离开了自然现象与精神现象的“纯粹概念”，则失去其为灵魂的意义，而成为无血无肉、无所依附的幽灵。

黑格尔在《小逻辑》中说：“自然哲学，研究他在的或异在的理念的科学。”[④] 这句话的意思无非是说，自然现象中潜存着理念，潜存着“有”、“无”、“一”、“多”、“质”、“量”、“本质”、“现象”、“原因”、“结果”等等概念，自然现象不过是理念之表现。例

① 黑格尔：《自然哲学》，商务印书馆1980年版，第28页。

② 黑格尔：《精神哲学》，《黑格尔全集》，格洛克纳德文本，斯图加特1929年版，第10卷，第20页。

③ 瓦拉士：《黑格尔的精神哲学》，牛津1894年版，第12页。

④ 黑格尔：《小逻辑》，第18节。

如，“一”这个“纯粹概念”在自然现象中就表现为一块石头、一棵树、一匹马，“多”这个“纯粹概念”在自然现象中就表现为多块石头、多棵树、多匹马，如此等等。概念是一种精神性的东西，只不过在自然现象中，概念是以一种无意识的、“冥顽化”的形式而存在的，只有人的意识活动才把概念从自然事物中解脱出来，也就是说，只有人的思想意识才能从现实的自然事物中抽象出概念。

在自然界的发展过程中，逻辑理念这种精神性的东西能逐步克服自然现象的外在性，逐步克服自己在自然阶段中所处的无意识的、“冥顽化”的状态，从而达到有意识的状态，这就产生了人，产生了精神。“精神是自然的真理性和终极目的，是理念的真正现实。”[①] “精神是从自然界发展出来的。”[②] “自然恰恰不是一种自身固定不变的、已经完成的独立东西，它即使离开精神也能持续存在，相反地，自然只有在精神里才达到自己的目标与真理。同样，精神在自己方面也并不单纯是自然的一个抽象的彼岸东西，相反地，只有精神把自然作为扬弃了的东西包含到自身，精神才是真正的精神，才证实自身是精神。”[③] 可以看到，黑格尔是承认“自然在时间上是最先的东西”的事实的。不过，黑格尔又并不停留于这一简单事实的承认，作为一个客观唯心主义者，他认为，精神不仅仅表现为它的抽象形态——逻辑理念，“不仅仅是自然界的形而上学理念”，因而不仅仅逻辑上“存在于自然界之先”，[④] 而且精神作为有能动性的东西，有能力克服和扬弃它的否定面——自然事物，它是“自然界的目标”[⑤]，或者说“目的和真理”，而精神作为预悬的目标，也可说是在自然界之先的。当然，这里的“在先”，不是指经验上的，而只是指精神暗藏或包含在自然界之中，自然界预先以精神为自己发展的终极

① 黑格尔：《自然哲学》，第 34 页。

② 黑格尔：《自然哲学》，第 617 页。

③ 黑格尔：《小逻辑》，第 96 节。

④ 黑格尔：《自然哲学》，第 617 页。

⑤ 黑格尔：《自然哲学》，第 617 页。

目的。所以黑格尔说："自由的精神作为自然界的目标是先于自然的，自然界是由精神产生的，然而不是以经验的方式产生的，而是这样产生的，即精神以自然界为自己的前提，总是已经包含于自然之中。"[①]

黑格尔认为，精神不仅先于自然（就其作为自然界预悬的目标而言），而且就下述意义而言还先于逻辑理念：按照黑格尔哲学的基本理论和方法，他的每一个三一体都是一个对立面的统一体，都是"具体真理"，其中的正与反分开来看各自都是抽象的、片面的，而合则是正与反的"真理"，——是具体的和现实的东西，在这个意义下，合比起正与反来，是"在先的"。同理，精神是逻辑理念与自然界的合与统一，因而精神先于逻辑理念和自然。逻辑理念是精神的抽象形态，是未发现于外的精神，不是现实中存在着的精神，因而是片面的；自然本身的特点是外在性，没有统一性，它是抽象精神的反面，因而也是片面的。在人的精神中，精神从自然的外在性中又回复到了自己，不过不是简单回复到原来的逻辑理念的抽象状态，而是进一步达到了具体的、现实的状态。"精神哲学，研究由他在返回到自身的理念"[②]人一方面是自然的一部分，一方面又是有理性的，所以人是自然和理念的统一。黑格尔说："对于我们来说，精神以自然为其前提，而精神乃是自然的真理，从而是自然的绝对第一者（absolut Erstes，绝对在先者）。"[③]"关于精神的知识是最具体的，因而是最高的和最困难的"[④]。这里所说的"关于精神的知识"，就是指精神哲学。黑格尔在这里明确地告诉我们，精神是万事万物的"真理"，是最具体、最现实的东西，而精神哲学——关于人的学问则是"最高的"学问。这里所谓"最高"，就是指它的对象——精神，比起逻辑学和自然学的对象——逻辑理念和自然来，是最具体、

① 黑格尔：《自然哲学》，第617页。

② 黑格尔：《小逻辑》，第18节。

③ 黑格尔：《精神哲学》，《黑格尔全集》，格洛克纳本，第10卷，第19页。

④ 黑格尔：《精神哲学》，《黑格尔全集》，格洛克纳本，第10卷，第9页。

最现实的东西。

黑格尔认为，精神的特点是自由，所谓自由，不是任性。“自由正是精神在其他物中即在其自身中，是精神自己依赖自己，是精神自己规定自己”[①]。所以精神乃是克服分离性、对立性和外在性，达到对立面的统一；在精神中，主体即是客体，客体即是主体，主体没有外在的客体的束缚和限制。整个自然界的发展就是趋向于这种统一和自由的境界，这就是精神出于自然而又高于自然之所在，也是精神哲学之所以是最高的学问之所在。

根据以上所说，逻辑学、自然哲学与精神哲学三者间的关系可以概括为以下三点：

一、从“逻辑上”说，理念是在先的东西（即所谓“逻辑在先”），在这个意义下，逻辑学是讲事物的“灵魂”的哲学，自然哲学和精神哲学不过是“应用逻辑学”。

二、从时间上说，自然是最先的东西，它先于人的精神，先于逻辑理念。

三、从自然预先以精神为自己发展的目标来说，精神先于自然；从精神是理念和自然的统一与“真理”，是最现实、最具体的东西来说，精神更是“绝对在先者”。精神哲学是最高的科学。

以上这些，既说明了黑格尔哲学体系三部分的关系，也说明了逻辑学在黑格尔哲学体系中所处的地位。我以为只有明白了这些，才能理解黑格尔的逻辑学之为本体论的意义。

我们平常都说，黑格尔的逻辑学既是本体论，又是认识论，三者是统一的。他的逻辑学之为本体论的意义已如上述。下面谈谈他的逻辑学之为认识论的意义。这主要是就其逻辑学中概念系列推移转化的过程与人的实际认识过程相一致而言的。

黑格尔在他的著作《精神哲学》中直接描述了个人的实际认识过程，即“按照时间的次序”人由最低级的感性认识到对事物“形

① 黑格尔:《小逻辑》. 第 24 节附释 2。

成概念”的认识过程。逻辑学中的概念体系就是经过精神哲学所描述的实际认识过程才达到的。但逻辑学中一系列“纯粹概念”本身的进展又是以《精神哲学》中漫长的经验认识过程为依据的，也就是说，逻辑学中“纯粹概念”的发展序列同《精神哲学》中经验认识各阶段的发展序列大体上是相应的。逻辑学不过是以逻辑的“纯粹概念”的方式表达人的实际认识过程的学说。我们平常说，黑格尔的逻辑学就是认识论，这只是在上述意义下来说的，但二者还不能完全等同。逻辑学是关于思想、概念的学说，它只是以思想、概念的方式表述人的实际认识过程，至于直接地具体地描述人的认识过程，则是精神哲学的任务。①

逻辑学中概念系列之按照人的实际认识过程而推移转化的具体情况大体如下：逻辑学第一部分“存在论”所讲的概念如有、无、变、质、量、度等是指直接性的认识阶段，尚未深入认识到直接的东西的背后，所以这一部分中诸概念的推移转化乃是指从一个直接的东西“过渡”到另一个直接的东西。第二部分“本质论”所讲的概念如本质、现象、现实、原因、结果、相互作用等是指间接性的认识阶段，即深入到直接表面东西背后的底层的认识，所以这一部分中诸概念的推移转化不再是指从此一直接表面到彼一直接表面的“过渡”，而是表层与底层相互“反思”(“反映”、“反射”)的关系，这里的概念都是两个对立面(如本质与现象)成双成对地联袂而来。第三部分“概念论”中的概念是直接性与间接性、存在与本质的统一，是包含间接性在内的更高一级的直接性。“概念论”中诸概念范畴间的推移转化不同于“过渡”和“反思”，而是“发展”。“发展”是对“反思”关系中对立双方间的相互外在性的超越和克服。“概念论”中的诸概念范畴是相互区别的东西融合成为一个有机的、内在的整体，“发展”乃是这同一个整体所包含的各种潜在因素的发挥与实现。所以“概念论”中的概念不再有先前的“本质论”中的那种

① 详见拙著《论黑格尔的精神哲学》，上海人民出版社 1986 年版，第79—88 页。

相互限制性（外在性），而是达到了自由。“概念是自由的原则”。“概念论”的最高范畴，即“绝对理念”，就是绝对的自由。

逻辑学中概念的全部推移转化过程和黑格尔《精神哲学》所描述的认识过程一样（也和他的整个哲学体系一样），是主体不断克服其与客体的对立性和外在性而达到主客统一的过程，也是一个从必然转化为自由的过程。这是黑格尔逻辑学和认识论的共同特点。

关于哲学所属门类的划分法，哲学史上各家异说纷纭，莫衷一是。当前一般最流行的看法是把哲学的内容分为本体论、认识论（包括方法论）和价值论（伦理学、美学等）。而本体论和认识论乃是一种哲学的基本观点之所在。黑格尔的逻辑学既是本体论，也是认识论，所以读者如能理解黑格尔的逻辑学，也就掌握了黑格尔哲学的基本思想观点和基本内容。

*　　　*　　　*

尽管黑格尔强调概念的具体性，强调逻辑概念不能脱离具体事物，强调无时间性的“纯粹概念”不能脱离有时间性的人类历史（西方现当代人文主义思想家们一般都继承了黑格尔思想的这一方面而主张人与世界的交融合一，强调超越“主体—客体”的框架），但只要承认和允许有一个无时间性的逻辑概念的王国，那就始终会面临一个有时间性的环节（认识过程、历史过程）如何与无时间性的环节（纯粹概念）统一起来的问题，或者用黑格尔《自然哲学》中的话语来说，也就是有时间性的“持久性”与无时间性的“永恒性”之间的鸿沟如何填平的问题。①无论黑格尔怎样强调认识和历史的“持久性”多么漫长、曲折，最终还是回避不了如何由“持久性”一跃而到“永恒性”、如何由现实的具体事物一跃而到抽象的逻辑概念的问题。黑格尔由于最终把抽象的“永恒性”的“纯粹概念”奉为哲学的最高原则，用普遍概念的王国压制了在时间中具有“持久

① 详见拙著《自我实现的历程——解读黑格尔〈精神现象学〉》，山东人民出版社 2001 年版，第 190—192 页。并参阅黑格尔《自然哲学》“导论”。

性”的现实世界，他的哲学被西方现当代哲学家贬称为“概念哲学”或“传统形而上学”的集大成者。但无论如何，黑格尔哲学既是传统形而上学的顶峰，又蕴涵和预示了传统形而上学的倾覆和现当代哲学的某些重要思想（例如上述超越主客式的人与世界融合为一的思想），现当代许多批评黑格尔哲学的大家们往往是踩着黑格尔的肩膀起飞的。可以说，不懂黑格尔哲学特别是他的逻辑学，就既难于理解西方古典哲学，也难于理解西方现当代哲学，它是通达西方哲学以至整个西方思想文化的一把钥匙。

张世英

2002 年 4 月 26 日

于北京大学中关园

[20]

现象学口号"面向事情本身"的源头——黑格尔的《精神现象学》

——胡塞尔与黑格尔的一点对照

编者按： 作为传统形而上学的终结者和最后一个百科全书式的哲学家，黑格尔为世界哲学史留下了极为丰硕的遗产。如果从历史效应的角度看，1807年出版的《精神现象学》无疑是这其中最重要也最具当代相关性的一项。正如马克思指出的那样，《精神现象学》是"黑格尔哲学的真正起源和秘密"、"黑格尔的圣经"。因此，凡是希望挖掘黑格尔哲学活的精神的哲学家们，都会不约而同地将自己的目光投向《精神现象学》。狄尔泰、卢卡奇、海德格尔、柯热夫、伊波利特、马尔库塞、阿多诺、伽达默尔……许多彪炳史册的20世纪大哲学家在自己思想发展的重要时刻都曾深入研究、解读过《精神现象学》，并留下极具哲学价值的文献，这就使得《精神现象学》具有了一种明确的当代相关性。这在黑格尔全部哲学遗产中是极为独特的。为了纪念《精神现象学》出版200周年，本刊特别编发了著名哲学家张世英先生的《现象学口号"面向事情本身"的源头——黑格尔的〈精神现象学〉》一文。张先生是我国当代最重要的黑格尔哲学专家，半个世纪以来一直致力于黑格尔哲学研究。早在1962年，他就出版了《黑格尔〈精神现象学〉述评》一书，并在2001年出版了《自我实现的历程》，对《精神现象学》进行详细的导读与诠释。在本文中，张先生围绕"面向事情本身"这一口号，对《精神现象学》与胡塞尔现象学的关系这一重大然而长期少有人问津的课题进行了重新审理。张先生的研究结论及其面对哲学史的态度，是发人深省的。

一

平常一提到"面向事情本身"，大家立刻就会想到，这是胡塞尔提出的现象学口号，很少注意到它与黑格尔之间的深切关系；平常讲胡塞尔的现象学或黑格尔的精神现象学，也很少着重把两者"加以对比或联系"[①]。但是只要仔细考察一下"面向事情本身"的内涵，就不能不使我们从胡塞尔联系到黑格尔，联系到黑格尔的《精神现象学》。

我们过去经常说，黑格尔是西方传统形而上学之集大成者，其实，我们更应该着重说，黑格尔是他死后的西方现当代哲学的先驱。这主要是指他的《精神现象学》一书而言，《精神现象学》突出地体现了他对西方传统的"主客二分"思维方式的批判，为西方现当代哲学中人与世界融合为一的基本思想铺垫了宽广的道路，对现当代现象学的建立起了积极的作用。

西方现当代现象学的标志性口号是"面向事情本身"，而这个口号实质上最早是黑格尔在《精神现象学》的序言中提出的。这个口号的内涵，即使在现当代现象学这里，其实质也只有从黑格尔《精神现象学》

① 参见贺麟、王玖兴译《精神现象学》译者导言，商务印书馆1962年版。

关于“实体本质上即是主体”的命题和思想中得到真切的理解和说明。

《精神现象学》序言一开始就指出，哲学或真理本身绝不是在单纯的最后结论中就能得到表达的。一般人总以为在最终的普遍性结论中就表达尽了事情本身，而不注重达到这个结论的特殊性过程。黑格尔断言，这种看法，或者用黑格尔自己的表述，“这样一种做法(ein solches Tun)”，“实际上是回避了事情本身(die Sache selbst zu umgehen)”，“因为事情并不穷尽于它的目的，而是穷尽于其实现中，实际的整体(das wirkliche Ganze)也不是结果，而是结果连同其成为结果的过程”。黑格尔还接着说：像这样只重目的或结果，只重不同结果之差异和判断的工作，“不是致力于事情”(mit der Sache sich zu befassen)[①]。黑格尔这里所说的“致力于事情”和上面所说“回避了事情本身”中的“事情本身”，就是后来的现象学派所谓“面对事情本身”或“回到事情本身”这一口号的源头。

黑格尔所谓“事情本身”(die Sache selbst)究竟是指的什么呢？他所谓“实际的整体”或真理之“结果连同其成为结果的过程”，究竟包含什么样的含义呢？这个问题实际上就在随后所提出的“实体本质上即是主体”的命题中有了明确的回答。“一切在于把真的东西(das Wahre)不仅理解和表述为实体(Substanz)，而且同样理解和表述为主体(Subjekt)”。“活生生的实体，只是就其为建立自身的运动或只是就其为自我转化和自我之间的中介时，它才是作为真正是现实的存在”。[②]“说真的东西只有作为体系才是现实的，或者说实体本质上即是主体，这乃是绝对即精神的观念中所要表达的”[③]。黑格尔这几段话说明，他所谓“事情本身”，就是“实质本质上即是主体”这一真理结论连同实现这一结论的“过程”——“体系”。在黑格尔看来，“意识”(das Bewusstsein)具有两个环节：一是属于自我的认识，一是认识的对象。所谓“实体”，就是

① G.W.F.Hegel Werke, 3, Theorie Werkausgabe, Suhrkamp Verlag, 1983.S.13.

② G.W.F.Hegel Werke, 3, Theorie Werkausgabe, Suhrkamp Verlag, 1983.S.23.

③ G.W.F.Hegel Werke, 3, Theorie Werkausgabe, Suhrkamp Verlag, 1983.S.28.

“自我的对象”。[1]在意识中，自我与实体之间必然发生“不一致性”(Ungleichheit)，这就是“否定的东西”(das Negative)。黑格尔认为，正是这种“否定的东西”成为意识的“灵魂”，它推动着实体自身向着主体的方向活动，这个推动者不是来自实体之外，而就是实体自身(das Selbst)，故此种向着主体方向的活动即是实体自身的活动。实体在意识中的活动之初，表现为自我与其对象之间的“不一致性”，表现为主体与客体之间的对立，黑格尔把这种处于最初阶段的意识称为“自然意识”(das natuerliche Bewusstsein)。但随着实体自身的前进性活动，实体愈来愈表现为主体，认识对象愈来愈表现为作为认识者的自我，而当实体完完全全地表现自己即是主体之时，实体与主体之间的对立，主客之间的对立，存在与知识之间的对立，也就完全被克服了，主客融合为一：实体、客体成了直接属于自我、主体的所有物。黑格尔的精神现象学，其全部内容就是对实体如何成为主体的活动过程的描述，也可以说，就是对人的意识经验如何克服实体与主体、存在与知识之间的对立或“不一致性”而使二者融合为一的过程。而当这种对立完全被克服，实体、客体完全成了自我、主体的所有物之时，“精神现象学也就此结束了”[2]。因此，为了具体说明和理解黑格尔的“实体本质上即是主体”这一命题的内涵，就有必要浏览一下整个黑格尔的精神现象学。这也就是为什么黑格尔说，他的“这种见识，只有通过对整个体系的陈述才能得到辩解”[3]。

《精神现象学》所描述的意识的经验发展过程，开始于“感性确定性”，这是此漫长过程的最原始的阶段。在此阶段，实体——认识的对象最少主体性，它纯粹地只是“这一个”而已，至于“这一个”是什么，认识者毫无所知，认识者对它只能“意谓”到它存在着。这也就是说，当对象（实体）处于意识的最初阶段时，由于主

① G.W.F.Hegel Werke, 3, Theorie Werkausgabe, Suhrkamp Verlag, 1983.S.39.

② G.W.F.Hegel Werke, 3, Theorie Werkausgabe, Suhrkamp Verlag, 1983.S.39.

③ G.W.F.Hegel Werke, 3, Theorie Werkausgabe, Suhrkamp Verlag, 1983.S.22.

体性的缺乏，对象（实体）只能是一个x，实际上什么也不是，它是一个无任何意义的东西。

当意识的自身活动由“感性确定性”阶段发展到了“知觉”阶段时，认识的对象则能表明自己“是什么”，例如认识到这是盐，它是白的、咸的、立方形的等等。这就说明，随着意识的前进性活动，对象（实体）的意义也开始产生了，它不再是什么也不是的、无意义的东西，而是能表明自己是什么的东西了，尽管在“知觉”的阶段里，对象（实体）所表明的“是什么”还是表面的、初步的。

比“知觉”更高的阶段是“知性”。在“知性”阶段里，意识表现了对象（实体）的本质、法则，对象（实体）的意义随着意识自身的前进性活动而更加丰富了。

大体上按照上述的思路，黑格尔用了《精神现象学》一书的几乎全部篇幅，把意识的全部活动，从个人的意识活动到整个社会历史文化的活动（包括道德、艺术、宗教、哲学等等），都作为意识由实体而成为主体的发展过程来加以描述，直至最后到了“绝对知识”阶段，存在便完全认识到自己即是自我，实体完全表明自己即是主体，于是意识最初以为独立自在的对象完全转换为对意识而言的东西，自我与存在、主体与客体的分离、对立完全得到克服而同一起来了。这样，《精神现象学》所表述的意识发展史，也就可以说，即是实体不断地由自在的、“无自我的存在”（selbstlose Sein）显现为“为自我的存在”（Sein fuer das Selbst）和“自我的存在”（Sein des Selbsts）的发展史。[①] 在实体完全表明自己即是主体的“绝对知识”以后，实体——认识对象，因具有全部主体性，其意义也就达到了最丰富的程度，它由最初的什么也不是（“感性确定性”）的阶段达到了具有全部社会历史文化（道德、艺术、宗教、哲学等等）的内涵的阶段（绝对知识）。

① G.W.F.Hegel Werke，3，Theorie Werkausgabe，Suhrkamp Verlag，1983.S.584.

二

黑格尔《精神现象学》出版将近一百年以后，胡塞尔在《逻辑研究》第一卷（1900）中重新提到了"走近事情本身"的口号："只要不作一般性的辩论，而是走近事情本身（an die Sachen selbst herantritt，面对事情本身），迷惑就会消失。"[①] 在《逻辑研究》第二卷（1901）第二部分中又提到：现象学的一切都出自"一种实实在在地靠近事情本身的（an die Sachen selbst herankommenden）、纯粹朝向其直观自身被给予性的研究之中……"[②] 10 年以后，胡塞尔在《哲学作为严格的科学》（1911）中又说："我们必须探问事情本身。""研究的动力必定不是来自各种哲学，而是来自事情与问题。"（参见该书中译本，商务印书馆 1999 年版，第 23、69 页）在《纯粹现象学与现象学哲学的观念》一书（1913）中，胡塞尔更明确地提出了"回到事情本身"的口号："对事情做出合理的或科学的判断，意即指向事情本身，更确切地说，即从谈论和意见回到事情本身（auf die Sachen selbst zurueckgehen），依照自身被给予状态（Selbstgegebenheit，自身被给予性）查阅它，而去除一切不相干的成见。"[③] 胡塞尔所有这些关于"走向事情本身"、"回到事情本身"、"指向事情本身"的呼声，按照他自己的解释，就是指"纯粹按照其直观的自身被给予性"[④]，而"去除一切不相干的成见"[⑤]，亦即排除

① Edmund Husserl，Gesammelte Schriften，Herausgegeben von Elisabeth Stroeker，Felix Meiner Verlag，Hamburg，Band 2，S.159.

② Edmund Husserl，Gesammelte Schriften，Herausgegeben von Elisabeth Stroeker，Felix Meiner Verlag，Hamburg，Band 4.S.535.

③ Edmund Husserl，Gesammelte Schriften，Herausgegeben von Elisabeth Stroeker，Felix Meiner Verlag，Hamburg，Band 5.S.41.

④ Edmund Husserl，Gesammelte Schriften，Herausgegeben von Elisabeth Stroeker，Felix Meiner Verlag，Hamburg，Band 2，S.159.

⑤ Edmund Husserl，Gesammelte Schriften，Herausgegeben von Elisabeth Stroeker，Felix Meiner Verlag，Hamburg，Band 5.S.41.

关于一切外在于意识之存在的成见或预先假定，而纯粹地专注于事物如何被给予我们、如何显现于我们的意识之前的描述。为了达到这一目的——“指向事情本身”、“走近事情本身”、“回到事情本身”，胡塞尔运用了“悬置”、“现象学还原”、“先验还原”、“本质还原”等术语和观点：“悬置”、“还原”，就是把所谓独立的客观存在放在括号之中（einklammern），对它不作判断，从而把所有的东西都还原为相对于意识而存在的东西，还原为显现于意识中的东西，这种被还原、被给予意识的东西，就叫做“现象”，它们都是“直观”，即直接给予的，或者说直接显现于意识中的东西。平常人的“自然态度”（natuerliche Einstellung）总是首先假定有独立于意识之外的外在存在，而“悬置”就是使这种自然态度失效。所以通过“现象学的悬置”之后，“自然态度”所认为的自在世界，就都成为意识中的东西（“现象”，或者又叫做“意向对象”）。“自然态度”超越意识之外，预先假定独立于意识的存在，这是一种“成见”、一种“假定”，所以胡塞尔又称“自然态度”是一种“独断的态度”。“悬置”并非否定这个世界，而只是对它存而不论。胡塞尔说：他用加括号的方法，只是“使属于自然态度之本质的一般命题失效”，但“我并不否定这个‘世界’，好像我是个智者派似的，我并不怀疑这个世界的具体存在（dasein），好像我是个怀疑论者似的。然而我还是要运用‘现象学’的悬置，完全不理睬任何关于时空中具体存在的任何判断”①。

“现象学还原”不仅指“悬置”自然事物的外在存在，而且更重要的是指“悬置”“经验自我”（笛卡尔“我思”中的经验自我），从而还原到纯粹思维、纯粹主体性（纯粹自我、先验自我）上去，胡塞尔称之为“先验的还原”。经过“先验还原”之后的先验自我，是任何“意向对象”或“现象”能成为“为我的东西”

① Edmund Husserl, Ideen zu einer reinen Phaenomenologie und phaenomenologischen philosophie, Gesammelte Schriften, Herausgegeben von Elisabeth Stroeker, Felix Meiner Verlag, Hamburg, Band 5. S.65.

的先验前提，“先验自我”构成了它的对象。例如一个东西的多个侧面之所以作为一个统一体而呈现在我面前，就是由“先验自我”构成的。

通过“先验还原”所把握的直观对象有两种：一是感性对象，例如某一匹个别的、具体的马，或某一特殊的红色；另一是范畴对象，例如马的概念或红一般。胡塞尔认为不仅感性对象，而且范畴对象都可以直观给予，这也就是胡塞尔著名的“本质直观”的学说。他认为范畴对象高于感性对象，范畴直观以感性直观为基础。[①] 个别对象在被感知时，两种直观是同时出现的：通过感性直观，我们感知到个别性；通过本质直观，我们感知到共相。[②] 例如在感知某一朵花时，我们既感知到它是一朵特殊的、个别的东西，但同时也直观到这个特殊东西的普遍性、共相，即直观到它是属于花这一共相的，直观到个别性中的普遍性。普遍性、共相、本质、Eidos，总是同时伴随着个别性的感知而原始地被给予的，或者说被直观到的。否则，我们在感知一朵花时，就不知道它是不是花。这样，胡塞尔现象学的口号“回到事情本身”，就不是指回到个别的感性对象上去，而是指回到普遍的本质。所以在胡塞尔看来，现象学是关于普遍性本质的科学。不过，这里需要特别注意的是，现象学所讲的普遍性本质，是意识中的东西，而不是超越于意识之外的外在之物。这一点，乃是现象学之为现象学的主要特点：“一切原则的原则”乃是，“每一原始给予的直观都是知识的合法源泉。一切在‘直觉’（Intuition）中原始地（可以说在其亲身的现实中）显现于我们之前的东西，都是单纯地被接受为自身给予的东西（als was es sich gibt），但也只

① Husserl，Logische Untersuchungen， Edmund Husserl， Gesammelte Schriften， Herausgegeben von Elisabeth Stroeker，Felix Meiner Verlag， Hamburg，Band 4，S.673，S.674，S.675.

② Edmund Husserl，Ideen zu einer reinen Phaenomenologie und phaenomenologische philosophie，Gesammelte Schriften，Herausgegeben von Elisabeth Stroeker，Felix Meiner Verlag，Hamburg，Band 5，S.14.

是在其为自身给予的限度之内”[①]。胡塞尔所提出的这种“一切原则之原则”，显然就是强调，只有在意识中直接观看到的东西才是绝对自明的；反之，在意识之外的外在之物，则是独断论的，不是自明的，而这种在意识中直接观看到的东西，不仅是感性中个别的东西，而且是本质、普遍性，是 Eidos，现象学最终就是要直观到、把握到普遍性的本质。经验主义和实证主义虽然也强调回到事情本身，但其所回归的事情本身只是感性直观中个别的东西，而胡塞尔则着重提倡回到范畴直观中普遍性的本质，回到这一高层次的“事情本身”。

可以看到，胡塞尔的“回到事情本身”，概括起来说，就是把“自然态度”所独断地认为独立自在的客观的东西，通过“悬置”、“还原”等方法，还原为主体的意识中的东西。这个思想，就其基本观点而言，其实就是黑格尔的“致力于事情”和“实体本质上即是主体”的命题所要表达的思想，其中包括两人都强调要把握事物的本质的思想。如前所述，黑格尔的“实体本质即是主体”命题的意思也正是，“自然意识”所认为独立自在的东西，在意识自我发展过程中，不断展示为越来越具有主体性，从而也越来越具有意义的东西，越来越真实的东西，直至最后成为最真实的东西（“绝对主体”、“绝对概念”）。难怪海德格尔说：“胡塞尔与黑格尔如出一辙，都按同一传统而来，这个事情就是意识的主体性。”[②]“从黑格尔和胡塞尔的观点来看，哲学之事情就是主体性”。[③]只不过两者在如何达到“这个事情就是意识的主体性”这一共同的基本观点的具体途径方面和提出这一基本观点所针对的目标方面不相同。黑格尔的“实体本质上即是主体”，有一个漫长的实现过程，它所反对的是只讲空洞的结论或开端的形而上学方法；胡塞尔的“回到事情本身”，是回

① Edmund Husserl, Ideen zu einer reinen Phaenomenologie und phaenomenologische philosophie, Gesammelte Schriften, Herausgegeben von Elisabeth Stroeker, Felix Meiner Verlag, Hamburg, Band 5, S.51.

② 海德格尔：《面向思的事情》，商务印书馆 1996 年版，第 65 页。

③ 海德格尔：《面向思的事情》，商务印书馆 1996 年版，第 65 页。

到直观中原始地被给予的东西的自明性（明证性），缺乏辩证的发展过程，其所反对的目标是自然主义心理学和历史主义。

三

胡塞尔对哲学史上的哲学家，明显地重视笛卡尔和康德，很少提到黑格尔，即使提到黑格尔的地方，也不是关于“事情本身”的论述，而是对黑格尔的“世界观哲学”的批评。胡塞尔把对“世界观哲学”的批评同他对历史主义的批评联系起来。他对“回到事情本身”的呼声，不仅是为了反对自然主义，而且是为了反对历史主义。在胡塞尔看来，历史主义认为一切都是相对的，会导向极端怀疑的主观主义。真理、理论、科学的观念，会像所有观念一样失去其绝对有效性。而近代的“世界观哲学是历史主义怀疑论的孩子”。世界观哲学家，例如黑格尔，“主张每一门哲学只具有对其时代而言的相对合理性”。这种哲学自称是“绝对有效性的体系”，但并非“科学的哲学”。胡塞尔反对这种只有一个时代意义的哲学，而主张具有永恒意义的哲学：“我们的生活目标在总体上有两种，一种是为了时代，另一种是为了永恒：一种服务于我们本己的完善以及我们同时代人的完善，另一种服务于后人的完善乃至最遥远的后代人的完善。科学是一个标志着绝对的、无时间的价值的标题。”“科学的‘观念’是超时间的……它不受任何时代精神的相对性限制。”“我们切不可为了时代而放弃永恒。”[①] 因此，胡塞尔号召，世界观哲学必须完全放弃那种自命能成为科学的要求，不要再迷惑人们的心灵，阻挠科学的哲学之进展。[②] 胡塞尔对“世界观哲学”的这些批评和议

① 胡塞尔：《哲学作为严格的科学》，商务印书馆 1999 年版，第 49、53、56、59、64 页。

② 参阅胡塞尔《哲学作为严格的科学》，商务印书馆 1999 年版，第 66 页；并参阅 Edmund Husserl，Gesammelte Schriften， Herausgegeben von Elisabeth Stroeker，Felix Meiner Verla， Hamburg，Band 2，S.228。

论，在追求科学的严格性、理论性和反对片面重实用动机方面以及提倡不媚一时之流俗的精神境界方面，诚然有其值得肯定和赞赏之处，但胡塞尔不重历史（他把历史也放在括号之内），完全忽视黑格尔关于由实体转化为主体是一漫长的历史过程的思想，这确实是他的现象学的一大缺点。

黑格尔全部《精神现象学》所描述的实体自身转化为主体的历史过程告诉我们：任何一个认识对象的意义，都不仅包含个人的认识在内，而且包含了整个民族以至整个人类思想文化的内容，它是个人和全民族、全人类思想文化的结晶。黑格尔所谓当实体完全表明自己即是主体之时，精神现象学也就此结束了，这个断语的深层内涵就是：当实体、对象在意识中活动之初，它没有任何意义，什么也不是，但到了精神现象学结束之时，它已经经历了精神现象学所描述的经验意识运动、发展的各个阶段，亦即个人认识和整个民族以及全人类思想文化发展的各个历史阶段，这样，实体、对象的意义也就最充分地展示、显露出来了，换言之，实体、对象就由什么也不是达到了具有最丰富意义的东西了。例如一朵花的意义，对于我们今人来说，特别是对于一个具有深厚文化底蕴的今人来说，它就不仅是红红绿绿而已，也不仅是植物而已，而是具有道德含义、审美含义、宗教含义等等。梅花对于一个中华民族的儿女来说，就具有高洁的品格，甚至具有“零落成泥碾作尘，只有香如故”（陆游）的具体含义，菊花甚至具有“东篱”之下“悠然见南山”的具体含义。任何一物的具体含义都与一个民族以至整个人类思想文化发展的历史紧密联系在一起。所以，要深悉一物的真实意义，就要懂得一个民族以至整个人类思想文化的历史。黑格尔的《精神现象学》在这方面为我们提供了一个光辉的范例。从这个角度来看，胡塞尔只能说是通过“悬置”、“还原”等现象学方法，从理论上抽象地说明了事物的真实意义在于把独立自在之物转化为意识中的为我之物，而没有找到这一转化（“还原”）的具体途径，而黑格尔的《精神现象学》却为这样的途径提供了一个方案。胡塞尔自己坦承“还原”是困难的事[1]，他没有说出困难的具体原因，我以为，也许困难正是由于他没有走上他所反对的历史的道路，他没有考虑到把独立自在之物还原为意识中为我之物，必须经历一个漫长曲折的、艰难的意识发展的历史过程。也许胡塞尔会辩解说，这正是他所反对的历史主义的观点，正是作为严格的科学的哲学所不容许的。但是胡塞尔的科学的哲学，远离了人类现实的历史发展过程，远离了人类的思想文化发展史，未免显得抽象枯燥，脱离人的生活实际。胡塞尔晚年提出的“生活世界”和“主体间性”的观念以及对于欧洲文明危机、文化危机（胡塞尔称之为“科学危机”，实际上并非指科学本身有什么危机，而是指的文明危机、文化危机）的关怀，表明他已意识到他的现象学缺乏文化意蕴，缺乏对人生意义和价值的关怀的局限性，但他终其一生，一直没有把他的现象学同人生、同历史文化有机地结合起来，并把它发展成为一个以此为特点的有系统的哲学。而把哲学与人生紧密结合起来的这一特点，乃是由他的学生海德格尔所倡导、由海氏以后的一些后现代主义思想家们以各不相同的方式所陆续发展起来的。然而在此以前，把哲学与人生相结合特别是与思想文化的历史相结合的这一特点，在黑格尔那里已表现得非常突出，他的《精神现象学》，就既是一部同人生相结合的哲学体系，也是一部欧洲以至全人类思想文化的发展史。我们现在都在强调哲学要把自己化解到科学、伦理道德、审美、宗教等各种文化因素中去，哲学应在这些文化因素中找到自己的位置。其实，黑格尔的精神现象学以及他的整个哲学，正是这种现代观点的主要思想源头，只是他的“绝对概念”以及他对体系的过分追求，应该受到批判。

① Edmund Husserl，Die Krisis der eurpaeischen Wissenschaften und die transzendentale Phaenomenologie，Gesammelte Schriften，Herausgegeben von Elisabeth Stroeker，Felix Meiner Verlag，Hamburg，Band 8，S.246.

四

胡塞尔的"本质直观"说("范畴直观"说),是哲学史上的一大突破,对海德格尔关于"存在本身"的探讨,从而对现象学的进一步发展,起了积极的作用。胡塞尔在《逻辑研究》第二卷第二部分中指出,联系词"是"(sein,"存在")是"感性直观"所直观不到的,它不像某种颜色那样是知觉的对象。"我能看见颜色,但不能看见颜色的是(das Farbig-sein)"。"是,乃全然不是可以知觉到的东西"。[①] 但通过"范畴直观",却可以直观到"是"("存在"),例如通过"感性直观",我可以直观到金子的黄色,但直观不到"金子是黄色",然而通过"范畴直观",却可以直观到"金子是黄色"。"金子是黄色"是一个判断。所以"实情(Sachverhalt)和是(Sein,系词意义的是)的概念之根源,确实就在实行判断本身(Urteilserfuellungen selbst)之中"[②]。这就是说,"是"(存在)乃是在实行判断的一种直观的体验活动中被给予的。胡塞尔关于"是"之直观被给予性的思想,启发了海德格尔,让海德格尔想到,"是"("存在")不是像传统哲学的看法那样固守于判断之中,只是一种作为逻辑的推理和分析对象的"纯概念"("存在者之存在"),而是一种最原始的被给予的"存在本身",一切现成的东西都源于"存在本身",判断亦由于有"存在本身"这个前提才得以构成。胡塞尔的"范畴直观"说对海德格尔的这些想法起了先驱的作用,尽管海德格尔对他的老师胡塞尔多有批评,包括对胡塞尔的"范畴直观"说。

其实,黑格尔精神现象学中已潜藏了关于一切现成物源于最原

---

① Husserl, Logische Untersuchungen, Edmund Husserl, Gesammelte Schriften, Herausgegeben von Elisabeth Stroeker, Felix Meiner Verlag, Hamburg, Band 4, S.666.

② Edmund Husserl, Gesammelte Schriften, Herausgegeben von Elisabeth Stroeker, Felix Meiner Verlag, Hamburg, Band 4, S.669~670.

始的“存在本身”的思想，海德格尔的存在论，应该说更多地、更直接地源于黑格尔，尽管海德格尔对黑格尔也主要地持批评态度。但我这里不打算多谈海德格尔与黑格尔哲学之间的直接关系，主要还是想对黑格尔《精神现象学》如何潜藏着“存在本身”的原始性思想，略作论述。

黑格尔《精神现象学》所描述的“实体本质上即是主体”这一漫长的历史性发展过程，实际上也就是他在《精神现象学》导论中所说的，由原先以为是独立自在之物“转换”为对于意识而言的为我之物的过程，黑格尔把这种过程称之为“经验”（Erfahrung）。“经验”也好，“实体本质上即是主体”也好，都是强调要克服存在与自我、实体（对象）与主体之间的分离、对立，而最终把二者完全统一起来。只有达到二者完全统一的阶段（即“绝对知识”、“绝对概念”），存在、实体（对象）完全表明自己即是自我、即是主体，这样的存在、实体才是真实的。黑格尔实际上是用意识、主体性来规定存在。所以在黑格尔看来，《精神现象学》所描述的全部过程，一方面是意识自身发展的过程，一方面也是存在之成为真实的过程，而且这后一方面更是他思想的重点：他描述意识发展的过程，是为了说明存在之成真的过程。与其说黑格尔的《精神现象学》讲的是认识论（这只是表面的），不如说它讲的是存在论。也许就是因为这个缘故，海德格尔断言，黑格尔的精神现象学不是认识论。[①]

按照“绝对知识”是“实体本质上即是主体”这一发展过程的最后阶段而言，那么，“绝对知识”中的“纯概念”应该说也就是黑格尔心目中的最高的、最原始的存在。黑格尔的著名论断：“真理是全体。”（das Wahre ist das Ganze）[②]这就意味着，作为“绝对知识”

① Heidegger, Hegel's Phenomenology of Spirit, Indiana University Press, 1988.p.3.

② 黑格尔：《精神现象学》，贺麟、王玖兴译，商务印书馆1962年版，第12页，即G、W、F、Hegel Werke，3，Theorie Werkausgabe，Suhrkamp Verlag，1983.S.24。

中之“纯概念”是一“全体”，它是一切事物之成真的根源，是最原始的存在。

黑格尔本来极力要强调的是，真理这一全体是连同其最终结果在内的全部自我形成的过程，前面说过的黑格尔所谓“事情本身”，也是讲的这同一个道理。他在《精神现象学》中，花了几乎全部篇幅来描述这一真理形成的过程（亦即存在之自我成真的过程），但功亏一篑，他在全书即将结束的最后，忽然一跃而跳到了超越于具有时间性的意识发展过程之外的永恒领域，使结果脱离了过程，“纯概念”脱离了现实，无限脱离了有限，从而使他一直标榜的“全体”、“真无限”变成了一个最终与过程、与现实、与有限对立的另一遥远不可及的有限的存在者，而非存在本身。存在本身超出了存在者之外。他的“绝对主体”（“绝对概念”）最终还是一个与客体相对立的主体。黑格尔的精神现象学以及整个哲学终究不脱传统的主客关系的窠臼。黑格尔的存在论所关心的是超验的“绝对概念”、“绝对主体”如何使存在者成真，而不是存在本身。后者是海德格尔的存在论所讲的内容。海德格尔区分了“存在本身”（Being itself）与“存在仅仅作为存在者的真理”（Being as the mere truth of beings）[①]。这一区分恰恰表明了整个海德格尔哲学与黑格尔哲学的不同。

尽管如此，黑格尔的《精神现象学》毕竟特别强调了“事情本身”在于存在之成真的过程之全体。割掉黑格尔精神现象学最后的那个超出时间之外的“绝对概念”的尾巴（尽管黑格尔把“绝对概念”视为精神现象发展过程的最高峰），我们就可以把这个发展过程之全体视为存在本身。黑格尔说：在意识中，自我与作为对象的实体之间的“不一致性”就是“否定的东西”，这“否定的东西”是两者的“灵魂或推动者”。“就因为如此，有些古人当他们把推动者理解为否定的东西时，就是把空虚理解为推动者，只是他们尚未把它

① Otto Poeggeler, Heidegger’s Path of Thinking, Hunanities Press internatonal INC, 1989, p.115.

理解为本身（das Selbst）。”[①] 这里在行文上谈的是意识的发展过程，但正如前面已经说过的，实质上也是讲的存在的发展过程，即存在之成真过程。从这段话里可以看到，黑格尔特别强调发展的动力就是“自身”。这就意味着存在“本身”即是其成真的运动过程的动力。这也说明，从我们今天反传统形上的观点来看，黑格尔精神现象学的那个最后的尾巴——超越于时间性发展过程之外的“绝对概念”，诚然是可以割掉的：动力不在存在的发展过程之外，而就在“存在本身”之内。[②] “存在本身”的原始性思想，在黑格尔的《精神现象学》中已呼之欲出了，海德格尔的存在论显然更多地受到黑格尔的启发。

说“实体本质上即是主体”是存在之成真的过程，这里说的“成为真理的过程”，亦即成为本质上的东西的过程，或者说，即是显现本质的过程。存在与本质、真理同一。黑格尔所讲的这个过程，其特点在于它的漫长性、间接性（中介性）。在具有这样一种特征的过程中，越是超越直接性直观的，越是经过间接性（包括推论）的，便越是达到本质的存在，越是具有真理性的存在。与黑格尔的这种存在论相对比，胡塞尔的“本质直观”所达到的存在之本质，不过相当于黑格尔《精神现象学》中低级的“力和知性”阶段所把握的“共相”，一种概念性的“种类”，只不过，黑格尔认为“共相”是经过一定的间接性（中介性）达到的，而胡塞尔则认为“共相”是通过直接性的直观（“本质直观”或“范畴直观”）即可达到。但是，存在之最深层的本质，或者说，存在之作为存在，难道就止于它作为概括性的“种类”、作为“共相”，就至矣尽矣了吗？《精神现象

① G.W.F.Hegel Werke，3，Theorie Werkausgabe，Suhrkamp Verlag，1983.S.39.

② 黑格尔把意识本身的推动力称为“威力”（Gewalt，暴力），这种“威力”同时又是来自“绝对”，因为“绝对”在意识运动发展之初，就“自在地和自为地已经并愿意在我们身旁”。这就是说，“绝对”从始就降临于我们，与我们同在，它把绝对真理之光投射于我们，使意识不断向前运动和发展（参阅拙著《自我实现的历程》，山东人民出版社 2003 年版，第 83、85 页）。

学》在“力和知性”阶段之后，还经历了伦理道德、法权、宗教、哲学等多种人类思想文化活动的历史进程，才达到存在之最高本质，达到最真实的存在。相比之下，胡塞尔的“本质直观”未免把存在的本质之含义理解得太简单了！例如曲阜的孔庙，它的本质是什么？按照胡塞尔的“本质直观”说，也许可以回答说，它是“庙”。但“庙”这个共相，就说尽了孔庙的本质吗？实际上，孔庙已经沉积了几千年来中华传统文化思想发展之精华。孔庙的本质是什么？严格讲，这个问题需要写一本中华民族式的《精神现象学》来回答。胡塞尔所开创的现象学的特点，如前所述，主要在于，不再把存在理解为独立于人的意识之外的东西，而理解为意识之内的“为意识”的东西。据此，存在的本质应随着意识的发展（不仅指个人的意识，而且指民族、人类文化思想的发展）而发展、而深入。离开了人生，离开了人类文化思想的发展而谈存在的本质，那种本质只能是抽象的。也许可以说，胡塞尔的“本质直观”说只适合于自然物，例如说某物是花、是植物，这是马，纸是白的，金子是黄色的，这里的“花”、“植物”、“白”、“黄”、“马”都是共相，这些共相道出了主词的本质。诚然，这些共相都在一定程度上道出了存在的内容，就像“庙”这个共相也在一定程度上道出了孔庙的内容一样，但“共相”所道出的存在之内容，毕竟是低层次的。即使是就一朵简单的花而言，仅仅能道出这是花、是植物，也远未能深入其本质。一朵菊花或一朵梅花，在中华文化的心目中就蕴涵着傲岸、高洁等等风格和品格，不懂得中华传统文化的人，就不懂得中国这块土地上的菊花和梅花的丰富内涵和本质。如此观之，胡塞尔所讲的“本质直观”中的本质，未免显得太远离人生、远离思想文化了。难怪有人说，胡塞尔的“本质直观”看似直接，实际上却把本质推到了遥远的地方。与胡塞尔相比，黑格尔的精神现象学倒是更加切近人生、更加切近民族的思想文化，而为海德格尔的“存在本身”的思想观念，为其整个存在论提供了直接的源泉。胡塞尔晚年的“生活世界”说和对欧洲文化的关怀，毕竟来得太晚了，他已来不及作多的发挥，以弥补其先前的思想学说的局限。

诚然，我们也应该注意到，胡塞尔“本质直观”中的本质，不同于经验主义和唯理主义的抽象本质，我们不能简单地把它等同于抽象概括出来的东西。胡塞尔的“本质直观”说，同他关于经验发生的视域结构的理论是紧密相连的：他讲的“本质”，是在以某个对象为中心的、与之“共在场”（copresent）的、广阔无限的“视域”中发生的，因此，这种本质的发生、生成，也与经验者个人以往的人生经历以至一个民族的思想文化的历史发展过程一气相通。胡塞尔的这一深刻的“视域”说，实际上与黑格尔所主张的“实体本质上即是主体”的漫长过程说有相通之外。但他毕竟没有像黑格尔那样把他的“视域”展示开来而使之成为一个漫长的过程。他对历史的轻视，使他的“视域”说只是停留在抽象的理论论证上，而缺乏活生生的现实感与历史感。“视域”说只是为“本质”的发生提供了一种不同于经验主义和唯理主义的途径，但最终达到的还是一种抽象的普遍性、共同性，胡塞尔并没有从他关于“视域”的洞见出发，进而把本质展示为超越普遍性、共同性，具有个人人生经历以至一个民族的思想文化特色的个体性。而在黑格尔看来，只有这样的个体性，才是事物的最深刻的本质，黑格尔称之为“具体的个体性”。

五

黑格尔在《精神现象学》中把超出时间之外的、永恒的“绝对概念”、“绝对主体”当作投射于意识之光，照亮着现实意识的辩证运动和发展。用海德格尔的话来说，在黑格尔那里，正是“主体性”通过“辩证法的运动”，使自身“现身当前”（Gegenwart），“进入其自身的在场（praesenz）”，这和胡塞尔将“先验主体”当作构成一切原始的被给予的东西之先验前提而使自己出场的方法，颇有异曲同工之妙：尽管方法不同，但两者（黑格尔的“绝对主体”与胡塞尔的“先验主体”）都是把他们所强调的“事情本身”归结为“主

体性”，归结为一种作为光亮的现成之物。正是针对这一点，海德格尔提出了他的作为“敞开之境”（Offenen）的“澄明”（Lichtung）说[①]和“无”的哲学原则[②]，认为，黑格尔的“绝对主体”说和胡塞尔的“先验主体”说都和西方一般的传统哲学一样，是以“有”为其哲学最高原则：虽有光亮，但没有“敞开之境”，无法让光亮穿越，就像森林没有空隙，无法让光线进入一样。海德格尔提出“无”的最高原则，“无”就是“作为存在的存在”（Sein als Sein），它即是“敞开之境”，是“无”让光亮有可能起到照亮的作用，从而让在场者出场、显现。[③]这也就是说，是“无”让“有”得以出现。[④]海德格尔对黑格尔和胡塞尔的这一批评和他所提出的“无”的原则，无疑是很深刻的，在西方哲学史上是一大突破。但就黑格尔而言，这里应该指出的是，黑格尔的《精神现象学》，如果像我前面所说过的那样，只要割掉其最后那个“绝对概念”——“绝对主体”的尾巴，专注于《精神现象学》用接近全部篇幅所描述的意识运动发展过程本身，则这个过程本身就潜藏有以“无”为哲学原则的思想成分。前面已经引证过的《精神现象学》序言中那段话，说得更明白，这里无妨重复一下：“有些古人当他们把推动者理解为否定的东西时，就是把空虚理解为推动者，只是他们尚未把它理解为本身（das Selbst）。”[⑤]黑格尔在这里明确强调，意识“本身”就是古人说的“空虚”，它本身推动自己运动。这说明推动者不是一个现成的某物——不是某个“存在者”（“有”），而是“无”，“无”即“本身”。“无”作为精神现象学的最高原则，在黑格尔这里呼之欲出，只是他不能摆脱旧形而上学的束缚，最后还是用一个超越于时间性的意识运动过程之外的“绝对主体”——最高的“存在者”——

---

① 海德格尔：《面向思的事情》，商务印书馆 1996 年版，第 66 页。

② 参阅拙著《天人之际》，人民出版社 2005 年版，第 412—416 页。

③ 海德格尔：《面向思的事情》，商务印书馆 1996 年版，第 67—73 页。

④ 关于这个问题，我在其他论著中多处作了较详细的说明，兹不赘。

⑤ G.W.F.Hegel Werke，3，Theorie Werkausgabe，Suhrkamp Verlag，1983.S.39.

"有"来结束自己的体系，以示其体系之完满。黑格尔死后的大多数西方现当代哲学家特别讨厌他所奉为至尊的"绝对"以及他所孜孜以求的体系之完满性，于是连同他的许多能作为现当代哲学之先驱的思想，也都视而不见，有意无意地一概抛弃了。海德格尔把"无"规定为"存在本身"的思想，其实源于黑格尔。他把黑格尔看成与胡塞尔同样是不见"敞开之境"、不见"无"的哲学家，未免缺乏分析。胡塞尔的"先验主体"和"感性直观"、"范畴直观"中所直观到的被给予性，都完全是以"有"为哲学最高原则的体现。与此相联系的是，"主客二分"的模式在胡塞尔那里也表现得更为明显，只不过他把主客二分都通过现象学还原，移植到意识之内罢了。人们对于他的"主客二分"的思想模式已经评论得很多了，这里毋庸赘述。总起来看，在西方哲学由传统的古典哲学转向现当代哲学发展的进程中，在哲学日益现实化的趋势中，胡塞尔在许多方面似乎是倒退到黑格尔以前去了。胡塞尔更接近康德，海德格尔则距黑格尔较近而去胡塞尔较远。

（原载《江海学刊》2007 年第 2 期）

[21]

"德国哲学中人的理论"国际学术讨论会开幕词

女士们，先生们：

今天，我们很高兴地聚集一堂，召开这个国际德国哲学讨论会。首先，请允许我以《德国哲学》主编和湖北大学哲学研究所所长的名义向远道前来参加会议的德国、瑞士、法国、美国、日本的著名哲学教授表示谢意，向来自中国各地的著名哲学教授和专家学者表示谢意。

在中国这块古老的土地上，德国哲学早已找到了最适于它生长的土壤。我这里还不仅仅指本世纪以来马克思主义对中国现实生活的各个方面所产生的决定性作用，而且包括更早一些的以及当代德国哲学家对中国学术界的巨大影响。如果我们对中国任何一所高等院校中非哲学专业的同学们进行一次调查的话，就会发现他们最先能够想到的外国哲学家就是康德、黑格尔和费尔巴哈。如果我们注意一下我国中青年学者目前所表现出来的学术兴趣的话，就会发现胡塞尔、尼采、海德格尔、维特根斯坦、弗洛伊德、伽达默尔、哈贝马斯已成为大家谈论的中心。

德国哲学或以其批判的科学精神，或以其深邃的思辨，或以其对人的生活环境和心理结构的细微体验而吸引着中国的哲学爱好者。正是由于这个缘故，我们才发现在一切领域，无论是超越的还是实用的，是分析的还是想象的，都可以不断地从德国哲学中吸取智慧。

但召开一次专门的、有这么多外国学者参加的国际性德国哲学讨论会，在中国还是第一次。湖北大学举办这样规模的国际学术会议也是第一次。第一次总是有意义的。其意义不仅在以后的岁月里会通过第二次、第三次乃至更多次这样的会议得到体现，而且它本身就可以说明，只有哲学本身所具有的普遍性本质早已使我们处在相互对话之中，这才使我们有可能召开这样一次会议。

无论中德两国在历史上所形成的哲学形态和思维习惯有着多么大的差异，也无论我们在语言上有着多么大的障碍，我们都会发现正是差异和障碍才使我们彼此渴望交流。我相信，当我们大家面对面地在一起交谈时，一定能寻找到许许多多超出语言之外的有价值的东西。

关于人的哲学问题不但是近现代德国哲学的一个主题，也是近年来中国哲学界关注的一个焦点。很自然地在这次国际会议中，它不但是我们进行学术交流的一个中心，而且是我们在彼此的交谈和理解中达到相互沟通的一个现实内容。我也相信，人的解放将成为我国思想界今后的一个主要课题。歌德曾经说过，理论是灰色的，生命之树常绿。在反复的辩驳和争论中，死去的只会是理论而不是我们。正是怀着这样的信念，我们才对这次会议的成功充满信心。

各位朋友、各位来宾，在这样一个动荡不宁、众说纷纭的星球上，哲学从来就是一个既给我们带来烦恼，又给我们带来希望的领域。一切有幸进入这一领域的人都有着各自不同的追求和困惑。当我们不得不对于日常事务予以太大的重视时，我们会发现我们无法

赢得内心的宁静，无法使哲学徜徉自怡于自己原有的家园；当我们摆脱了日常生活中急迫的兴趣后，又会觉得精神失去了它的实体性内容，而感到空疏。但无论如何，我们总应该尽自己最大的努力，以严肃认真的态度去对待和思考这个时代向我们提出的一切问题。这是哲学得以兴盛发达的真正基础，它既是德国哲学的一个优良传统，也会成为我们这次会议的一个突出的特色。我想就以这种精神宣布这次会议开始。

谢谢大家。

（原载《哲学与人》，商务印书馆 1993 年版）

[22]

中国与德国哲学的对话

——《德国哲学》发刊辞

德国是一个富于哲学思辨的国度，又是马克思主义的故乡，研究德国哲学对于推动整个哲学和马克思主义哲学的发展，无疑会起积极的作用。我们希望本刊多少能在这一方面尽自己的一点绵薄之力。

歌德说过，一个人即使是最大的天才，“如果想单凭他特有的内在自我去对付一切，他也决不会有多大成就”。歌德反对自我封闭，强调“利用旁人的工作”，“吸收外界的资源”，以发展独创性。他认为他之所以能获得可以自豪的成就，只不过是由于他“有一种能力和志愿，去看去听，去区分和选择，用自己的心智灌注生命于所见所闻，然后以适当的技巧把它再现出来”。本刊的一个重要目的，就是想不单凭自己“特有的内在自我”“去对付一切”，而要提高我们对外国哲学家特别是德国哲学家的思想与作品多闻多见并加以区分和选择的能力。德国哲学家的语言一般都晦涩难解，但思想特别深邃，有极其独到的见解。希望能从我们对德国哲学的深入了解和

钻研中崭露出一些有独创性的哲学思想和哲学家。

德国哲学是一个广阔的领域。从中世纪一直到当前的德国哲学，都属于本刊的刊载范围，马克思和恩格斯的哲学是其中的一个重要组成部分。长期侨居或移民异国的德国哲学家当然也是本刊研究的对象。德国与奥国在历史上曾经长时期是一个整体，德国哲学与奥国哲学有着血肉联系，本刊显然不能把奥国哲学置于视野之外。不用说，一本命名为《德国哲学》的刊物也必须重视德国哲学同其他国家哲学特别是同中国哲学之比较研究，必须重视德国人对其他国家哲学以及其他国家对德国哲学的研究。其实，这个刊物本身就是中国人研究德国哲学的刊物之一。

马克思主义哲学是科学，凡属尊重科学，以实事求是的精神写出的文章，我们都表示欢迎。谁也不能保证自己的文章是百分之百的正确，或百分之百的马克思主义，我们只能切切实实地贯彻百花齐放、百家争鸣的方针，俾使我们的哲学工作者在这块园地上能直抒己见，共同切磋，以求得哲学的发展。

本刊是一个学术性刊物，我们要求在这里发表的文章都是有内容、有根据，确实经过一番研究的、言之成理的作品；对作者的观点则不强求一律。我们更不能干涉大家发表学术见解的自由，我们主张在相互讨论和争论中，在认真的思考中，让真理自己显示自己。

德国哲学涉及哲学的各个领域和各种问题，本刊打算用一些篇幅对某些问题进行比较集中的研究和讨论。

为了更广泛地、更直接地开展思想交流，本刊除开辟翻译一栏外，还希望能逐步做到适当地直接发表德国哲学家和其他国家哲学家的重要论文；在每期的动态栏内，我们还将着重报道德国哲学新近的概况。

希望哲学工作者和广大读者给以支持、帮助和批评。

（原载《德国哲学》1986年第1辑）

[23]

关于人的理论

——中国国际哲学讨论会侧记①

[联邦德国]加·格洛伊

1988年4月1—6日，在中国武汉的湖北大学举行了自“文化大革命”以后的首届中国德国国际哲学讨论会。会议的议题为“德国哲学中关于人的理论”。一大批中外著名学者应邀出席了会议。外国方面作大会报告发言的有：贾·董特（J.d‘Hondt，巴黎）、哈特曼（K.Hartmann，图宾根）、隈元忠敬（Ch.kumamoto，广岛）、萨利斯（J.Sallis，芝加哥）、林克（D.B.Linke，波恩）、施密特（G.Schmidt，波恩）、施耐德巴赫（H.Schnaedelbach，汉堡）、舒芬豪威尔（W.Schuffenhauer，东柏林）和格洛伊（K.Gloy，卢塞恩）。中国报告人有：张世英（北京）、齐良骥（北京）、陈修斋（武汉）、

① 本文原载于联邦德国《哲学研究杂志》1989年第43期。作者加·格洛伊（Karen Gloy）系联邦德国海德堡大学哲学系教授，著名康德哲学专家，并兼任瑞士卢塞恩大学教授。她1988年4月应邀参加了湖北大学举行的国际哲学学术讨论会。本文是她回国后专为报道这次会议而撰写的。

江天骥（武汉）、杨祖陶（武汉）、张志扬（武汉）、朱正琳（武汉）、钟宇人（北京）、陈家琪（武汉）和勒希平（北京）。在这些令人尊敬的宾客中，有曾经作过海德格尔学生的熊伟，他在西方学界因卓有成就而使大家深为钦佩。此次会议总计约有一百余名来自中国各地的教授、讲师、博士生和硕士生参加。

会议由北京大学外国哲学研究所教授、湖北大学哲学研究所所长张世英主持。张世英教授自从1986年首次应邀出席瑞士卢塞恩国际学术会议以来，又相继在1987年参加了在西德吉森举行的全德哲学代表大会和去年春季在巴黎举行的黑格尔学会代表大会，因而在西方广为人知。在中国，他是享有盛名的哲学家。他的贡献首先在于将一种独立自足的思想体系、一种纯粹本文诠释的对康德和黑格尔的解释引介到中国。他的贡献还在于与别人合作编纂了多卷本辞典，并于1985年创办了《德国哲学》杂志（北京／武汉）。

此次中国国际哲学讨论会，自“文化大革命”以来尚属首次，从而对中国的文化政治具有显著的意义。不仅中国的学术界、而且国外学术界都对此给予了关注。

明确地宣讲现代西方哲学，是本次会议的最为引人注目之处。关于马克思的学术报告虽然仅有一个，它是由来自东柏林的威·舒芬豪威尔宣读的，不过仍很客观、也很富有启发性地论述了费尔巴哈与马克思所探索的人类图景，并且在年岁较长的中国哲学家中激发起了生动的讨论。事实上，这些与会者讨论十分热烈，他们对西方的思潮、倾向和系统有着相当高的知识水准（要知道在这里几乎是完全缺乏翔实细致的思想材料，因为在中国许多书籍由于高额外汇而不能得到），因此使得初次来华的西方国家客人深感惊讶。他们在会上所作的学术报告既简明扼要，又赋予新意。举一个例子就足以说明当前中国的学术状况：中国学者显然熟知关于主体、现代意识理论、心理分析问题、法兰克福学派（阿尔多诺、哈贝马斯）、海德格尔、现象学、结构主义等方面的讨论。在武汉出现的此种情形，不仅代表了中国、代表了中国重点高校如北京大学的最负盛名的哲学家，尤其还代表了应邀出席会议的中国社会科学院，以及北京和武汉的高校。

大会开始后，由湖北大学校长致欢迎辞，张世英教授致大会开幕辞。全德哲学学会主席赫·施耐德巴赫发表了一篇纪念性的演讲，题为《关于人的哲学与科学》。文中详细论及了哲学、伦理学与人类学；克·哈特曼报告的论题为《交际哲学与制度问题》，文章对哈贝马斯的《交际行为理论》一书作了批判；隈元忠敬的论文题目为《黑格尔的否定与知》，文中论述了黑格尔《逻辑学》中的否定概念；格·施密特作的报告题为《人道主义与超验》，内容从自然科学和技术论及哲学，中心部分论述海德格尔对自然科学和技术状况所持的态度；加·格洛伊作了题为《现代自我意识的基本结构》的报告，她详细论述了在康德、费希特、黑格尔和海德格尔中的自我意识状态；贾·董特报告的论题为《对抽象人性的批判》；迪·比·林克论述了哲学—心理分析—医学的边界问题，论述了在心理分析中主体与客体的分离与统一；杰·萨利斯演讲的论题为《模式与想象—海德格尔与人的专名》，文章表明他广为熟知海德格尔的某些仍未被人发现的文献。

围绕这些报告，大会时常出现两个中国人同时就大多数报告的专题发表评论的情况。著名康德哲学专家齐良骥所作的论题为《康德认识论中感受性的意蕴》；湖北大学的陈家琪所作的报告题为《主体的纯粹形式与文化人类学》，文章在政治上令人惊奇地公开己见，自我认识，并进行了毫不留情的批判；北京的青年博士生靳希平的报告很值得重视，他的论题为《作为意识分析的现象学与海德格尔批判》；武汉的杨祖陶的报告论题是《黑格尔〈逻辑学〉中的主体性范畴》，文章显示了作者重构其艰难的反思和论证过程的能力，正如他在黑格尔的《逻辑学》中发现的那样。湖北大学的朱正琳提交的论文是比较叔本华和弗洛伊德。会议结束后，人们还希望继续延长讨论。中方学者还有许多报告能未能一一宣读。形式多样的报告是与不同范围的主题相适应的。每一位学者，尤其是外国客人，都

对中国的这个特别专门的领域表示了极大的关注。

大会期间还举行了《德国哲学》杂志的编委会。此杂志1985年由张世英在武汉创办，同时还聘请了一批外国哲学家作为外籍编委。如格·冯克（美因兹）、加·格洛伊（卢塞恩）、克·哈特曼（图宾根）、赖·劳特（慕尼黑）马·萨斯（波恩）、格·斯密特（波恩），现在还有赫·施耐德巴赫（汉堡）。杂志的任务是：将德语经典文献译成中文，公开发表当代德国和中国哲学家的文章，报道会议情况（如1987年在西德吉森举行的全德哲学会议），评论新出版的书籍。全德哲学学会会长施耐德巴赫表示将努力办好这本非常重要的哲学杂志。

（原载《湖北大学学报》1990年第2期）

[24]

《若兰诗集》序

若兰原系闻一多先生为彭兰取的号。1945 年 7 月我们在昆明结婚时，一多师是她的主婚人，柳漪（冯文潜）师是我的主婚人，锡予（汤用彤）师是我俩的证婚人。我们在昆明青云街一个偏僻的小巷（竹安巷）里租得一间小房，办了一桌酒席，应邀参加的就是这三位老师和他们的夫人，总共八个人。一多师打开他亲笔为我们用篆字书写的横幅向我们祝贺说："这中间的四个字，我心则悦，不用我解释；要说的是这个上款：若兰世英结婚纪念。这不仅是因为她是个单名，不好写，更重要的是，若兰者，似兰非兰也，真正的兰花太实，我想虚一点好，专取其幽香清远之意。"我今以此名集，亦有此意。她在昆明西南联大念书时，每爱在空净之处闲吟太息。据她告诉我，她父亲是前清翰林，母亲也出自书香门第，晚年都信佛，她的人生观颇受佛教思想的影响。但她的思想显然不完全是出世的。

国破家何在，层山涌暮云。
凄风人独立，古木雁中分。

孤塔迎残照，荒烟拥乱坟。
吴钩何处觅，空对夕阳曛。

真像空谷中的幽兰，显得很寂寞、很凄切，却总想为人世间放出一点清香。她在昆明的报纸上就曾以谷兰为笔名发表过诗词。

她逝世的第二天，我写了一副挽联：

春城弦诵喜结缡，争吟韵事，从此谁与正平仄！
人海徊徨承解惑，共倾衷肠，他生再面嗟沧桑。

我和她是以诗相识的。我那时完全不通平仄，她勉励我："你的诗有意境，这就不易，平仄我可以教你。"她经常替我正平仄，但我更多的是向她学笔姿、学意态。从此我们逐渐产生了爱慕之情。婚后，的常常对我讲她儿时如何聪颖，如何能诗作对。至今仍然记忆犹新的一副对联是，她舅舅（前清秀才）出了一句上联：围炉共话三杯酒，她立即答出下联：对局相争一桌棋。时年九岁（1927年）。她遇有得意之作，常邀我赓和，我自愧没有这种诗才，越来越敬佩她。有一次我在日记中写了几句我很敬佩她之类的话，不料惹得她看后大哭了一场，原来是怪我没有写一句我爱她的话。她长我三岁，不少朋友劝我们不要结婚，理由不外是，相敬不等于相爱。但我们终于在弦诵争吟中结成了婚姻。我们的一生，如果用一句哲学的语言来说，也许就是相敬与相爱又有区分又有统一的一生吧。

我们结婚之前，经常听她说，她"决不会同一个学哲学的人结婚，好争辩，寡人情"。可是偏偏一多师说她是女同学中最有哲学头脑的人，而且她为了同我结婚，曾向一多师征求意见，一多师在"面试"我之后的结论又偏偏是有哲学头脑，有培养前途。哲学与文学就这样联姻了。1963年她在小汤山疗养，晚登乾隆题字处，她填了一首《浪淘沙》，其后半阕是：

帝业总成空，白骨尘封，名园非复旧时容。
古木苍松人共赏，世世无穷。

这几句富于人生哲理的词句，特别令我喜爱，也许就多亏我是一个懂得哲学的人吧。她生前每爱责怪我不该学哲学："你要是学文学，也许会对我的帮助大一些。"但我常想，也许就因为我是学哲学的，才成了她这几句诗的知音哩！

她七岁丧父，二十岁丧母，常有身世飘零之感。但她从幼年时期起就有积极进取之心，她特别念念不忘的是她母亲临终时叮嘱她的一点遗愿：做一位教员，做一个诗人。她终其一生，似乎都是想在这两个方面留下一点雪泥爪印。她逝世前几个月曾写下这样两句：

桃李满园堪庆幸，
且留鸿爪在人间。

也许她是为她的小小成绩感到了一点欣慰。但就是这一点小小的成绩，也是她经历了人世的风涛才取得的。

1940年秋，战云弥漫，学子流亡，她刚刚告别她母亲的遗体，就从武汉的法租界偷偷逃离日寇的虎口，历尽艰难险阻才只身到了西南联大叙永分校，念中文系，次年转昆明校本部。她这时就已显露了诗才，不时在读书报告的末尾附上几句诗作，请老师斧正，颇得闻一多、罗庸、朱自清、浦江清几位老师的赏识。罗庸老师常常把她的诗词抄在黑板上让大家共赏。诗集的前面有好几首就是从她的读书报告中抄录下来的。她和同班或同乡同学来往，也常以诗相酬和，不少同学对她以联大才女相称。

她和联大其他许多流亡的穷学生一样，为了糊口，不得不给人家当家庭教师，往往深夜归来，还伴着一盏孤零零的桐油灯，写作业，看古文，不遑寝息。据说，她又是女生宿舍中起床最早的一个，经常是喝一碗稀饭，咽一点咸菜，就夹着书包离开了宿舍，或上图

书馆，或去人家教家馆，就连当时穷学生上茶馆念书的茶钱也难以负担得起。她并不是一个两耳不闻窗外事，一心只读圣贤书的人，她的心灵深处究竟在盘旋一些什么呢？

万里河山半劫灰，婵娟含恨且低徊。
三更数尽难成梦，恍惚遥闻画角哀。

她同当年许多青年学生一样，是抱着“千秋耻，终当雪”的收复河山之心而走向进步、走向革命的。她跟随着闻一多先生的步伐，成了闻先生的高足。这大概是诗集中怀念一多师的诗词较多的主要原因。她属于联大当时比较进步的学生，而我当时向往的是鸡犬之声相闻，老死不相往来的小国寡民思想，我总爱向她念叨庄子的哲学：我生也有涯，而知也无涯，以有涯随无涯殆矣。她不同意我，到闻先生那里去“告状”。闻先生送我一本《海上述林》，黑绒面，烫金字，给了我深刻的印象。在她和闻先生的思想影响下，当然主要还是由于形势的教育，我经过长时期的沉思，逐步走向革命，并于1948年在天津南开大学参加了党的地下外围组织“民青”。近几年来，我们都深感走到了人生的尽头，经常谈论离休退休。据说，根据文件，我可以办离休，而她则已于逝世前九个月办了退休。我在她面前感到惭愧。她于1944年毕业于昆明联大后，在昆明教中学的两年期间里，经常在师生中进行革命思想宣传；1946年秋到天津南开大学中文系任教，参加过反饥饿、反内战的运动，散发过反对国民党反动派的传单，掩护过进步学生去解放区。我知道她在这个问题上不是十分平静的，但她毕竟有“职位工资只等闲，潜心四化志坚顽”的广阔胸怀，如果我今天要为她鸣一下不平，她也许又会觉得我还不够作她的知音哩！

天津解放后不久，她回武汉，曾任中学语文教师和教导主任，1952年参加民盟，任民盟武汉市委常委兼妇女工作委员会主任，1953年加入中国共产党。这是她风华正茂，在故乡中等教育界极其活跃的几年。她是一个家乡观念很重的人。回武汉后的几年，她日夜为刚刚解放后的故乡教育事业操劳。从她后来的几篇诗作里，可以看到她对培养故乡后辈的热情。北京大学湖北学生于1985年成立联谊会，她赋诗祝贺：

长江浪阔奔千里，湘累遗篇万古新。
负笈幽燕思报国，振兴华夏为人民。

凡是从故乡来京的青年，她总是殷勤接待，不遗余力地要满足他们的愿望，期待他们成材。当年她赠给武汉大学一位青年教师的七绝：

松花远寄数千里，
盛意深含故园情。
三楚文明留简册，
喜看后继有群英。

1953年秋，由于我已先一年调来北大，她也到这里工作，迄今三十四年有余，历任校长秘书、中文系教学秘书、中文系古代文学教研室副主任、讲师、副教授、教授等职。她撰写了关于诗经、乐府、高适研究的论文多篇，著有《高适年谱》。她讲授过先秦两汉文学史、古典诗歌选、散文选等基础课，以及乐府诗研究、古典文论、杜甫研究、高适岑参研究等专题课。她对中国古典文学，特别是古典诗词有很深的造诣。她在此期间创作了大量旧体诗词。

1958年她对“书斋徒咄咄，纸上空谈兵”的自我批评，1963年和1964年对国庆节的颂歌，以及1976年对毛主席、周总理的悼念，都表现了她作为一个诗人的赤诚。1970年，她和广大的中国知识分子一样处于艰难岁月，她却在鄱阳湖畔写下了这样的诗句：

鄱阳春水碧连天，

仰望长空卧石眠。

充分表现了一个诗人的潇洒、坦荡和旷达。

她待人平易，但从不随波逐流，寓倔强于随和。1966年，中文系总支书记程贤策同志遭到迫害，有人想利用她的随和，在她手下抓走程贤策同志，她拒不交人，设计把程藏在女厕所里，暂时让程闯过了一道难关。不久，程终于被逼身亡。1978年学校召开追悼会，为程平反昭雪，她感赋一词以寄悼念之情，词的上阕是：

十二年华逝水流，忆在心头，恨在心头，
黄金台上鸟啾啾，生者堪忧，死者堪愁。

写得多么凄婉，多么深切，非情谊至深者，何能至此。

中文系的张仲纯教授也是在那段岁月里含冤受屈的一个，她在1978年送别仲纯教授时写下了“多少事，欲话苦难言”的诗句，婉约地道透了中国一代知识分子的悲哀，也和其他一些酬赠友人的诗句一样，表现了她对人的诚挚、温厚与同情。

我的祖父是一个乡下裁缝工，父亲是中小学教员。我和她第一次见面时，穿着一件灰色旧长棉袍，有点捉襟见肘。她当时虽然也是流亡学生，却是名门出身，大家闺秀。可是就在她看过我父亲给我的全部信函，充分了解了我的贫寒家境之后不久，我们终成眷属。我终生不会忘记，那是发生在旧社会的姻缘呀！她不善女功，我们结婚的两床被是由我一针一线地缝上的，我对她从无这方面的要求，她也常常以此在人面前夸耀。但当我在外面遇到困难时，一回家就爱缠着她，要向她倾诉衷肠。她在我受到挫折时总是设法使我振作。1984年游太湖时我在寄给她的一首七绝中写了这样两句：“纵有丰碑高万丈，何如一叶泛五湖。”她在回赠我的诗中劝我：

莫羡范蠡遗韵事，水光山色永争妍。

和往常一样，是她为我排忧解惑，使我又一次振奋起来。

“人海茫茫苦难多”。何况多少年来我们这个社会里的惊涛骇浪，令人惘然。四十二年来，我们最能引以自慰的就是能够在一起共话沧桑，共嗟荣辱。从今以后，纵有千愁万绪，更与何人诉说！

她的淡远、泰然而又热情的诗人气质，在她最后半年多来的病院生活里表现得尤为鲜明。短短七个月的时间，她面临死神，成诗八首，或感谢医护人员“辛勤岁月绩长留”，或赞扬病友“戎马倥偬情旷达”，或歌颂国庆节日“彩塔花坛耀九州”，或庆幸台湾大陆“两岸同胞共月明”，句句充满了炽烈豪放的激情，哪有一点点即将辞世的呻吟！只是在精力极度疲惫的情况下，岚儿勉强她在医院花园里呼吸一点清鲜空气时，她才作了“金风阵阵催人老，从欲年华浪里舟”的叹息。但她在猜测到自己患的是癌症以后的当夜，却写下了这样的豪迈诗句：

癌症何须惧，死生顺自然。
人间最乐处，诚挚为元元。

她是一个既有革命豪情又富儿女之情的人。就在写这首不怕癌症，一心为人民的七绝的同时，还写了另一首诗赠我：

他生共饮长江水，喜看鸳鸯逐浪飞。

表达了她临死之前愿同我再结来生之好的深情。我虽然亦已年近古稀，两鬓成霜，也不禁在酬和她这篇诗作的同时回忆起当年携手翠湖时的绮语柔情：

依稀蝶梦到沧洲，
月色清明夜色柔。

这是我们婚前她赠我的第一首诗。我们的相识以诗开始，我们的共同生活也以诗结束。

她把她的一生全部贡献给了文学和教育事业，堪称纯真的诗人，辛勤的园丁。

她显然以未能完全实现她的理想和她母亲的遗愿为憾。1980 年的重阳节是她母亲逝世四十二周年纪念日，她感赋了这样两句：

欲追李杜谈何易，
辜负叮咛泪万行。

她是实事求是的，从不妄自尊大。但她并非完全缺少李杜的禀赋。

织绣自来称粉黛，
文章从不让须眉。

这两句诗及其答和她舅父的那句下联“对局相争一桌棋”，都是她九岁时所作，未尝不可与杜甫“七龄思即壮，开口咏凤凰”相媲美。诗集所搜集的那几首在联大时期的长短句，其清超不让白石，婉约有如易安。为什么在这以后的几十年里，她没有充分展露她的诗才呢？她有“鲁戈真可挥西日，老骥千程不怕多”的壮志，可是她在逝世前的这几年里，每一回顾过去的大半生，就不免要兴“冯唐易老岁蹉跎”或“年华虚掷意茫茫”之叹。这不是她个人的悲鸣，她用诗的语言表达了我们这一辈人的心声。

在若兰离开我们的这一个月里，我几乎每天都要翻阅她的遗作，从她留下的这些雪泥鸿爪中回顾我和她共同走过的四十多年岁月。谨以这本集子悼念我至亲至爱的若兰，并用以慰藉我们的几个孩子和许多深深怀念她的朋友。

1988 年 2 月 24 日若兰逝世后一月于北大燕园

（华夏出版社 1989 年版）

［25］

《天人之际》自序及正文摘录

一、自 序

80年代初，我国哲学界开始讨论主体性问题，但至今人们大多只从主观能动性的角度来理解主体性概念，不少人甚至认为主体性就是主观片面性，一般地说都远未能明确地从人与世界万物的主客二分关系（subject-object dichotomy）来理解主体性，似乎不知道离开了主客二分关系就谈不上主体性；哲学问题被归结为仅仅是主客二分的关系问题（尽管持这种看法的人并没有明确提出“主客二分”这个术语），更是在学术界占主导地位；至于西方当代哲学的一些重要派别已把主体性和主客二分视为过时的概念，我国学术界则很少涉及，当有人提到“主体死亡”的口号时，甚至被视为奇谈怪论。——所有这些，都引起我极大的疑惑和兴趣。人对世界万物的关系是否只是主体对客体的关系问题？西方传统哲学的主客关系问题是否囊括了哲学问题的全部？西方当代哲学的许多重要思想学说，特别是人文主义思潮，能用主客二分的模式说明吗？中国传统哲学能用主客二分的模式来涵盖吗？主体性能作为中国传统哲学的主导原则吗？一些西方当代思想家提出的“主体死亡”的口号有什么深刻的含义？中国哲学今后的发展将与西方现当代哲学发生什么样的相互作用和影响？

我长期研究西方古典哲学，特别是德国古典哲学，主客二分的思维模式和主体性原则紧紧框住了我、束缚住了我。但上述一系列问题的缠绕引起了我集中读西方现当代哲学家尼采、狄尔泰、海德格尔、伽达默尔、德里达等人的著作的兴趣，也引起了我读中国传统哲学特别是道家著作的兴趣，这两类书的思想都是与主客二分、主体性不同道的东西，前一类属于主张主体死亡或接近死亡的书，后一类书属于尚未达到主体性原则的书，但它们二者有重要的相似之处而与西方传统哲学相对立。这两类书都启发了我，仅仅囿于主客二分式，只能使眼光狭窄。

从尼采、海德格尔等人对西方传统哲学的主客二分和主体性原则的批评中，我体会到，人对世界万物的基本态度和基本关系有主客二分和主客不分（主客浑一、物我交融）两种，主客二分已是西方哲学固定的、常用的专门术语，主客不分的术语在西方学界尚不十分固定，我姑且借用中国哲学的术语称之为“天人合一”。当然，中国的天人合一的学说与西方的（无论是西方现当代的，还是古希腊早期的）主客不分的思想有很多不同之处，我借用“天人合一”这个术语来指称西方哲学中主客不分的思想时，其中的“天”是泛指世界万物或自然万物，而不只是指与地相对的天空，更不是指封建的义理之天，其中的“合一”也不是说人与物或自然之间没有任何差异，其实，中国哲学的天人合一说也并不排斥天与人之间的差异，只是这种差异不像在主客二分式中那样是作为认识者一方的主体与作为被认识对象一方的客体之间的差异。我借用“天人合一”的术语，只是取其人物交融、主客浑一、人与自然融合的基本含义，这是中国传统的天人合一说与西方现当代的一些重要思潮以至古希腊早期哲学的共同或相通之处，不用说，它们之间的各种具体区别是不容否认的。

大体说来，中国传统哲学主要是天人合一的哲学，西方传统哲学主要是主客二分的哲学。中西哲学史各有其发展线索，中国哲学史是长期以天人合一为主导原则到转向主客二分式的发展史，明清之际是转折点；西方哲学史是从古希腊早期的主客不分思想到长期以主客二分为主导原则又到现当代反对主客二分的发展史，也可以粗略地说是从“天人合一”到主客二分又到“天人合一”的发展史。

但中西哲学史并不是两个互不相干的东西。无论中西印等几种不同的文化思想各有其历史源头，但仅仅就其都是人类思想这一根本事实来说，几种不同的文化思想应可视为同一棵大树上的枝丫。从这个总的观点出发，我以为我们的研究工作不应对中西哲学史上的各种思想派别只作横向的、静止的比较，而应着重于把它们放在同一条历史长河中、同一棵大树的成长过程中作纵向的考察，考察其各自所占的历史地位、阶段性和发展趋势，当然，历史、思想的错综复杂性不容许我们作死板的先后秩序上的排列。本书的下篇“哲学与哲学家”的各章就是按这种思路来写的。

我由此而集中想到了两个问题：一是中国哲学向何处去？一是哲学何为？

这是我近些年来全身心地投入的两个问题，也是本书最终探讨的两个问题。本书的上篇“历史”与中篇“理论”就是对这两个问题的考虑与探索。

中国的天人合一的传统思想给中国人带来了人与物、人与自然交融和谐的高远境界，但也由于缺乏主客二分思想和主体性原则影响了科学和物质文明不发达之弊，尤其是儒家传统把封建“天理”的整体性和不变性同天人合一说结合在一起，压制了人欲和个性。明清之际，特别是鸦片战争以后，开始了主客二分思想的转向，开始了召唤西方近代哲学的主体性的新时期，可是西方哲学已经前进得很远了，西方现当代哲学中的人文主义思潮，特别是后现代主义，

已淡化了主客二分思想和主体性原则之利而强调其弊，如人的物化，形而上的普遍性和确定性对个体性和差异性的压制等，因此它们已把主客二分和主体性当作过时的话题，甚至提出了“主体死亡”的口号，提倡人与物的融合和诗化哲学，强调差异性和不确定性。面对这种国际思潮，中国哲学将向何处去？是固守中国的老传统呢？还是亦步亦趋地补完西方近代哲学的主客二分与主体性原则之课然后再走西方当代哲学之路呢？还是预为之计，走中西结合的道路呢？我主张中国传统的天人合一与西方传统的主客二分相结合。

中国当前要发展自然科学，需要主客二分和主体性原则，但主客二分和主体性原则固有的形而上的普遍性（统一性、同一性）和确定性很容易同中国儒家传统固有的封建“天理”的整体性和不变性勾结在一起，从而制造一种新型的加倍压制个体性和差异性的哲学。我不赞成西方后现代主义完全否定主体性、普遍性和确定性的思想，但针对中国传统哲学的封建“天理”的顽固性，后现代主义未尝不可以对我们起一点冲击和振聋发聩的作用。另一方面，西方传统哲学过分强调思与诗、概念与隐喻的划界，把诗排斥在哲学之外，而西方现当代哲学的一些重要思潮，特别是后现代主义，则力图取消这种对立。如果说我们对主客二分和主体性的召唤叫做“西化”，那么西方现当代哲学主张人物交融，提倡诗化哲学，就可以叫做“东化”。我们为什么不可以与西方现当代哲学的这种思潮结成联盟呢？未来中国哲学的发展也许是一种既有西方近代的主客二分和主体性的进取精神，又有天人合一、人物交融的诗意境界的哲学，是个体性、差异性和流变性从传统的整体性和凝滞性中获得解放的哲学。

整个人类思想由主客不分观到主客二分思想又回复到（高一级的回复）主客不分观的发展过程，与个人意识成长的过程是一致的。婴儿无自我意识时，处于主客不分的阶段；后来出现了自我意识，也就有了主客的区分与对立，有了认识和知识；而如果一个人能进一步超越认识和知识，超越主客二分，他就可以达到高一级的主客不分、物我交融的阶段。整个人类思想的发展与个人意识的成长两者之间的一个重要不同之处在于，后者所包含的各阶段所经历的时间不过以月计、以年计，而前者则往往以百年计、千年计；一个个人达到了自我意识或主客二分的阶段，并不等于他就能建立以主客二分和主体性为指导思想和原则的哲学体系，这也就是为什么许多大哲学家可以有缺乏主体性原则的哲学的缘故。

在个人意识的成长过程中，我把认识和各种实践（自然科学的实践，经济的政治的实践，道德的实践）都放在主客二分的阶段，而高级的主客不分或物我交融阶段则是审美意识。我不同意用主客二分模式解释审美意识，我认为审美意识不问主客，不分主客，是人与物的交融，是“天人合一”。人若停留在主客二分阶段，则终因主客彼此外在、彼此限制而达不到心灵上的自由境界，这就是为什么与主客二分相联系的主体性虽然在其运用上有民主与科学之利，但民主与科学还不等于自由，——不等于心灵上的自由境界，不等于审美意识中的自由，这种自由不仅高于政治上的经济上的自由以及获得必然性知识的自由，而且高于道德意识上的自由。

审美意识中的自由境界只有靠超越主客二分、超越自我（亦即超越主客二分式中的主体）才能实现。我不赞成“主体死亡”，我主张主体——自我应被超越。这里的超越不是超越到超时空的抽象世界中去，而是超越人对世界万物的主客二分态度，达到高一级的“天人合一”。主客二分和主体性所给我们的是无穷进展、执著追求的精神，“天人合一”、物我交融所给我们的是胸怀旷达、高远脱俗的境界。理想的人格应该是二者的结合。哲学何为？也许就是通过修养、陶冶，超越自我（主体），提高境界。

西方当代许多哲学家正大谈哲学的终结。我同意那种以形而上的抽象普遍性、统一性、终极性为最高原则的哲学确乎应当终结；与此相联系的是，所谓寻找普遍规律的哲学也应该终结。普遍规律可以交给科学去探讨，那是个知识问题，而超越自我，提高境界，则是任何科学知识所不能代替的，这里需要的是陶冶和修养，需要的是超越知识，老子所谓“学不学”、“欲不欲”，其庶几乎！

不少人正谈论终极关怀，认为人不能满足于日常生活中的计较和追逐，人生的意义和价值在于终极关怀。我赞成这种看法。终极关怀有道德上的，有宗教上的，也有审美意识上的。人各有志，应该容许各人的终极关怀各不相同。我所说的超越是否也是一种终极关怀呢？

中国传统给了中国人太多的自满自足，现在大家已经躁动起来了；西方传统给了西方人太多的追求索取，现在他们却在向往安宁。中西哲学都正处于安宁与不安宁的烦恼和困惑之中。但烦恼会给我们带来希望，困惑会让我们选择。一个人只要肯认真严肃地思考时代和各自的国度向自己提出的种种问题，他就是一个有哲学头脑的人，一个过着充实生活的人。哲学不是什么需要中西哲学家们携起手来、共同攻关的课题或学科，我们应该在相互交流和彼此对话中进行各自的创作。

本书的序言由我的博士研究生胡自信同志译成英文，英译的后面一部分在内容上略有增删。严平博士对本书的出版给予了很多帮助，做了很细致的编辑加工的工作。谨在此一并向他们致谢。

张世英

1994 年 2 月 1 日

于北京大学中关园

二、正文摘录

从个人精神意识发展的阶段性来看，大体上是从原始的天人合一状态经过主客二分状态再到高级的天人合一状态；从整个人类哲学思想的主导原则的发展过程来看，大体上也是从原始的天人合一的原则经过主客二分即主体性原则再到高级的天人合一的原则。粗略言之，西方哲学史在古希腊早期哲学中，似乎以原始的天人合一原则占主导地位，人的知、情、意等等方面尚结合为一个整体，这是一个神话尚占重要地位的阶段，神话就是上述诸方面的整体。柏拉图以后，特别是从笛卡尔到黑格尔的西方近代哲学，则是以主客二分原则为主导的哲学，知（认识）被人们从上述诸方面的整体中抽离出来，认识论、理性主义、主体性形而上学在这个阶段中占了统治地位。黑格尔以后，西方现代和当代哲学如人文主义思潮的现象学、存在主义，甚至还有不少分析哲学流派，大多反对主客二分，人文主义思潮中的尼采、狄尔泰、海德格尔等人所主张的实际上都属于天人合一的思潮，我们也许可以称之为后主体性的天人合一。在这个阶段中，人的知、情、意等等方面又回复到一个更高级的整体，认识论、理性主义、主体性形而上学统治一切的时代渐成过去，审美意识似乎代替科学与宗教而成了人生的最高追求。中国哲学史在明清之际王船山以前，占主导地位的大体上是以原始的天人合一为原则的哲学，也许可以称做前主体性的天人合一。在这个漫长的时期中，中国哲学虽然也有重认识和知识的思想派别，但发挥、论证不够，在历史上也不占重要地位。有的哲学派别虽然也讲认识和知识，甚至要求超乎认识之上，但这样的思想很零星、甚至是暗含的、不鲜明的，不能说已达到了以主客二分或主体性为哲学原则的高度。只是到了明清之际以后，才缓慢地、但似乎比较明确地走上强调科学认识、强调类似主客二分式的原则的道路。总起来说，中国哲学史缺乏主客二分思想和主体性原则，而以前主体性的天人合一思想为主导；西方现当代哲学中的一股重要思潮则是在认识到主客二分模式的弊端之后，极力倡导天人合一。我以为西方哲学发展的前景也是继续申述和扩展天人合一的思想，而中国哲学则需要吸取西方近代哲学史上主客二分的思想，把中国古代哲学与西方现当代哲学结合起来，使中国传统的天人合一思想提升到一个崭新的高度。中西哲学的结合点也许就在这样一个共同的公式中：

前主体性的天人合一→主客二分或主体性原则→后主体性的天人合一。

……………

这里顺便提一下我国哲学界的一种提法，认为中国传统哲学是人类中心论，我想，这个提法是不妥当的。人类中心论本是西方的学术术语，原意与主体性原则不可分，主要是指在主客二分式中人认识自然、征服自然的一种以人为中心的主体性，而这正是中国传统哲学所缺乏的，我们不能以中国传统重人生哲学就说它是人类中心论。西方后现代主义哲学之反西方传统哲学和接近中国传统哲学的一个重要特点，正是它的反人类中心论。

后现代主义正大谈“哲学的终结”，其实是讲西方传统哲学的终结，他们所讲的“后哲学”也是这个意思。单就传统哲学所主张的超时空的本体论形而上学而言，我以为这种抽象哲学诚然应该终结。世界只有一个，即在时空之内的现实世界。人的本质不应该放在抽象的永恒世界之中，不应该夸大成绝对或抽象的同一性。马克思早在《黑格尔法哲学批判导言》中就已谈到哲学的终结，他赞成“否定哲学”，“消灭哲学”，他的意思也是指“否定”和“消灭”那种抹杀现实、一味崇尚抽象世界的传统哲学，特别是德国的传统哲学的思维的“抽象和自大”和“现实的片面性和低下”[①]。马克思强烈要求“在现实中实现哲学”[②]。后现代主义者在强调人的具体性与现实性这一点上，与马克思的思想有相通之外，尽管他们对具体性与现实性的理解又大有不同。

我们决不能全盘搬用西方后现代主义，它完全否定理性，否定主体性、普遍性、确定性，这种思想或倾向在理论上是站不住脚的，至少是片面的，西方许多当代哲学家对此都持有异议。我们可以把它看作是反西方传统哲学的过激之谈，它的某些方面在一定意义下对中国传统哲学有冲击作用，某些方面可以与之联盟。

既要召唤西方近代哲学的主客二分和主体性，又要与西方后现代主义的人与自然交融和谐的特点为盟，这是不是明显的矛盾?

---

① 《马克思恩格斯选集》第一卷，人民出版社1972年版，第8页，并参见第7页。

② 《马克思恩格斯选集》第一卷，人民出版社1972年版，第7页。

如果像西方后现代主义的某些激烈派那样把后现代主义与现代主义——即与我国哲学界所说的西方近代哲学绝对对立起来，把主客二分与主客不分、物我交融绝对对立起来，那显然是矛盾。但中国哲学的发展前途应该是既要召唤主客二分和主体性，以发展科学，发扬民主，又要超越主客二分和主体性以达到天人合一、人与自然交融的高远的自由境界。没有主客二分和主体性，就没有科学的、进取的精神，但若停留于主客二分，则终因主客彼此外在、彼此限制而达不到心灵上的自由。这种自由只有在人与物交融、人与自然交融的天人合一境界中才能获致，这种自由高于政治上的民主所给予的自由，高于获得科学上的必然性知识的自由，也高于道德上的自由。这里的关键在于超越，——即超越主客二分，超越主体。超越不是排斥，不是抛弃，我在“超越自我”和“精神发展的阶段”诸章中从理论上论述了这种超越（或者说是结合主客二分和天人合一）的可能性。正是在这种理论上的可能性的基础上，我才主张中国传统哲学既需向西方近代哲学“西化”，又要与西方后现代主义哲学某种意义上的“东化”联盟。如前所述，西方后现代主义反对传统哲学所主张的超时空的超越，而主张内在性，这是可取的，但超越主客二分、超越主体性之超越，则是哲学之最高任务，是人之为人的安身立命之所，是不能否定的。

（原载《天人之际》，人民出版社 1995 年版）

[26]

中国古代的“天人合一”思想

一、先秦的“天人合一”思想

“天人合一”是中国文化史上长期占主导地位的思想，“天人相分”有些类似西方的“主体—客体”关系式，但远不及“天人合一”的影响之深远。就一个哲学家来说，也往往是“天人合一”与“天人相分”两者兼而有之，但也有主导与非主导之分。

“天人合一”的思想可以溯源于商代的占卜。《礼记·表记》：“殷人尊神，率民以事神。”殷人把有意志的神（“帝”或“天帝”）看成是天地万物之主宰，万事求卜，凡遇征战、田猎、疾病、年成、行止等等，都要求卜于神，以测吉凶祸福。这种天人关系实际上是神人关系，由于殷人心目中的神不明显地具有道德理性，所以殷人与神之间的联系交通基本上采取了一种无所作为、盲目屈从于神的形式。

西周继承了商代的思想文化，天人关系还是一种神人关系，周人保留了殷人有意志的人格神的观念，但有了新的发展。西周时期的天命观明显地赋予神（即周人的“天”）以“敬德保民”的道德理性：“天”之好善恶恶与人之好恶一致，“天命”与“人事”息息相通。“皇天无亲，惟德是辅”[①]。“惟天阴骘下民。……天乃赐禹洪范九畴，彝论攸叙”[②]，这就是说道德规范乃有人格意志的“天”为“保民”而赐予人间的。人服从天命，是一种道德行为，天会赏赐人，否则，天就会降罚于人。这就说明，“天人合一”的思想在西周的天命观中已有了比较明显的萌芽。周公提出的“以德配天，更是“天人合一”思想的明确的表达。从这里，我们同时还可以看到，中国传统的“天人合一”思想，从开始起，就是作为道德的思想根源而萌生的。

春秋时期，出现了一种人为“神之主”[③]的观点，周内史叔兴也说过，“吉凶由人”[④]。这都意味着，先前的具有人格神意义之“天”遭到了质疑。到后来，郑国子产更进一步说：“天道远，人道迩，非所及也，何以知之？”[⑤]这显然是一种贬天命、重人生的思想，但他讲得极其朴素简单。无论如何，大体上从春秋时期起，天人关系的重心已不是讲人与有意志的人格神之间的关系，“天”已经开始从“非所及”的、超验的神的地位下降到了现实世界。这种由“远”而“迩”的转化，在中国传统的本土文化大厦中表现为儒家和道家两种不同的“天人合一”观。儒家所讲的天人关系中的“天”一直着重在保存西周时期“天”的道德含义，“天”具有道德理性；道家所讲的天人关系中的“天”则是指的自然，不具有道德含义。这样，儒家讲的“天人合一”大体上就是讲的人与义理之天、道德意义之天合一；道家讲的“天人合一”就是讲的人与自然意义之天合一。子

① 《左传》僖公五年。

② 《尚书·洪范》。

③ 《左传》桓公六年。

④ 《左传》僖公十六年。

⑤ 《左传》昭公十八年。

产认为人之“礼”乃“天经地义”，这说明他所讲的“天道远，人道迩”之“天”是和人之“礼”结合在一起的。与子产不同的是范蠡，他说“天道皇皇，日月以为常。”①他把天道解释为日月运行的自然规律，主张人事应顺乎天道才能成功，这是一种尊重自然意义之天的思想。

儒家的“天人合一”说一般都以孟子为倡导者，但从根源上看还是应该从孔子谈起。孔子少言天道，但还是认为唯天为大。“天生德于予，桓魋其如予何？”“天之未丧斯文也，匡人其如予何？”道德文章皆天之所予我者，我受命于天，任何大难都无可奈何于我。孔子大难而如此泰然自若，盖以其道德之根源在于“天”，“天”乃道德权威性之最终根据。这里的“天”似仍保留了有意志的人格神的意义。孔子这些言论中所包含的“天人合一”思想显然还有西周人神关系的遗迹。但孔子所讲的道德之核心是“仁”，他在讲“仁”德的根源时，却很难见出有“仁”源于人格神意义之“天”的意思。相反，他所强调的是，孝悌之类的自然感情乃“为仁之本”②。他认为“仁”出自人天生之“直”（“人之生也直”），亦即一种自然的本性。孔子的“天人合一”已由“远”而“迩”，为孟子的“天人合一”观开辟了道路。

孟子所讲的天人关系中之“天”，极少孔子思想中人格神的含义，它有时指人力所无可奈何的命运，但主要是指有道德含义之天。他的天人合一思想是讲的人与义理之天合一。“尽其心者，知其性也；知其性则知天矣。”③人性在于人心，故尽心则能知性，而人性乃“天之所与我者”④，故天人合一。天人合一在孟子这里就是指人性、人心以天为本。人心有“恻隐之心”、“善恶之心”、“恭敬之心”、“是非之心”。“恻隐之心，仁也；善恶之心，义

① 《国语 · 越语》。

② 《论语 · 学而》。

③ 《孟子 · 尽心上》。

④ 《孟子 · 告子上》。

也；恭敬之心，礼也；是非之心，智也。”仁义礼智四者，“人皆有之”，谓之“四端”，人心有是四端，故人性本善。“仁义礼智，非由外铄我也，我固有之也”。[①]人之善性既是“天之所以我者”，又是“我固有之”者，盖天与人一也。有善性之人与有义理之天在孟子这里得到了有机的统一。孟子明确地奠定了儒家天人合一思想之核心。

孟子还对人之善性的这种根据做了本体论的说明。人为什么会有恻隐之心等“四端”？这“天”字在孟子这里究竟还包含有什么更具体的内涵？孟子说：“夫君子所过者化，所存者神，上下与天地同流，岂曰小补之哉？”“万物皆备于我矣。反身而诚，乐莫大焉。”[②]“上下一天地同流”和“万物皆备于我”，实即人与万物一体之意。天人合一，亦即人与天地万物为一体。在人与天地万物一气“同流”的“一体”之中，人与万物无内外之隔阂，人对万物因此而有同情感，故人不仅对“亲”，而且对“民”，以至对“物”，皆有“恻隐之心”。可见“恻隐之心”或“仁”德的本体论的最后根据在于“万物皆备于我”、“上下与天地同流”之“一体”。当然，孟子的这种“万物一体”观（如果可以叫做“万物一体”的话）还是隐含的、模糊的，只是到了宋儒的“万物一体”之“仁”，这种思想观点才有了明确的界定。

如果说孔子由于主张“仁”德自“孝悌”亲情始，并由此而推己及人，于是强调了“爱有差等”，那么，孟子则由于主张源于“上下与天地同流”、比“孝悌”亲情更根本的“恻隐之心”乃“仁之端”，于是强调了人性中皆有仁义、人皆可以为圣人的观点。“舜何人也，予何人也，有为者亦若是。”[③]这也就是说，作为一种道德主体，人人都是平等的。孟子从道德层面上肯定人格上的平等，这是儒家伦理道德思想发展史上前进性的一步。

① 《孟子 · 告子上》。

② 《孟子 · 尽心上》。

③ 《孟子 · 滕文公上》。

老庄的天人合一思想不同于孟子。孟子的思想是把人的道德意识赋予天，然后又以这种有道德意识的天作为人伦道德的本体论根据；老庄思想中之天，则无论是指自然而然之“道”或指自然本身，皆无人伦道德的含义，故老庄的天人合一思想所强调的是贬抑人为，提倡不要以人灭天。

《老子》第25章：“人法地，地法天，天法道，道法自然”。这里的“自然”就是自然而然、究竟至极的意思。“道”是最高的原则，是自己如此，以自己为法，别无遵循，不受制于任何他物。天人合一思想在老子那里表现为与“道”为一，与道为一则“无为”，“无为”即听任万物之自然。人能顺乎“道”，顺乎自然之常则而“无为”，即“为道日损”，就能做到“无不为”。《老子》为达到此最高目标（与道为一）而亦注重“为学”——求知，其所求之知非孔孟所重视的人伦道德之知，而是需要积累的科学知识，所谓“为学日益”是也，故《老子》五千言充满了理论说明和逻辑论证，富有中国古代科学的基因，正如李约瑟所说，中国古代科学与道家思想有密切关系。[①]

庄子在老子道论的基础上，更多地讲人的精神境界。他的“天地与我并生，而万物与我为一”[②]的精神境界，就是他所明确界定的一种“人与天一也”[③]的境界，“天”指自然，人与天地万物之自然合为一体，人与我、与物之分，俱已不存。他的“蝴蝶梦”就是其天人合一境界的最典型、最生动的表现。庄子的天人合一境界比起老子的“复归于婴儿”的境界来，更多地具有审美意义。中国传统文化中深厚的审美意蕴主要源于庄子的天人合一思想。

---

① 参阅拙文《发展老子哲学中的科学基因》，《人民日报》2005年5月27日。

② 《庄子·齐物论》。

③ 《庄子·山木》。

二、董仲舒的“天人合一”思想——“天人相副”

孟子的天人合一，虽有人论道德的内涵，但其中的天尚无主宰人间吉凶赏罚之意。到了汉代的董仲舒，则在当时阴阳五行学说的浓厚气氛下，把孟子的“义理之天”的“义理”向宗教神学的方向推进，认为天有意志、有主宰人间吉凶赏罚的属性。“人之（为）人本于天。”[①] 故人之一切言行皆当遵循“天”意，凡有不合天意而异常者，则“天出灾害以谴告之”。[②]

不过董仲舒的“天”，又绝非基督教的“上帝”意义下之人格神。“天、地、阴、阳、木、水、土、金、火、九；与人而十者，天之数毕也。”[③] 这句话的最后一个“天”字，即“人本于天”之“天”，是包含“天、地、阴、阳、木、水、土、金、火和人”等“十者”在内的自然万物之全体，人就是本于这个全体。董仲舒认为“天”亦有“喜怒之气，哀乐之心，与人相副。以类合之，天人一也”。[④] 所以这种以人为副本之“天”，不过是具有人的意志之自然全体。

基于天人相副，董仲舒认为，天与人交相感应，故人之道德与不道德会受到天之赏罚。

董仲舒从天人相副说出发，提出了“性三品”说。他把人性分为“圣人之性”、“中民之性”与“斗筲之性”三等，“圣人之性”与“斗筲之性”，无可改变，唯“中民之性”可以教化而为善。[⑤] 董仲舒的这种人性论与孔子所谓“上智与下愚不移”相近，而去孟子之所谓“人皆可以为尧舜”则甚远。

---

① 《春秋繁露·为人者天》。

② 《春秋繁露·必仁且智》。

③ 《春秋繁露·天地阳阴》。

④ 《春秋繁露·阳明义》。

⑤ 《春秋繁露·实性》。

董仲舒还以天人相副为根据，特别提出“三纲”之说。“君臣父子夫妇之义，皆取诸阴阳之道。”“王道之三纲，可求于天”。[①]这样，“君为臣纲，父为子纲，夫为妻纲”，君与臣、父与子、夫与妻就完全成了一种极不平等的主从关系。

可以看到，董仲舒的天人合一思想，明显地给儒家伦理道德学说打上了天生不平等的烙印，把孔孟的伦理道德思想变成了贵贱主从的人伦关系学说。

三、宋明道学的“天人合一”思想——“万物一体”之“仁”

儒家的“天人合一”思想至宋明而发展到了顶峰。宋代道学之“天人合一”说，皆接着孟子之学说讲起，但由于受道家的影响，对孟子的天人合一作了重大发展：一是把孔孟的“上下与天地同流”、“万物皆备于我”的简单朴素的论断，发展为人与天地万物为一体的思想学说，二是把孔孟的差等之爱的观点，向着博爱思想的方向推进。

张载《西铭》：“乾称父，坤称母，予兹藐焉，乃浑然中处。故天地之塞，吾其体；天地之帅，吾其性。民吾同胞，物吾与也”[②]。这实际就是说的人与天地万物为一体。张载还说：“大其心则能体天下之物。物有未体，则心为有外。……圣人尽性，不能闻见牿其心，其视天下无一物非我。孟子谓尽心则知性知天以此。”[③]所谓“能体天下之物”之“大心”，也就是一种能破除人与人、人与物之间的限隔而能体悟人与天地万物为一体之境界。张载在《正蒙·诚明》篇中明确提出了“天下合一”的命题：“儒者则因明致

① 《春秋繁露·基义》。

② 张载：《正蒙·乾称》。

③ 张载：《正蒙·大心》。

诚，因诚致明，故天人合一”。由此出发，凡能体悟到不仅人与人之间，而且人与物之间，都有息息相通、血肉相连的内在关系之人，便必然能达到“民吾同胞”、“物吾与也”的境界。张载的“民胞物与”之一爱，显然不是从血缘亲情推及出来的，而是以万物一体为其本体论之根源。张载的这种伦理道德思想，既与孟子的“万物皆备于我”有渊源关系，而且还受了道家思想的影响：庄子的“万物与我并生，而万物与我为一”，同张载所谓“天地之塞，吾其体”，极其相似相通，可以相互辉映。庄子说：“夫至德之世，同与禽兽居，族与万物并”。[①] 庄子的这一理想，也正是张载所概括的“物与”的精神。当然，张载思想中还有差等之爱和等级之分的成分，不过，张载的“民胞物与”之爱，其重点不在于强调爱之差等，而在于强调爱及他人以至爱及于物。我把张载的“民胞物与”之爱称之为“博爱”，其爱之博大，其“万物一体”的本体论根源之深厚，较之孔子血缘亲情之爱，堪称儒家伦理道德思想发展史上一个重大的突破。

程颢在宋代道学家中第一个最明确地提出了“仁者以天地万物为一体”的论断。这就是说，人之至善的本性“仁”德源于“以天地万物为一体”之“一体”。“医学言手足痿痺为不仁，此言最善名状。仁者以天地万物为一体，莫非己也。……如手足不仁，气已不贯，皆不属己。故博施济众，乃圣人之功用。”[②] 这段话非常生动形象地说明了“仁”德与“万物一体”之间的密切关系。凡保有“仁”之天性者，皆能与天地万物密切相干而为一体，故能爱人爱物，如同爱己。“仁者浑然与物同体”。[③] “若夫至仁，则天地为一身，而天地之间品物万形为四肢百体。夫人岂有视四肢百体而不爱者哉？”[④] 程颢关于“仁”源于“万物一体”之说，

① 《庄子 · 马蹄》。

② 《二程遗书》卷二上。

③ 《二程遗书》卷二上。

④ 《二程遗书》卷四。

显然是对孟子之“万物皆备于我”和张载所谓“天地之塞，吾其体”的更具体而生动的申述和发挥。他的“仁者以天地万物为一体”的命题最足以代表宋明道学关于“仁”德的本体论根源的观点。儒家天人合一的思想，在宋明道学这里，似乎用“万物一体”来表述，显得更为确切。

程颐和朱熹以万物之本根为“理”，“理”在程朱这里也有道德意义，不过“理在事先”，人禀受形而上的理以为性，所以理与人相通。这样，程朱的“天人合一”思想就具体地表现为“与理为一”。

陆王心学的天人合一说不同于程朱理学。陆王强调理不在心外，心即是理。王阳明继承和发展了程颢的“仁者以天地万物为一体”的思想，成了中国哲学史上“天人合一”说之集大成者。他认为人与天地万物一气流通，“原是一体”，天地万物的“发窍之最精处”即是“人心一点灵明”①人心即是天地万物之心，是人心使天地万物“发窍”而具有意义，离开了人心，天地万物虽然存在，却没有开窍，没有意义。王阳明的天人合一思想使人与天地万物之间达到更加融合无间的地步。

王阳明还对人心与万物一体相通的内涵作了进一步的说明。在他看来，这“天地万物与人原是一体”之“一体”，是靠“心之仁”联系起来的有机整体，此即王阳明所谓“一体之仁”是也。如无此“一体之仁”，则人与天地万物之间彼此麻木不仁，痛痒无关。正是有了这“一体之仁”，才能使“大人者”能“视天下犹一家，中国犹一人焉”。而且，此“一体之仁也，虽小人之心，亦必有之”，故一般的人也能“见孺子之入井，而必有怵惕恻隐之心”，甚至见自然之物，亦“必有不忍之心”、“悯恤之心”、“顾惜之心”②。王阳明正是根据这种“一体之仁”的基本观点，才强调了“天下之人无外内

---

① 王阳明：《传习录》下。

② 王阳明：《大学问》。

远近”，“皆其昆第赤子之亲”[①] 的博爱思想和“满街都是圣人”[②] 的道德思想。

王阳明在大力主张“一体之仁”的博爱思想的同时，也承认“差等了”“爱”的空间：人与自然物同为一体，故“同是爱的”，但对人之爱与对物之爱有厚薄之分；至亲与路人同为一体，故“同是爱的”，但是至亲之爱与对路人之爱有厚薄之分。这都是“良知上自然的条理，不可逾越”[③]。王阳明这种把“一体之仁”与“差等之爱”有机结合起来的思想，比起张载和程颢来，更明确、更细致地表达了儒家“天人合一”思想从原始的重血缘亲亲之爱走向博爱精神的转化。

王阳明之后，尚主天人合一说者，王夫之也。王夫之主张“天人之蕴，一气而已”。[④] “不离人而别有天”[⑤]。他强调天与人不同而相通：“天有与人异形离质，而所继者惟道也”[⑥]。天与人不同，但其所遵循之道同一，从而使二者相继、相通。明清之际，天人合一的思想式微，王夫之虽多有天人合一之说，但他的“能所”的观点已包含了浓厚的类似西方主客二分的思想。

四、古代“天人合一”思想的现代意义与未来之展望

天人合一思想是中华传统文化的核心，对传统文化的方方面面诸如科学、伦理道德、审美意识等等，都有深远的影响。这里仅就当前人们最关心的问题略抒己见。

---

① 王阳明：《答顾东桥书》。

② 王阳明：《传习录》下。

③ 王阳明：《传习录》下。

④ 王夫之：《读四书大全书》卷十。

⑤ 王夫之：《读四书大全书》卷八。

⑥ 王夫之：《读四书大全书》，《尚书引义》。

儒家的天人合一思想，其重点在讲人伦道德关系，其对中华传统文化的贡献和影响也主要在这个方面。孔子对“仁”者“爱人”的界定，奠定了儒家传统道德观的核心。几千年来，儒家的天人合一思想的传统，实际上是以“爱人”之“仁”德为轴心而不断绵延和发展着的，它为中国历史上各个时代人与人之间的和谐相处提供了坚实的理论根据。

孔子的“仁”德之“爱人”讲的是差等之爱，几千年来，儒家的道德观始终打上了“差等之爱”的烙印。但孔子的“差等之爱”经孟子而发展到宋明道学特别是王阳明的“万物一体”之“仁”的思想，使差等之爱与博爱相结合，从而大大发展了孔子的思想，把儒家的道德观提升到了一个新的高度。这是儒家“天人合一”思想传统发展的顶峰，也最能代表儒家道德思想的精华。我们今天讲弘扬儒家的道德传统，就应该弘扬这种“万物一体”之“仁”的思想。人之所以爱人，在于人与人之间的“同类感”。人与人同类、“一体”，才能产生人与人之间的“一体之仁”。同为“一体”，乃道德之根源。当前人们都在谈论道德意识薄弱的话题，针对这种现状，应该多提倡一点儒家天人合一思想中“一体之仁”的观念：人与人之间能多一分一体同类之感，就会多一分爱的温情。

“万物一体”之“仁”所包含的博爱与差等之爱相结合的思想在今天尤有现实意义。博爱思想发展之极致，是平等之爱，是人的基本权利平等的思想。当今需要提倡的道德观念以至法权观念，应是在人的基本权利平等前提下，容许爱有差等，容许贫富间的一定差距。我们当前实行的“低保”，也许已有这种哲理上的依据。

“万物一体”之“仁”的思想，不但为人伦道德找到了深远的根源，提高了中华文化的道德意蕴，而且为人与自然的和谐相处提供了理论根据。“万物一体”远不止于人与人“为一体”，从而“见孺子之入井而必有怵惕恻隐之心”，而且人与“有知觉”之禽兽、“有生意”之草木、无生意之瓦石皆“为一体”，从而见其“哀鸣”、“摧残”、“毁坏”、亦必有“不忍”、“悯恤”、“顾惜”之心。显然，“万物一体”乃人对自然万物产生“仁爱”之根源。今天，我们所热衷讨论的人与自然和谐相处的问题，应该可以从“万物一体”中找到哲学本体论方面的答案。

“万物一体”之“仁”，并不等于抹杀人对人的“一体之仁”和人对自然物的“一体之仁”两者间的区别。王阳明特别强调“宰禽兽以养亲”是“良知上自然的条理，不可逾越”，就能说明这一点。王阳明的这个观点对于我们今天争论的人类中心主义与非人类中心主义的问题，极有启发意义。西方的极端人类中心主义只顾人对自然的掠夺，对此，王阳明的“万物一体”之“仁”应是一副清凉剂，它可以提高人类保护生态、保护自然的意识。一些神学家所提倡的非人类中心主义，完全抹杀人与自然生物的区别，主张两者同样具有神圣性，具有同等价值，以致有的神学家，甚至主张在夜天宁可让蚊子叮也不要打死它。对于这种非人类中心主义来说，王阳明的宰禽兽以养人乃自然条理的思想，显得更合情合理，更切合实际，而中国儒家传统所强调的“人有义”而“最为天下贵”的思想，更是对非人类中心主义的理论性批判。

但是，中国传统的“万物一体”、“天人合一”的思想对于人与自然的关系问题，只是一般性地为两者间的和谐相处提供了本体论上的根据，为人与自然和谐相处追寻到了一种人所必须具有的精神境界，却还没有为如何做到人与自然和谐相处找到一种具体途径及其理论依据。这主要是由于传统的“万物一体”、“天人合一”思想，其重点不在讲人与自然的关系，从而重“合一”、“一体”，而不重人与物之分，不重主客之分，不重认识论。要知道，自然物而不同于人，它没有“心之官”，不能理解人，不可能约束自己，主动使自己适应人，与人和谐相处。所以，人要想与自然和谐相处，除了必须具有高远的精神境界外，还必须依靠人自己的认识、实践，掌握自然物本身的规律，以改造自然物，征服自然物，使自然物为人所用。自然物不同于自然规律，自然物可以由人来改造，自然规律则是人所不能与之抗衡的。人只能认识自然规律，顺从自然规律，才能改造自然物。这些道理，用西方哲学的语言来说，就是讲的“主体—客体”关系的思维方式，类似中国的“天人相分”，它是科学的理论依据。可是中国传统的“天人合一”思想，无论是儒家的，还是道家的，都不重人与我、人与物，内与外之分，一句话，不重“主—客”思维方式，从而也不注重考虑人如何作为主体来认识外在之物的规律以及人如何改造自然，其结果必然是人受制于自然。中国古代科学不发达，难于摆脱自然对人的奴役，何谈人与自然间的和谐和相处？荀子所主张的“明于天人之分”，“制天命而用之”[①]，算得是发展科学的理论依据，惜乎不行于后世，在中国文化思想史上始终未占主导地位。只是到鸦片战争前后，在西方帝国主义的侵凌压迫下，魏源、谭嗣同、严复、梁启超等一批先进思想家才明确认识到中国国力衰弱，与长期受天人合一思想的主导，科学落后有关，于是起而批判“天人合一”、“万物一体”思想的弊端，并为学习西方科学而寻求其哲学根据，掀起了一股学习西方“主—客”关系思维方式的热潮，强调重物我之分，重认识自然，征服自然，走发展科学、富国强兵之路。今天，我们为解决生态危机、环境污染之类的问题，应当吸取中国近代思想史的经验，重现“主—客”关系的思维方式。

诚然，西方近代的“主—客”关系式，在其发展过程中产生了诸如生态危机、环境污染之类的流弊，但这些流弊只是把“主—客”式过分地抬到至高无上的地位的结果，我们不能因噎废食，因见其流弊就从根本上否定“主—客”式。我们今天亟须发展科学，因而也需要科学的理论依据和思维方式“主—客”式，我们只是不要把“主—客”式抬到至高无上的地位，我们不能用传统的天人合一去代替和排斥“主—客”式。正是根据这种思路，我主张走中西会通之

① 荀子:《天论》。

路，把天人合一与“主—客”式两者结合起来，一方面让中国传统的天人合一思想具有较多的区分主客的内涵，而不致流于玄远，另一方面把“主—客”式包摄在天人合一思想指导下而不致听其走向片面和极端。如果可以把中国传统的那种缺乏主客二分的天人合一叫做“前主客关系的天人合一”，那么，我所主张的这种结合二者为一体的“天人合一”就可以叫做“后主客关系的天人合一”，“后”在这里不是指抛弃、排斥，而是超越。由“前主客关系的天人合一”走向“后主客关系的天人合一”，似乎是中国古代的“天人合一”思想未来发展之路。我们讲弘扬传统文化，应当把“天人合一”思想同“天人相分”的思想结合起来。

（原载《求是》2007 年第 7 期，
此次收录于本书时，略有增补）

[27]

哲学的转向及其影响

编者按： 我们邀请著名哲学家张世英先生撰写了这篇阐释哲学方向转向及其影响的文章，尽管其文字略显艰深，但思想是大气磅礴，生动而鲜活的。发生在思想深处的哲学的转向将导致人类思维模式、框架的改变，这是我们每个人必然要正视和面对的问题。我们中的多数人并未意识到在思维上正在悄然落伍，这时听听哲学家的提示或许是有益的。

张先生在文中告诉我们，拓展想象，超越自我，超越自己所属的领域，一句话，超越一切当场的东西的藩篱和限制，放眼一切未出场的东西，就会展现出一个无限广阔的天地，这就是新哲学所指引我们的方向。

哲学转向后，我们的思维框架会相应发生改变，比如西方传统哲学特别是近代哲学的范畴主要是：思维与存在、主体与客体、本质与现象、感性认识与理性认识、个别与普遍、差异与同一、变与不变、具体与抽象等等，哲学“横向”转向以后，则可能要转换为：显现与隐蔽、在场与不在场、相同与相通、古与今、思维与想象、思与诗、理解与误解、超越与限制、中心与边缘、有与无、言与无言等等。这种转变对艺术哲学、历史哲学、人际关系、学科关系都会产生重大影响。

新的哲学是以想象加以沟通的精神空间，它的诗化和生动对学者和普通人来说，都应是饶有意味的，尽管我们通过张先生的这篇学理性较强的文章进入这个领地并不十分轻松。

一

1. 人们面对当前的事物，总想刨根问底，追寻他的究竟。我以为大体上有两种追问的方式。

一种是由表及里、由浅及深、由感性中的东西到理解中的东西（广义的）的追问。柏拉图在《斐多》篇中谈到，苏格拉底不满足于感性中直接的东西而要“求助于‘逻各斯’以考察诸事物的真理”。（柏拉图：《斐多》篇 99e。）这显然就是要从感性中直接的东西按纵深方向上升到理解中的东西（“逻各斯”），以理解中的东西为当前事物的根底。从柏拉图以后，西方哲学史占统治地位的传统形而上学大体上都是沿着这个方向发展的。亚里士多德的“第一因”的学说就是柏拉图这一思路的直接继承和发展。费希特把“绝对自我”当作万事万物的根底，乃是变相地继承苏格拉底、柏拉图式的追问方式，他也是不满足于感性中直接的东西，而要追寻“原始的事物本身”[萨利士（John Sallis），《划界》（Delimitation），印第安那大学出版社（Indiana University Press），1995，第 205 页。] 即“绝对自我”，这“绝对自我”只能靠费希特所谓“理智直观”来把握，“理智直观”中的东西也可以看做是广义的理解中的东西，它是与感性中直接的东西相对待的。至于黑格尔的“绝对理念”说，当然更明显地是柏拉图式的思维模式的一种发展。

这种追根问底的方式，以主体—客体二分的公式为前提，其方

向可以概括为由现象到本质、由个别到普遍、由差异到同一、由变化到永恒、由具体到抽象（包括黑格尔的“具体抽象”或“具体的普遍”在内）。由形而下到形而上，最终是以形而上的、永恒的、抽象的本质或普遍性、同一性为根底，或者说得简单一点，是以“常在”（constant presence，“永恒的在场”）为底。

西方现当代哲学的人文主义思潮如尼采、海德格尔、伽达默尔等人的哲学，已不满足于这种追根问底的方式，不满足于追求旧形而上学的本体世界，追求抽象的、永恒的本质，而要求回到具体的、变动不居的现实世界。但这种哲学思潮并不是主张停留于当前的在场的东西之中，它也要求超越当前，追问其根源，只不过它不像旧的传统哲学那样主张超越到抽象的永恒的世界之中去，而是从当前在场的东西超越到其背后的未出场的东西，这未出场的东西也和当前在场的东西一样是现实的事物，而不是什么抽象的永恒的本质或概念，所以这种超越也可以说是从在场的现实事物超越到不在场的（或者说未出场的）现实事物。如果把旧传统哲学所讲的那种从现实具体事物到抽象永恒的本质、概念的超越叫作“纵向的超越”，那么，这后一种超越就可以叫作“横向的超越”。所谓横向，就是指从现实事物到现实事物的意思。海德格尔所讲的从显现的东西到隐蔽的东西的追问，就是这种横向超越的一个典型例子。当然，海德格尔最后讲到从“有”到“无”的超越（即对现实存在物的整体的超越），但他所讲的“无”决不是旧形而上学的抽象的本质概念或本体世界，它实质上是一种最高的境界。

在海德格尔之前，胡塞尔的现象学可以说是旧的“纵向超越”到新的“横向超越”的一个过渡。现象学与旧形而上学有其相同之处，即都赋予“在场”（presence）以优先地位，但胡塞尔又反对旧形而上学的抽象的、独立的本体世界和自在世界。胡塞尔一方面强调“事物本身”，不允许别的事物“闯进来”作为中介以说明事物本身，另一方面，又往往偏离他的这个“原则之原则”，在不少地方谈到事物的“明暗层次”（Abschattungen）的统一，谈到事物总要涉及它所暗含的大视野。这实际上意味着，感性直观中出场（“明”）的事物都是出现于由其他许多未出场（“暗”）的事物所构成的视域之中。美国哲学教授萨利士（John Sallis）把它称之为“Horizontal Structure”。[萨利士（J. Sallis）:《划界》（“Delimitation”），第77页]，这个词可以译作“视域的架构”，不过我倒是更倾于译作“横向的架构”，以表示出场的、显现的东西出现于由未出场的、隐蔽的东西所建构起来的视域之中，前者以后者为其背景、根源或根底。如前所述，这里的根源、根底不是旧形而上学所讲的抽象的本质或独立的自在世界，而是现实的东西，是作为当前出场者的背景、作为隐蔽的东西的现实事物。但以上的阐释和申述实已超出了胡塞尔现象学的范围，胡塞尔的现象学只是暗含着这样的思想成分，也可以说，现象学自身在这里突破了它自身。海德格尔关于隐蔽与显现的理论、关于“在手”与“上手”的理论、关于“此在”与“世界”相融合的理论，既标志着他与胡塞尔的破裂，又是胡塞尔现象学的发展。

2. 事物所隐蔽于其中或者说植根于其中的未出场的东西，不是有穷尽的，而是无穷无尽的。具体地说，任何一个事物都与宇宙万物处于或远或近、或直接或间接、或有形或无形、或重要或不重要的相互关系、相互作用、相互影响之中，平常说的普遍联系的观点实际上从某个角度看也就是说的这个意思，只不过平常讲相互联系时讲得太一般化、太简单了，而未从隐蔽与显现、在场与不在场以及超越当前的角度对普遍联系作更深入的分析和发挥。所以按照这种观点来看，我们实可以说，每一事物都埋藏于或淹没于无穷尽性之中。这也就是说，事物是无根无底的。如果我们把旧形而上学以“理念”、“自在世界”、“绝对理念”之类的东西作为根底的“纵向超越”理论叫作“有底论”，那么，我们就可以把这种“横向超越”的理论叫做“无底论”，也可以说，无底论所讲的底是无底之底。由有底论到无底论，也是西方旧形而上学到现当代哲学的

转向的特征之一。

3. 旧形而上学按照纵深方向，追求抽象的永恒的本体世界或自在世界作为当前事物之底，所以它所崇尚的把握事物的途径是思维。单纯的感性认识或感性直观只能把握多样性、个别性，不可能达到同一性、普遍性，因而不可能达到永恒的本质概念或理念，只有通过思维的功能，从多样性中抽取出同一性，以至最高、最大的同一性，这才是抓到了事物之底。可以看到，旧形而上学之所以奉理性、思维至上，是和它以认识同一性（相同性）作为它的最高任务分不开的。

哲学在“横向”转向以后，它所追求的是隐蔽于在场的当前事物背后的不在场的、然而又是现实的事物，它要求把在场的东西与不在场的东西、显现的东西与隐蔽的东西结合在一起。哲学的最高任务不只是达到同一性或相同性，而是要达到各种不相同的东西相互融合的整体，亦即达到天地万物之相通、相融（参阅拙文《相同与相通》，载《北京大学学报》1995 年第 4 期）。

通过什么途径才能达到这个目标呢？这就不能光靠思维，而更要靠想象。

对想象也可以有两种理解：一种是把外在对象看成是原本，而意识中想象的东西不过是原本的摹仿或影像，按这种“原本——影像”的公式来理解想象，乃是旧形而上学的观点。另一种理解是康德初步提出来的：“想象是在直观中表现一个本身并未出场的对象的能力”（康德：《纯粹理性批判》，B151）。这种意义下的想象，不是对一物之原本的摹仿或影像，而是把不同的东西综合为一个整体的能力，具体地说是把出场的东西和未出场的东西综合为一个整体的综合能力。例如昨天的事物已经过去了，如何把它同今天的事物结合为一个整体呢？那就要把昨天的、已经不在场的事物“再现”出来，这种“再现”与今天当前的在场的东西之出现不同，它是一种潜在的出现，一种想象中的出现，但唯有通过这种出现，它才能与今天当前的在场的东西结合为一个“共时性”的整体，正是这个整体构成我们想象的空间，它使不同的东西——在场的与不在场的、显现的与隐蔽的、过去的与今天的……互相沟通、互相融合。所以，要把握万物相通的整体，就要靠想象；否则，在场的与不在场的之间、显现的与隐蔽的之间、过去的与今天的之间就永远只能相互隔绝，我们又如何能由此及彼，达到当前事物之背后隐秘（隐蔽）的根底或根源呢？当然，如前所述，这是一种无底之底。

我们生活在万物相通的现实整体之中，通过想象以达到这个相通的整体，乃是我们的生活之必需。反之，把人的生活限制在主体对客体的思维、认识领域，以为在主体与客体之间架起思维之桥以达到抽象概念之认识就是人生的哲学之全部，这种观念已经过时了，它只能使生活枯燥乏味，哲学苍白无力。依靠思维进行抽象再抽象、概括再概括，最终得到的只不过是撇开生动的差异性的干巴巴的同一性。我们应当超越（不是抛弃）思维，不停留于抽象概念的“阴影王国”，不受永恒在场的理念的统治与束缚，而把想象放在首位，不断地从在场的当前事物奔向未出场的事物，奔向无限开放、不断更新的世界。一句话，我们需要凭借想象，冲破现有的界限，在在场与不在场之间、显现与隐蔽之间翱翔［参阅萨利士（J. Sallis）：《划界》（Delimitation），第 27 页］。

二

哲学的“横向”转向无论在艺术哲学方面和历史哲学方面，在人际关系方面和各学科之间的关系方面，都有重大影响。

1. 传统的艺术观以摹仿说占统治地位，摹仿说的哲学根源是以在场者为底的旧形而上学。所谓艺术摹仿自然的主张，显然是以自然为原本、以艺术品为影像的主客二分模式的表现，是以自然物的在场为首要原则。即使是声称反对摹仿说的黑格尔的艺术观，实际上也是以在场者为根本的旧形而上学。黑格尔认为美是理念的感性表现，符合艺术品的理念的，就是真的艺术品。他的这种艺术观虽然不是以自然物的在场为本，却是以永恒的在场者即“绝对理念”为本。哲学的“横向”转向使我们看到，艺术的目的既不在于摹仿自然的在场物，也不在于表现（实际上也是一种摹仿）精神的在场物（“绝对理念”），而是在于指向一切在场的东西之外，在于不在场的、隐蔽的东西与在场的、显现的东西相结合的想象空间。海德格尔的艺术观在这方面为我们提供了一个典型的例子。一座古庙的基石显现着那隐蔽在其背后的未出场的千年万载的风暴的威力，这风暴的威力是通过我们的想象来把握的；凡·高的农鞋显现了隐蔽在其背后的未出场的劳动者步履的艰辛以及与之相联系的无穷画面，如对面包的渴求、面临死神的战栗等等，所有这些画都是我们的想象驰骋的空间。艺术品使隐蔽的无穷尽性显现出来，从而也使最真实的东西显现出来［参阅拙文《顽石论——艺术中的隐蔽与显现》，载《文艺研究》1996年第3期；及《超越在场的东西——兼论想象》，载《江海学刊》1996年第3期］。按照这种艺术观，艺术品所留给我们的想象空间越大，其艺术价值也就越高，而不是像旧形而上学的艺术观所认为的那样，摹仿自然物越近似的或者越是符合艺术品之理念的就越是真的艺术品。

2. 传统形而上学的主客二分式把古和今、过去和现在看成是相互对立、彼此外在的东西，似乎存在着孤立的古或过去，孤立的今或现在，从而认为研究历史就是把古的、过去的东西当作外在的客体、对象来对待，研究历史的最高目的就是寻找“原本”以恢复过去的原貌。诚然，如果把历史研究仅仅归结为一些简单事实性的考证或某种难读的铭文之辨认，仅仅归结为一些类似自然科学研究中实证方法加以鉴别的事实真伪的研究等，那应该可以说，原则上是可以恢复历史的原本和原貌的。但历史研究的最高兴趣就止于此吗？我以为即使是对某历史人物本人言行的原来意图、目的和心理事实的甄别，也不能看成是历史研究的最高兴趣。当代诠释学哲学创始人伽达默尔教授说：“历史理解的真正对象不是事件，而是事件的'意义'"[伽达默尔：《真理与方法》，上海译文出版社1992年版，第422页]。事件的意义总是同当时经济的、政治的、社会的、文化的背景即隐蔽在其背后的东西紧密相联的，由于时间和历史的迁移，这些背景改变了，事件的氛围、意义和面貌也必将随之而改变。而且，人是历史的存在，他本身就是历史的浓缩物和沉积物，今日的历史研究者不可能跳过他生活于其中的世界而站在一个后无来者的孤立静止的所谓"过去本身"的处境中去看待过去。所以，脱离历史原本与后来人之间的内在联系而追求"原本自身"或"过去自身"，那种原本或过去只能是抽象的，就像康德的"物自身"那样。此外，历史事件作为一个历史事件（不是任何发生的事情都可以称为历史事件），其内涵和意义总是要在其后来的岁月和今天中才得以展开，而在其发生的当时则还只能是潜在的、暗含的、内在的。总之，宇宙整体也好，人类历史的整体也好，其每一瞬间都既隐藏着——负载着和沉积着过去，又隐藏着——孕育着和蕴涵着未来。只有这样看历史，古和今、过去和未来才是互通互融的。现在大家都在谈论今人和古人的对话，对话之所以可能的理论基础就在于这种古今相通论。平常大家都爱把由古到今、由过去到现在的时间发展看成是纵向的关系，但就我们在前面所说的由在场到不在场的关系而言，则可以说是"横向"的：今天在场的事物背后隐蔽着昨天的不在场的事物；昨天在场的事物背后隐蔽着尚未出场的后来的事物。这种古今融合的"大视域"（伽达默尔语）显然也只有靠想象才能达到。历史研究者应该运用想象，从古今相通的"大视域"来把握不断流变、一气相通的历史整体，而不宜再像传统哲学那样仅仅运用思维，概括出一些抽象的普遍的历史概念。

3. 哲学的转向也带来了由过去的"主体性哲学"，由以人为主体，人通过认识而征服客体、征服自然的"人类中心主义"转向侧重于人与人之间相互理解的哲学，从而也转向了同相互理解紧密相联的语言哲学。

亚里士多德说：人是有逻各斯的动物。西方传统哲学用理性、

思维来解释“逻各斯”，于是亚里士多德关于人的定义也就成了：人是有理性的动物。实际上，“逻各斯”的主要意思是语言，当然也包含思维、概念和规律在内。人有了“逻各斯”，就能超越当前在场的东西，而人以外的动物则不能作这种超越。动物靠指示当前在场的东西而相互理解，人则是因为有语言、能说话而相互理解、相互沟通，形成共同的生活。语言的根本特点就是能表达出不在场的、隐蔽的东西。这并不是说不需要思维，但重要的是，思维只能在语言中进行，我们通过学习语言、学习讲话而成长，而形成概念，而认识世界［参阅伽达默尔：《真理与方法》，第2卷，台北1995年，第163—164页］。语言、谈话总是在现实的、具体的情景（包括谈话者谈话的动机）中进行的，这种情景是隐蔽在直接言谈背后的东西，但语言、言谈总是能回到这隐蔽的背景中去，语言、言谈也只有在隐蔽处才发挥其意义。反之，如果我们撇开现实的、具体的言谈情景，单靠一些只具同一性、普遍性的“永恒在场”的抽象概念，那我们怎能实现人与人之间的相互理解呢？而且，事实上，没有语言，也不能进行思维，形成不了概念，概念的构成受语言的制约［同上，第89—90页］。哲学的转向要求我们打破僵死的抽象概念，而进入活生生的交谈、对话。这里需要的也是想象，只有想象才能使我们体会到直接言谈的背后的意义，才能使谈话的一方进入到和参与到另一方的世界中去，从而实现人与人之间的“相通”。

4.相互理解的问题当然不限于个人与个人之间的理解，它也涉及各地区之间、各阶层之间、各民族之间、各不同语言的人群之间、各联盟之间的相互理解。这里包含有社会领域的问题、政治领域的问题、经济领域的问题、伦理道德领域的问题、思想文化领域的问题，甚至还有翻译领域的问题，如此等等。我们不可能从某个单一的领域（例如单从伦理道德领域或者单从思想文化领域）来解决任何一个“之间”的相互理解。要解决任何一个“之间”的相互理解，都需要上述诸领域、诸问题之间的相互理解，这就有必要在诸领域、诸问题之间进行相互对话。政治、经济、社会、伦理道德、思想文化等领域的现象都是互为显现与隐蔽的关系的，例如政治问题植根于隐蔽在其背后的经济、社会、伦理道德、思想文化等等的现象领域；思想文化问题植根于隐蔽在其背后的政治、经济等等现象领域。这就指引我们，研究任何一个领域的问题或者说研究任何一个学科，都必须兼及其他领域和学科的研究，这也就是为什么当今交叉学科或边缘学科受到重视的重要原因。

* * *

总之，拓展想象，超越当前，超越自我，超越自己所属的领域，一句话，超越一切当场的东西的藩篱和限制，放眼一切未出场的东西，就会展现出一个无限广阔的天地，这就是新哲学所指引我们的方向。

根据上述这些，我初步设想了一些新的哲学方向所需要着重研讨的范畴。

西方传统哲学特别是近代哲学的范畴主要是思维与存在、主体与客体、本质与现象、感性认识与理性认识、个别与普遍、差异与同一、变与不变、具体与抽象等等。哲学的"横向"转向以后，我们应该着重研究的似乎应该是下列诸范畴：显现与隐蔽、在场与不在场、相同与相通、古与今、思维与想象、思与诗、理解与误解、超越与限制、中心与边缘、有与无、言与无言，等等。

新的哲学方向究竟应该包括哪些内容？哪些范畴？这是一个需要深入细致地长期讨论的问题。我的设想是极其粗糙的，抛砖引玉而已。

（原载《方法》杂志 1996 年第 7 期）

[28]

(一)《北窗呓语——张世英随笔》自序

记得数年以前，一家报纸的记者来到我家，约我和另外两位学长联合成立一个“新三家村”，每“村”每月各撰小品一篇，三“村”各有自己的“村名”。我心想，旧三家村已被打倒，现在居然能建新三家村，可见“门户开放”之广大，柏拉图的“洞穴”可以完全见到天日，便欣然应允。我自定村名曰“北窗呓语”，而且在第一篇稿子的清样上，编辑已经用红笔标上了我的“村名”。不料为时不久，社会上出现了一个史无前例的“门户开放”，由于门户开得太大，阳光把久居“洞穴”者照射得睁不开眼睛，“新三家村”便在母胎中被扼杀了。我的“北窗呓语”已经撰写了几篇，起先是存放在抽屉里，以后不时有人来约稿，我便稍事修改，交付审阅，居然也陆续问世，于是我又陆续地写了这本小册中其余的杂文部分，其中大多也在各报刊上发表。

有知道上面这些内情的友人问我：“你为什么要标题为‘呓语’？是否自谦之词？”其实不然。“吕蒙呓语通周易”，虽系小说传奇之类的故事，但也暗示了一个道理。吕蒙是在酣醉忽卧之后于梦中通诵周易的，这似乎启发了我们，醉人呓语也许比醒人醒语更能深入人生哲理之奥义。陶渊明《饮酒》：“有客常同止，趣舍邈异境。一士长独醉，一夫终年醒。醒醉还相笑，发言各不领。规规一何愚，兀傲差若颖。”醒者规规小见，巧营而愈愚，醉者遗世独立而偏聪。渊明以醉者为得，足见人情世事难于讨分晓，何如以昏昏之醉人呓语处之为宜耳。

我一辈子学哲学，虽呓语亦难脱哲学之窠臼。哲学者，玄远之学也，总令人觉得不切实际。一些人称哲学为无用之学，不是没有道理。可是人除了实际的一面之外，又确有不切实际的一面。这就是为什么人们在专心于孜孜以求的日常事业和事物之余，又总感到缺乏心灵上的自由、安宁与安顿的缘故。以自我为中心，把他人、他物都当作是自我所利用和征服的对象，此种事业心并不能为我们提供人生的家园。人若能从自我中心主义返回到人所植根于其中的“万物一体”之中，这似乎是忘掉了自我，实乃回到真我。也许正是在这里，人能找到自己的家园，找到人生的意义和价值之所在；也许正是在这里，哲学能展示它的无用之用。处当今竞争激烈、人们热衷于自我征逐之际，若能让哲学从寂寞冷宫中下凡到人间世俗，相信一定会给熙熙攘攘、沉沦于世者增添几分清凉幽香之气，以提高人们的品位。我这本书的用意也正在此。《晋书·陶潜传》：“尝言夏月虚闲，高卧北窗之下，清风飒至，自谓羲皇上人”。如果读者能从我的呓语中，得到些许夏日炎炎、北窗高卧、“有风飒然而至”之感，则是我的莫大荣幸。当然这只是我的主观愿望。由于陋习难改，文中仍然夹杂了不少干巴巴的说理之词和专门的哲学术语，敬希读者原谅。

本书除“北窗呓语”标题下的20余篇杂文、随笔外，还选入了悲亡父和悼亡妻的两篇文章，亦多不经之词。其余学术思想杂感之类，谬误尤多，故书名统称之曰“北窗呓语”。然呓语亦发自我之“童心”。“夫童心者，真心也”（李贽语）。既属“真心”，则虽获罪于世之君子，亦盼以“醉人”恕我焉。至于诗，不过戏笔耳。余自幼为文，重说理，不善风容色泽、流连光景之词。严羽说：“诗有别趣，非关理也。而古人未尝……不穷理”（《沧浪诗话》）。严羽论诗，既主诗非关理，又不排斥理，讲得确实很全面。而我则每以理语入诗，显然有违严氏论诗之主旨，安得谓之诗哉？我近十余年来，力主诗与思（理）相结合，哲学与文学相结合，但志大才疏，往往弄得不伦不类，非驴非马，贻笑大方，恳盼重“理趣”的诗人学者有以教我。

是为序。

张世英
1997 年 11 月 8 日
于北京大学燕园
（东方出版社 1998 年版）

（二）哲学的最高任务

——访张世英

记者　李瑞英

记　者：您搞了几十年的西方古典哲学特别是黑格尔哲学的研究，为什么近十年来转而着重研究西方现当代哲学？

张世英：这与我对哲学最高任务看法上的转变有关。80年代初，哲学界开始讨论主体性问题，在讨论中人们大多把主体性理解为主观片面性，或者仅仅理解为主观能动性，而未能从人与世界万物的主客关系上来理解。实际上，"主体性"一词来自西方，是自笛卡尔到黑格尔西方近代哲学的主导原则，它与主客式的思维模式不可分离。粗略地说，主体性就是主体与客体关系中主体的特性，离开主客关系，谈不上主体性。我国哲学界关于主体性问题的讨论引起了我潜心研究西方主体性概念的兴趣。我读了许多西方学者对于主体性和主客关系的批评，这些学者既包括尼采、海德格尔等已故现代哲学家，也包括一些当今正活跃于国际哲学舞台上的欧美哲学教授。在我所参加的许多次国际学术讨论会上，经常听到的是关于"主体

性过时”，甚至“主体死亡”的话题。我虽然至今不赞成抛弃主体和主体性，但也深感近半个世纪以来，我国哲学界一般被束缚于主客关系的思维模式之中，似乎全部的人生或哲学的最高任务就只是在主体与客体之间搭上认识的桥而已，根本不去考虑还有超主客的更高的人生境界，也根本不去考虑哲学的更高任务就是要达到这种境界。我在研读现当代欧洲大陆哲学家尼采、狄尔泰、海德格尔、伽达默尔等人的著作及中国古代哲学思想的过程中，似乎找到了人生和哲学的一个富有诗意的新天地。这就是我研究转向的主要原因。

记　者：您最近出版的《天人之际——中西哲学的困惑与选择》一书，能否说是转向现当代欧洲大陆哲学研究的一个初步的思想轮廓和研究成果，它对哲学的任务有哪些意义？

张世英：我新近的哲学思想，如果可以概括为一句话，那就是万有相通——万物一体论。世界上没有完全相同的东西，但不同的东西却可以互相沟通。中国人讲的“天人合一”并不是说天与人相同，而一般是说的天与人相通。王船山就明确说，天与人“形异质离”——彼此不同，但两者却能“相继”——相通。不同而又相通的原因或关键在于：每一事物都是唯一的宇宙整体的反映，只是各自的反映形式不同，因而造成了各事物之间的不同。主客关系的西方传统思维模式认为，哲学的最高任务就是主体认识客体的相同性（同一性、普遍性）。我以为，哲学的最高任务应该是更进一步从宇宙整体内部体验到万有相通即万物一体的高超境界。换言之，哲学乃是教人超越（不是抛弃）主客关系，在更高的水平上达到主客融合的整体，——达到一种物我两忘的境界，这就是最高的审美意义之所在，其中自然也包含了一种“民胞物与”的伦理道德情感和意志。

记　者：万有相通——万物一体也适合于古与今、传统与现在的关系吗？

张世英：万有相通——万物一体，正是古今融合、传统与现在融合历史观的存在根据。唯一的宇宙整体既负载着和沉积着过去，也孕育着和蕴涵着未来，过去与未来、古与今都是唯一的宇宙整体自我展开、自我发展的不同阶段和不同状态。所以，过去与未来、古与今虽不相同而又能相通，历史的昨天和今天是一个相互贯通的有连续性的整体。根据这种历史观，我以为一方面历史的现在不能脱离历史的传统与昨天；另一方面，历史的传统与昨天也离不开现在，因为传统的意义和内涵总是要在后来和现在中展开。传统在其后来的流传过程中必然要根据新的现实的参照系而接受和吸纳新的解释。正是这种新解释不断地打破传统原本的限制，使传统具有新的活力，而在现在人面前展开一个贴近自己的新视域、新世界。我们不能片面地重国学而轻西学；在国学研究方面也不能拜倒或变相拜倒在传统脚下，而应当把中国的思想与文化放到全人类思想与文化的大视野中去审视，在中外思想文化相互撞击的过程中，自然地淘汰那些无生命的东西，发扬那些有生命的东西。

我最近正在写或准备写一系列的文章，如“论惊异”、“论想象”、“论隐蔽”、“论审美与道德”等，目的都是以万有相通、万物一体为存在论的依据，以体验、参与为方法，企图把哲学与美学、思与诗结合为一，让哲学能在当今人们受主客关系思想指导而热衷于功利追求的同时，为提高审美意识和道德意识，提高精神境界作出自己的贡献。

（原载《光明日报》1996年2月10日）

（三）人生哲理两茫茫

——张世英教授的哲学人生

赵小也

张世英个人资料

张世英教授1921年5月20日出生于湖北武汉。北京大学哲学系教授，博士生导师，中西哲学与文化研究会会长。《德国哲学丛刊》主编。主要著作有《黑格尔精神现象学述评》、《论黑格尔的逻辑学》、《论黑格尔的精神哲学》、《康德的〈纯粹理性批判〉》、《黑格尔辞典》（主编）、《天人之际——中西哲学的困惑与选择》等，发表论文百余篇。

德国权威刊物《哲学研究杂志》（1989年）称他为中国最著名的哲学家之一。近年来，他陆续被英国剑桥国际传记中心收入《世界前五百名人录》、《国际传记辞典》、《澳大拉西亚和远东名人录》等、被美国传记中心收入《国际杰出带头人物指南》。

我是北大人

张世英教授为自己是“北大人”而庆幸和自豪，中学时代的张世英就立志要“做学问中人”，向往学人的圣地——北京大学。他用人生实践着他的理想。“北京大学造就了我的学术生命，我已对北大产生了荣辱与共的感情”。并且敢于宣称：“我是不愧为北大人的”。

张世英教授在哲学研究领域取得了举世瞩目的成就，但当初他并没有想成为一位哲学家。

上高中时，他的志向是学理工，一曰在旧社会找工作容易，二曰可以少与人打交道。“这实际上是一种逃避现实的想法。在当时，学理工是与我清高思想结合在一起的”(《北窗呓语——张世英随笔》)。后来，缘于研究社会、改造社会的思想而于 1941 年入昆明西南联合大学经济系。那时的他以为“经济是济世救民之道”。这是他学科志愿的第一次转变。

当时的西南联大各系都把哲学概论列为公共必修课。张世英选修了贺麟先生的哲学概论。贺先生课堂上讲的荷花出污泥而不染，乃是真正的清高，同时也是辩证法，这给张世英教授留下了深刻的印象，他以为这正是对他当时清高思想的一个哲学说明，加之他对辩证法这个词的特别喜爱，这竟促使他走上了一条为之半个多世纪而奋斗的哲学人生。他在《北窗呓语》中回忆道“学了哲学概论后，我认为哲学比起其他社会科学来，更能直接地接触到人的灵魂，同时我还发现哲学更适合我一向爱沉思默想的性格，就在这样一个主要思想支配下，我于 1944 年转入了哲学系。从此，我就走上了哲学之路”。这是张世英教授志愿的第二次转变。“我转学哲学之后，觉得终于找到了自己志趣之所在，从未再有见异思迁之意”。

张世英带着他与生俱来的也是中国文人所特有的清高走上了哲学研究的领域，终于把事业做得很大。1987 年第 14 届德国哲学大会主席马尔夸特教授在大会上称张世英教授是“中国著名的黑格尔

专家"；1986 年 10 月在瑞士卢策恩举行的国际哲学讨论会上，主持人格洛伊教授也称他为"中国著名黑格尔专家"。张世英教授为他心目中崇高而又神圣的"北大人"注入了辉煌的一页。也应验了他已故妻子彭兰女士的主婚人闻一多先生当初"面试"他时的那句话："有哲学头脑，有培养前途"的预言。

思与诗的联姻

张世英教授有一个一生值得他引以为傲的妻子彭兰女士。

还是在西南联大读书时，张世英与彭兰就在弦诵争吟中结成了婚姻。彭兰女士的主婚人是大文豪闻一多先生，柳漪（马文潜）先生是张世英教授的主婚人，证婚人是锡予（汤用彤）先生，婚礼是由三位老师携夫人和张世英夫妇八人在昆明青云云街竹安巷里举行。席间，闻一多先生拿出用篆字书写的横幅为这对新人贺喜：若兰世英结婚纪念。闻一多先生称彭兰女士为若兰是取似兰非兰之意。这以后，张世英教授便以若兰相称彭兰女士，直到彭兰女士 1988 年病逝。

彭兰女士是闻一多先生的信徒和高足，曾任北大中文系教授，父亲是前清翰林，母亲也出自书香门第，其文采颇得闻一多、罗庸、朱自清、浦江清几位先生的赏识，朱自清还曾把彭兰写的诗抄在黑板上让大家欣赏。由于和彭兰女士的婚姻，使得张世英教授的哲学研究独具文学家的气韵，他希望自己成为一个集文学家和哲学家于一身的人。他的专著《天人之际——中西哲学的困惑与选择》用文学家的笔触探究哲学的深层奥秘，深入浅出地阐述人对世界万物的基本态度和关系，洋洋洒洒的一部巨著读来却让你情趣盎然，引人入胜。我尤其爱不释手的是他那篇《论境界——兼论哲学何为》。喜欢他那对每个人当前境界的"枪尖"的比喻，爱他的："出场与不出场"的侃侃而谈。从他那里使我们懂得了每一个人都是诗人，不过是境界有高低不同和"诗"是否与"思"相结合罢了，也就是"人生而就是诗人”。张世英教授身体力行，他的实践正是思和诗完美结合的典范。

张世英教授特别强调“诗”高于一切，他说这源于现代哲学，特别是后现代哲学，他认为哲学不是玄学，并形象地将哲学比喻为“天女下凡”。古希腊古典哲学的鼻祖柏拉图认为哲学比诗高，概念尤其高，认为诗、绘画都是模仿，要把诗人赶出我的城市（即古希腊城邦）。这个影响长达几千年，直到黑格尔死后的现当代哲学才倒过了这个概念。他强调现实人的生活，讲情感、讲诗意，所以“诗”高于一切。张世英正是在“天女下凡说”这美好意境中徜徉于哲学研究的深深海洋之中的。张世英教授是热情洋溢的诗人，他对荷尔德林的诗句“人诗意地栖居”有自己独到的见解，他认为诗须与思（想）结合，“诗人而无高超的思想和境界，决不算是真正的诗人”。

学术上他是严于解剖自己的勇士，他用大部分精力研究了黑格尔哲学体系的大部分，年近古稀的他，又跳出了黑格尔形而上学的窠臼。他在《北窗呓语》一书中这样写道“现在回想起来，那完全是一套空中楼阁，是由黑格尔集其大成的西方形而上学以其共性压倒个性，以抽象本质压倒具体性的思想翻版，我美其名曰改造黑格尔，实际上未脱离黑格尔形而上学的窠臼”。他发自内心地呐喊：“感谢时代的发展打破了我的幻想，我又有了新的思想转变”。我欢呼：“我又一次否定了我自己”。

这否定之否定不正是辩证法的核心所在吗?

我要学音乐 ABC

张世英教授发表在北京大学学报上的《思维与抽象——兼谈中国古典诗》一文中，用“隐秀”的道理释诗、释画、释文更觉精彩。透过李白的《秋浦歌》白发三千丈背后的愁绪，柳宗元《江雪》言外之意的孤高人格和境界，元稹《行宫》里白头宫女的在（场），显现昔日宫中繁华景象的不在（场），无不体现出张世英教授“天女下凡”说的美感。

他应邀为中央美院讲学，课堂上他用凡·高所画农夫一只破鞋上的黑洞让你想到农夫蹒跚的步履，看到他对面包的渴望以及对死神的恐惧，透过画面上的破鞋（即在场的），去想象那（不在场的）无限背景和空间，他的讲学受到了美院学生和靳尚谊院长的喝彩。

暮年的张老依然孜孜不倦，求学若渴，当他得知我是搞音乐创作的，便特别认真地主动提出要和我学音乐 ABC，他说不用语言的音乐是最高的，我喜欢无标题音乐。现在似乎把歌唱家看得比作曲家高，恐怕不能这样简单的抹杀。歌唱家是把作曲家的思想用声音传达出来。我想说只有音乐才能把无穷的东西表达出来，我要学音乐 ABC，我想写一本《音乐高于一切》的书，用哲学来讲音乐，让音乐富有一种哲理，让搞音乐的人看了受启发，这样学音乐会大有长进。

我想张世英教授会是在音乐中走向哲学研究的更高领域。

人生哲理两茫茫，哲学人生权作歌。

（原载香港《华人》杂志 1999 年第 6 期）

[29]

我与北大

今年夏初我在《中华读书报》上发表的一篇纪念商务印书馆百周年的文章中说：商务印书馆通过出书以教育人群，是无言之师，北京大学通过言教（包括身教）以教育学子，是有言之师。“商务与北大齐寿，无言的学府与有言的学府并峙，诚20世纪中国知识界、教育界、学术界之盛事也。”我有幸既是商务的读者和作者，又是北大的学生和教师，感到无比自豪。

北京大学所走过的一百年，基本上也就是整个20世纪的历史。一百年来，中国历史上的重大事件，特别是在教育和思想文化方面，几乎都与北京大学有着各式各样的联系，北京大学的名声照耀着整个20世纪的中国教育史和思想文化史。

30年代初我念小学和初中时，由于受父亲（一个普通的中小学教员）的思想影响，就立志要“做学问中人”，向往考入北京大学。我当时几乎一点也不知道中国各高等学府的情况，只是听父辈们经常谈论蔡元培、胡适与北京大学，大概也就因为这个缘故，我那时就对北京大学有了仰慕之心。我所就读的汉口市立第一中学，老师几乎都是北大毕业生，汉口市的教育界人士常说这所中学是北大派，我的国文老师在上课时似乎一提起蔡元培、胡适，也赞不绝口。一颗幼稚的心灵就这样深深地印上了北京大学的盛名。

抗日战争时期，1941年夏秋之际，我在重庆接到大学录取通知时，放弃了就近入中央大学（现在南京大学的前身）的机会，不辞长途跋涉，从重庆坐敞篷汽车到昆明，进了西南联大。西南联大由北大、清华、南开三校联合组成，我那时已不止是慕北大之名，清华也在我脑海里占据了极其重要的位置。我后来在昆明与联大同学彭兰女士（后为北大中文系教授，已故）结婚时，她告诉我，她在念高中时就在同班同学中公开声称要做北大的学生，同学都戏称她为“准北大生”。1939年她参加大学统考时，三个志愿都是填的北大。我问她为什么，原来也与蔡元培的名字不可分，我们俩同声为当时的中央大学由蒋介石出任校长而感到惋惜。

刚一进西南联大，同学之间最有兴趣于打听和谈论的话题是系里有哪些名教授和哪些名教授是北大的，哪些是清华、南开的。一年级时，我念的是经济系，西南联大把哲学概论列为公共必修课，而同一门课程往往由几位老师同时开课，学生自由选修，我选修了北大贺麟先生讲授的哲学概论，贺先生讲课通俗易懂，引起了我对哲学的兴趣。印象最深的是，贺先生以荷出污泥而不染为例说明什么叫辩证法，什么叫清高。贺先生的讲解既给我从小养成的清高思想一个哲学理论上的根据，也激起了我对辩证法的爱好。学了贺先生的哲学概论之后，我觉得哲学比起其他的文科专业来更能直接接触人的灵魂，同时，我还发现哲学更适合我沉思默想的性格，就在这种思想支配下，我于1944年转入哲学系，从此，我就走上了哲学之路。我的大学毕业论文题目是“新黑格尔主义者布拉德雷的哲学思想”，由贺先生指导。1952年院系调整，我由武汉大学转入母校北京大学，那时我已经是哲学讲师，头一年我讲授的是马列主义哲学史课程，1953年又转以西方哲学特别是德国哲学、黑格尔哲学为专业方向，仍然师从贺先生，研究黑格尔哲学，由贺先生领头、由我执笔合著的那本小册子《黑格尔论辩证法与形式逻辑的区别》就是在那时出版的。不久，比贺先生更长一辈的中国第一代黑格尔专家、北大老教授张颐先生调回北大，我在黑格尔哲学研究的征途上又多了一位引路人。如果说，我后来在德国哲学、黑格尔哲学研究方面还有成就的话，那是与北大、与贺麟师的教诲分不开的。我在西南联大读哲学系的时候，同学之间传言，研究休谟哲学在清华，研究黑格尔哲学（和欧洲大陆理性主义）在北大。我的哲学足迹与北大结下了不解之缘。尽管我同时受清华学风的影响，也喜爱英美分析哲学，但由于各种原因，我并未走上这条道路。

在西南联大期间，我还选修了北大的哲学大师汤用彤先生讲授的“大陆理性主义”、“魏晋玄学”和“印度哲学史”三门课程。在“魏晋玄学”的课堂上，汤先生讲得最多的是“物我两忘”和“即世而出世”。汤先生常说：“笛卡尔明主—客，乃科学之道，但做人做学问还需要进而达到物我两忘之境，才有大家气象。”（大意）他所强调的“大家气象”给我留下了很深刻的印象。我近十多年来经常强调，既要重主客，又要超主客，强调哲学与文学相结合，与汤先生当年在“大陆理性主义”和“魏晋玄学”两课程上给我的教诲有着深层的联系。汤先生不仅做学问有“大家气象”，其为人也，雍容大度，笑颜常开，也有“大家气象”。我一辈子无论在做学问上，还是在做人上，都没有学到做到，然心向往之，也感到愧为北大人和汤用彤的学生。1953 年至 1956 年，我爱人彭兰任校长办公室机要秘书，常常向我谈到当时北大校长马寅初的气魄，副校长江隆基的宽厚和汤用彤的大度，我俩不时异口同声地说北大实不愧为中国的最高学府。我觉得北大从蔡元培、胡适、马寅初到汤用彤，都有“大家气象”，作为一校之长，确能代表北京大学的学风和文风，北大也因他们的名字而生辉，我们今天仍然应该继承和发扬这种“大家气象”。

1952 年院系调整，全国各大学的哲学系都合并到北大，北大哲学系真可谓名家荟蔚，盛极一时。只可惜由于时代的原因，当时的北

大未能抓住这个机遇，让哲学系像西南联大那样，既有北大传统的学风，又包容清华等校的优良学风，使学生能继承各家各校之所长，有“得天独厚”（西南联大同学间自豪之语）之感。相反，大家都被投入了批判和自我批判的浪潮之中，真正的学术研究被束之高阁。

50年代中到60年代中，是我在北大集中从事西方哲学研究和发表论著较多的第一个时期，我的几本关于黑格尔哲学和西方哲学史的著作都是在这一时期发表的。80年代初，我经常到国内许多高校讲学，大部分主题都是西方哲学史和黑格尔哲学。学员们说，北大有欧洲大陆哲学特别是黑格尔哲学的传统。闻之愧喜交加。1987年9月我出席全德国第14届德国哲学大会，大会主席马尔夸特教授在开幕式上特意介绍了我是“北京大学教授”和“黑格尔专家”，我以我的名字与北京大学联系在一起被介绍于国际哲学论坛而深感荣幸。

“文化大革命”的十年浩劫以后，主要从80年代初开始至今，是我在北大集中研究学问和发表论著较多的第二个时期。我重点研究德国现当代哲学，兼及中国古代哲学。1995年出版的《天人之际——中西哲学的困惑与选择》一书，是这一时期的代表作，这是一本结合西方哲学史和中国哲学史的研究成果。人们都说北大哲学系一向以中国哲学史和西方哲学史两个史为“强项”，北大在两个史方面的师友、图书和学术氛围都给了我有形的和无形的帮助，没有北京大学这个有利的客观条件，仅仅我个人在这方面的主观努力，是无济于事的。近10年来，我曾到瑞士、德、法、奥、日、美等国参加各种国际哲学讨论会和讲学，内容大半是中西哲学结合方面的问题，几乎每次会后都有外国学者围上来询问哲学问题，同时也打听北京大学的情况，其中不少人表示希望通过我能来北大访问，“哪怕做一次讲演也行”，“但一定要来北大”。

北京大学造就了我的学术生命，我已对北大产生了荣辱与共的感情。1993年夏，我到香港参加一个大型国际学术会议，大陆去了四五十个人，一天早餐，与我同桌的有四五位来自北京、上海的学者，看来他们彼此间都很熟悉，只是我与他们不相识，也未交谈，席间，他们对北京大学作了一番议论，从当时的校长到历史、哲学等人文学科都有评判，我一人低着头，一面咀嚼，一面洗耳恭听，觉得这是一次难得的机会，但听到刺耳处，仍不免忐忑不安，汗流浃背，我第一次体会到了“母校”之“母”字的意义和感情。不料用餐结束，他们中的一位在起座时偏偏要同我寒暄，问我：“请问你是哪个学校的？”我只能回答说：“我就是北大的。”他们四五个人连声道歉。我说：“难得听到来自校外的最真实的声音，你们的评论基本上是事实。”回校后不久的一天晚上，在宿舍区散步，偶然碰上当时的副校长罗豪才同志，我向他如实地描述了这一“惊心动魄”的场面，两人都笑了，罗豪才同志说：“人家的议论基本上是正确的。”接着，他还向我补充了学校的一些问题。我当时觉得罗豪才同志作为北大副校长，颇能代表北大的大校风度。

我的一名博士生毕业后到一所大学工作，回母校后常常在我面前诉说：“与人家相比，北大的学生太不‘抱团’了，在社会上不免吃亏。”我回答说：“这也许正是北大传统的优点。”我每次招收博士生，在报名之前总有人问我，“您是否优先照顾北大的毕业生？”我回答说：“决不。”事实上，我名下的考生好几次考第一名的都不是北大的毕业生。在这一点上，我不避自夸之嫌，敢于宣称：我是不愧为北大人的。

北大由蔡元培开创的兼容并包的传统学风，不仅是虚心听取校外人士意见，不仅是在招生、提拔干部、提升职称上对是否北大出身一视同仁，而且更重要的是能容纳不同学术观点和学派。兼容并包的精神当年曾包容了马列主义的传播，为北大的历史创造了辉煌，今天则更应发扬光大，包容各种学术观点和学派的创建，为北大再造辉煌。只可惜北大现在最缺乏的是学派的建立。如果北大不仅名家辈出，而且学派林立，那才真具“大校风采”和“大家气象”哩！

1997 年 12 月 18 日

于北京大学中关园

（原载《光明日报》1998 年 3 月 24 日）

[30]

希望哲学：生长“能思想的苇草”

上海社会科学院哲学所　孙月才

张世英先生的《哲学导论》主张哲学应以“万物一体”为理论基础，在经世致用的同时，更多地提倡诗意境界和“民胞物与”的精神目标，由“万物一体”所展开的一系列概念、命题，构成了一个原创性的哲学系统。这在缺乏独创性的人文社会科学界，是十分难得的。

“万物一体”或称“天人合一”，是相对于“主客二分”而言的，张著称它们是在“人与世界”关系问题上的“两种在世结构”。它既表现于个人精神意识的成长过程，又表现于人类思想的发展过程。我们知道西方哲学史上占主导地位的思想是“主客二分”，中国哲学上占主导地位的思想是“天人合一”。就哲学史的整体发展而言，中西哲学史都会经过“前主客关系的天人合一”、“主客二分”和“后主客关系的天人合一”这样三个阶段。哲学史上的这三个阶段是以个人精神意识发展过程为基础的，即从本能状态到知识功利、道德活动，再进而到审美意识的过程，历史的逻辑与人的精神历程是一致的。

“万物一体”是真、善、美的统一体。因为人们只有在无穷的普遍联系之中，在“万物一体”中才能把握真；而只有超越主客关系才能达到物我两忘的超功利境界，也就是“万物一体”的审美境界；“万物一体”的审美意识使人有“民胞物与”的“责任感”和“同类感”，这就是善。由于人类精神文化的发展史是一个由实际兴趣向审美兴趣上升的过程，所以美包含真又高于真，审美意识包含道德意识又优于道德意识。与此相应，自由乃是对必然的超越，审美自由是最高的自由。

张先生称自己的哲学为“希望哲学”，意在突破传统、超越现实、展望未来。“希望哲学”的历史也是“万物一体”论的逻辑延伸。人类历史古往今来一气流通，过去和现在是互相融合的统一体。历史研究的最高兴趣不在恢复历史事件的原貌，而在理解历史事件的意义。人理解历史就是理解人自身，理解人生的意义问题。

张先生强调，“万物一体”已远远超过中国传统概念的朴素性。它的内容和意蕴“是在西方经过了从古到今几千年来的思想发展过程以及哲学和美学的理论研究过程才逐步丰富起来的。”它是知、情、意相结合的人与世界融合为一的、具有丰富意义的生活世界。“希望哲学”是在吸取中国古代哲学、当代西方人文主义哲学（诸如海德格尔、伽达默尔、德里达等）的优秀成果，反思中国近半个世纪哲学教训的基础上，经过自己创造性的融铸形成的哲学系统。它继承了“五·四”以来我国现代创造哲学体系的理路：糅合中西资料而又自成一家。但无论是“新理学”（冯友兰）以“普遍与特殊的关系”为主创概念，“道论”（金岳霖）以“道”为主创概念，还是“新唯识论”（熊十力）以“体用”为主创概念，就其意蕴来说，它们均属近代哲学范畴，缺乏现代意识。唯张世英的“希望哲学”，它的“万物一体”论有一种世界眼光。它既是对当代世人生存危机的深入反思，又展示了具有现代意义的人的远景。它是当代中国的一个富有独创性的哲学体系，就其历史地位来说，“希望哲学”可以与冯、金、熊的体系并驾。如此说，自然也有这样的意思，即“希望哲学”是不属于马克思主义哲学系统的。

《哲学导论》多处批评课堂马克思主义哲学，这种批评往往是很

中肯的。细心的读者还会发现，张著的许多观点也和马克思主义哲学的相关观点发生碰撞、交流。这种交流是有启发的，可以活跃思想、发展学术。但“希望哲学”在最基本的观点上和马克思主义哲学仍然是有所区别的。

在“人与世界”关系的问题上，马克思主义哲学主要是指“人与自然”的关系和“人与社会”的关系。追究这种关系的目标，在于实现人类从“必然王国”到“自由王国”的飞跃，而“自由王国”是真善美的高度统一。与“万物一体”的真善美统一论不同的是，后者是以个人的精神发展为基础，由人的体悟超越“主客二分”来实现的；而前者以客观规律为基础，通过实践，以达到人的全面发展来实现的。

“希望哲学”虽不属于马克思主义哲学系统，但它又能够刺激马克思主义哲学发展，丰富马克思主义哲学内容。北京大学把《哲学导论》与马克思主义哲学作为并列哲学教材，首次打破哲学教材以“马克思主义哲学原理”一统天下的局面，这有助于激活马克思主义哲学教学，同时，在百家争鸣史上也值得大书一笔。真理不在排斥异己的唯我独尊中，只有通过自由平等的对话，才能生长出“能思想的苇草”。

张先生以严谨的逻辑、诗意的语言论证了“希望哲学”这一独创的哲学系统，使它达到思、史、诗的有机统一，给人以莫大的理论享受。

（原载《社会科学报》2003 年 5 月 29 日）

[31]

张世英：散步时还想哲学问题

燕舞　李舒　肖畅

不久前，国内西方哲学界的权威张世英先生回到了他的故乡武汉，先后在华中科技大学和武汉大学讲学。我们陪张先生在绿树成荫的校园散步时，洒水车疾驰而来，我们只好让先生侧身躲在梧桐树后。洒水车过去，张先生轻松地抬起刚才并拢的双脚，指着自己的皮鞋说："一点都没有湿！"先生孩童一样的笑容打消了我们此前的种种敬畏和顾虑。

连续三天，我们对张先生进行了前后长达6个小时的专访，聆听了一个哲人丰富的人生历程，领略到这位黑格尔专家其实也是一位深情怀念亡妻的丈夫，对儿孙关爱有加的长者，大力提携后学的前辈……

我不问政治，可国民党竟要逮捕我，所以我要研究社会、人生。

○**记　者：**张先生，您今年已经81岁高龄了，以前家在汉口，这次回来，一定有很多童年的回忆。

◎**张世英：**武汉有个东西湖，我是东西湖北边——柏泉的人。

祖父是乡下的裁缝工。父亲借债到武汉念书，念的是武大前身即武昌高等师范学院，后来当教员。我9岁时，父亲把我从乡下带到汉口。

○**记　者：**父亲是教员，对教育一定很重视吧？

◎**张世英：**父亲对我很严。他教国文，让我每个礼拜都背书。《古文观止》、《论语》、《孟子》，我从头到尾可以背，现在还行。我还读司马迁的《史记精华录》。父亲对我的影响一直到现在。有的人说我是搞西哲的，但对中国传统也熟，我总会想起我的父亲。我兄弟姐妹六个，父亲穷，觉得自己借债读书不容易，所以把希望寄托在我身上。

我念的是湖北省立高级中学。后来日本人来了，武汉沦陷，整个湖北的学校搬到鄂西山区避难，建立联合中学。当时的举措很得力，湖北省主席陈诚兼任联中校长。在鄂西念书非常艰苦，大米饭不够吃，就吃粥，粥后来也不够，就把白薯加在里面。八个人一桌，站着吃。旁边一个大黄桶装白薯粥，桌上的圆筒盒子盛着刚刚满底的盐拌豆子。这样的日子过了一年。我穿的是草鞋，冬天很冷，脚上磨出了血泡。但我们早上五六点就会上山读英文，都想考大学。我们学校底子好，是湖北省最好的学校，班上41个人只有一个人没考上。

○**记　者：**用今天的话说，你们班升学率够高的嘛！

◎**张世英：**当时学生都有精神支撑，有一股劲儿。国家被日本人占领了，我们脑筋里没有功利追求，要救亡图存、奋发向上。当时同班已有中共地下党。闻一多先生的侄儿黎智大概就是地下党。我是中间偏左。毕业时在建始县参加会考，考完试的当晚就有地下党通知我，说国民党逮捕人的黑名单里有我。我很奇怪，可能是因为我骂过国民党三民主义青年团的一个支部书记，他是我班上的同学，功课差，考几何不会做，他问我题目，我说先画一个等腰三角形再计算就可以了。他还是不会做，下课后，我训斥他好几句，他就报复我。我不得不跟着十几个进步同学连夜雇了几个挑夫，步行，翻山越岭到了重庆。这促使我思想转变，心里想我又不问政治，竟要逮捕我，所以我要研究社会、人生。我念了半年大学先修班，后来考上了西南联大经济系。

上大学，老师们的风度给学生的感染特别深。

○记　者：张先生，西南联大应该是您生命中的一个重要时段。听说您当时从经济系转到了哲学系，这要在今天可是一个大爆冷门的消息。

◎张世英：我开始学经济，是为了经济救国。我们经济系都要学哲学概论，我选了贺麟先生的课后，越来越觉得经济没意思，一天到晚老是货币、利息呀。当时转系很容易。我现在对大学教育有些看法，因为转系好像很难。其实人对自己兴趣的了解有个过程。大学里，各种门路都在眼前，选择的余地格外大。大一后觉得专业不一定适合我的天赋、爱好，这时如果能转系，找一个适合自己的系会更好。现在大学不能自由转系，不是个好办法。

到了哲学系后，第一本书是巴克莱的，是唯心主义的，他认为"没有人，万物是不存在的"，他试图论证上帝的存在。我把他的三本英文书全心全意看完了。

○记　者：那时的条件可是非常艰苦啊！

◎张世英：西南联大都是一些草棚子，图书馆和宿舍都很小，我们只好在外面茶馆念书。茶馆里摆龙门阵，一个大圆桌，叫一杯茶就可以坐上一上午。下午可以接着在茶馆泡。茶馆里各式各样的人都有，有跑码头的，大部分还是我们学生。大家乱喊乱叫，有人看书，有人打桥牌——我到现在还不会打。当时报牌都用英语，也有骂人的话。我那几年就是这么过来的。

○记　者：联大是北大、清华、南开三校组建的，不同风格的教授应该很多吧？

◎张世英：确实是。联大的校风，现在没有哪一个大学比得上。当时真是名师荟萃，千秋各异，每一个人的风格都不一样。上大学不一定要学很多知识，学了也会忘记，但老师们的风度给学生的感染特别深。金岳霖先生讲课，坐的是扶手椅（在椅子右侧可以搁笔记本），我们也很神气地坐着扶手椅。金先生闭着眼睛讲课，说两句，想两下，又说两句，让你的脑筋也跟着转。金先生重思想，教书像雕刻一样精雕细刻，把你引入仙境。冯友兰先生则是另外一种风格，他口吃，但把中国和西方结合起来讲，讲得很有条理。现在没有一本书能超过他。清华和北大的风格很不一样。清华重思考，北大重学习知识。学生中流行一个说法："清华，思而不学；北大，学而不思。"这话也有片面性，北大的汤用彤先生搞考据，但也很有想法。清华的金岳霖先生讲逻辑，对中国哲学也很熟。现在又有另外的说法，说北大务虚，清华务实。当时，北大好比牛津，清华好比剑桥。我听过汤先生的印度哲学、魏晋玄学、欧洲大陆理性主义三门课。他考试时把大题目写在黑板上就走了，两个小时后回来收卷子。你可以翻书，爱怎么做就怎么做。清华出的题目小，非常具体，监考的老师就有两个（带一个助教）。学校给我们各式各样的陶冶，兼容并包。两个学校各有侧重，既要学，又要思。联大的学术空气浓厚，老师们互相学习、互相讨论的气氛比今天好。现在老师去听别人的课是任务。当时很困难，老师的薪水很低，教授的夫人们就把以前北平家里的衣服等物件拿去摆摊卖以维持生计。

○**记　者：**我想起了张先生描述过的一个细节，闻一多先生和沈有鼎先生同开了一门"易经"，两个人似乎有分歧，但闻教授常跑到沈教授课堂的第一排中间听课，沈教授也是这样。他们在课后争论不休，弄得还是学生的张先生您云里雾里。

◎**张世英：**我是1946年离开昆明的，从昆明坐汽车到贵阳用了四五天。在路上听说闻先生遇害了，最后一别时他告诫我不要老留在武汉，应该去北平。我毕业后去南开大学当了助教。这时也受我夫人影响，她当时就比我进步。

○**记　者：**您夫人是闻一多先生特别欣赏的学生，你们是怎么恋爱的？

◎**张世英：**我和我夫人认识是在大学二年级。她和闻一多先生一样，虽然不是共产党员，但和共产党靠得比较近。她当时就拉我去闻先生家参加“考试”，闻先生对我表示满意，她后来就和我结婚了。我们的婚礼，闻先生是主婚人。当时结婚比较简单，在报纸上登个“我俩结婚”就可以了。我们也请一些教授吃了顿饭。

○**记　者：**那您和您夫人在恋爱的时候约会多吗，您给她写信吗？

◎**张世英：**当然有很多约会了。当时西南联大很开放，教授基本上都是欧美回来的。不喝洋墨水，很难当教授。我夫人学古典诗，我作诗没她好。她家里是翰林出身，小时受的教育比我好。我不会平平仄仄，她就教我。我给家里写过很多信，都给她看，让她通过我的家书了解我的家里人。我在夫人和闻一多先生的影响下，走上了进步道路，在南开也参加了1947年的“反饥饿，反内战”运动。

哲学不是干巴巴的，是内心的一种表现。

○**记　者：**张先生教书时好像辗转过几个大学？

◎**张世英：**解放前我在南开讲《哲学概论》和《形式逻辑》。解放后，让我讲《社会发展史》和《新民主主义论》，南开大学全校政治课都由我主讲。后来，我夫人调回武汉。一年后，1951年我到了武汉大学哲学系，所以他们现在把我算校友。1952年，院系大调整，全国的哲学系都取消了，只有北大有。北大哲学系有来自全国的二十几个系主任和十几个文学院院长，按理说比西南联大强，真是盛极一时，但在当时的政策下，所有老先生不许开课。那时主要靠我们年轻讲师讲课，那时的一些东西让我今天还惭愧。不过，那时也念了一些书。前些时去清华作报告，他们也想恢复这个传统，用高薪挖了不少人，但重振很难。他们连一个搞文科的副校长都没有，也不是他们不关心，但毕竟是外行。领导的素质很重要。现在找蔡元培、胡适这样的大学校长很难。1953年，系里注意到研究西方哲学，调我到西哲教研室。1956年我开始发表作品，在《光明日报》上连载了一篇谈黑格尔辩证法的文章。后来上海人民出版社为

我结集出版了《论黑格尔哲学》。当然，这个主要是站在马列主义立场批判西方哲学的。当时，讲西方的什么都要在后面加上“批判”两个字。一直到“文革”，这个十来年，算是我写书的第一个高潮，讲哲学史和黑格尔。

○**记　者：**史无前例的“文革”，张先生也未能幸免吧？

◎**张世英：**“文革”中，我得了肝炎，就在医院里开了证明留在家里背唐诗宋词。绝大部分都能背，在这个方面差不多能出口成章。工宣队说我的病怎么老不好，去医院调查，医生与我关系好，就帮忙搪塞。这一段时间，我主要搞中国古典文学。我夫人却下放到了江西鄱阳湖，回来后就患了心脏病，最后又患了癌症，她去世已经13年了。每每想到这些，我心里就很难过。

○**记　者：**张先生这些年又出了好几本书，学术生命力惊人的旺盛啊！

◎**张世英：**到了80年代，改革开放了。他们讨论“主体—客体”有误解，以为主体性就是主观独断。西方走了一个“之”字形的路，他们很多东西和中国古典哲学相近。我现在的思路是把西方现当代哲学特别是德国哲学和中国传统哲学结合。海德格尔和老庄就有相通之处。他们都说我是搞中西哲学比较的，但我并不喜欢“比较”这个词。

我写作的第二个高峰在改革开放以后，写的字数比以前多好几倍，出了六七本书。有时和台湾学者交流，就羡慕他们著作等身，我们耽误了太多时间。我喜欢老庄，羡慕田园风光。我老家在柏泉，父亲生前要我像柏树一样高洁。我要感谢改革开放，它使我又回到了以前，回到了老庄。我现在讲的和我的感情一致，我讲课时经常很激动，我不是搞概念分析的哲学游戏，我的人生就是这样。自己心里好像有泉水要涌出来，哲学不是干巴巴的，是内心的一种表现。用个不太恰当的词，我的东西是通过文章、谈话“发泄”出来的。我身体好可能和这个有关。我的一些小文章有些就收在《北窗呓语》里。

〇**记　者：** 我在网上就看到过您的一篇随笔《长相思与老处女》，说的是西南联大时的周末在南屏电影院看《鸳梦重温》和《蝴蝶梦》等好莱坞影片。

◎**张世英：** 这些片名译得好啊，典雅动人，都传说是吴宓教授译的呢。"长相思"的原名 old maid 直译是"老处女"，这就没有意思。朱光潜先生就举过《西厢记》里的一段话，"软玉温香抱满怀……春至人间花弄色……露滴牡丹开"，把赤裸裸的性行为写得如此生动具体而又富有诗意。

我一点都不寂寞，我是一个问题接一个问题在思考。

〇**记　者：** 张先生会觉得生活孤单寂寞吗？

◎**张世英：** 我一点都不寂寞，我是一个问题接一个在思考。

我现在一个人生活，有三个孩子，两个儿子在北京，一个女儿在武汉。我的新书《哲学概论》把我最近一二十年的东西总结了一下。我在想下一步干什么，想向美学伸展，写一个系统的东西，希望自己的哲学有体系而又不是概念化的。他们都说我的哲学已经成了体系，但我自己还很不满意。我很少一个人在家闲坐，总是看书或者写文章。一离开书桌，我就去周围公园散步。哲学和散步都不误，散步时还想哲学问题。哲学不是具体结论，是不断思考。我们中国人的境界、文化素养要提高，必须提高自己民族的文化传统。我讲哲学的目的也很现实，想起这个作用，但还远远不够。最近四个月帮别人写序，就必须看四本书，但我还在想这些问题。我是一个生活比较有规律的人，早中晚各散步一次，每次半个钟头到一个钟头。孔子说："朝闻道、夕死可矣"。我散步时想哲学问题，也可以说就是为了"闻道"。

〇**记　者：** 您的儿孙"常回家看看"吗？

◎**张世英：** 大儿子是一个公司经理，小儿子是老板，他们也常带我去外面。孩子们每天都来我住的中关园，有时也在我这儿住上一个晚上，怕我孤单。

让我欣慰的是，三个孩子对我特别好，照顾得很周到。家里有什么布置都是他们搞，我很省心。孩子们对我的意见也不一。有的说我过了八十，也不缺钱花，该玩就玩，该吃就吃。有的孩子支持我，说“爸爸不写，身体就不会好”，有的孩子说我锻炼是脑子在锻炼。

○**记　者：**您的小儿子是身价不菲的大老板，他有没有给您送过并不值钱但您很喜欢的礼物，比如生日的时候？

◎**张世英：**当然有，我不告诉你。其实，我不爱过生日。去年80岁生日，他们非要给我过，在外面吃了一次饭，照了些相。今年生日，小孙子也是从他妈妈那里打电话祝贺。我不愿意谈我的生日，把自己的年龄忘掉就没有任何顾虑。这跟西方的女孩子不愿意别人问她的年龄又不一样。我不愿意别人老问我年龄，你不问，我就会觉得自己一往无前，前途无量。当然，不谈年龄也是相对的，毕竟老了。70岁生日时，我作过一首诗：“从欲年华喜亦惊，回头恍惚尽烟云。山穷水尽非无路，千里花明处处村。”算是自我解嘲吧。可转眼到了80岁，我又作了一首诗：“才过一村又一村，此村风景更宜人。伏枥老骥志千里，红叶落时亦缤纷。”

○**记　者：**张先生在学界的地位早已奠定，家庭也很和睦，身体也硬朗，没有什么缺憾吧？

◎**张世英：**还是有的。我希望我有钱，我现在最大的愿望就是在汉口老家柏泉办一个小学甚至中学，要以我父亲的名字命名。我会把它办成武汉乃至湖北最好的中小学。过去每年发洪水，家里的房子倒了，我们就只好搬到山上住。穷人的孩子能念上书，非常不容易。这是我这辈子最后一个也是最大的心愿了！

（原载《东方》2002年第11期）

张世英先生主要著作目录

（合著未收入）

1. 《论黑格尔的哲学》，上海人民出版社 1956 年版。

2. 《论黑格尔的逻辑学》，上海人民出版社 1959 年版。

3. 《黑格尔〈精神现象学〉述评》，上海人民出版社 1962 年版。

4. 《黑格尔〈小逻辑〉绎注》，吉林人民出版社 1982 年版。

5. 《论黑格尔的精神哲学》，上海人民出版社 1986 年版。

6. 《康德的〈纯粹理性批判〉》，北京大学出版社 1987 年版。

7. 《黑格尔辞典》（主编并部分撰稿约 10 万余字），吉林人民出版社 1991 年版。

8. 《天人之际——中西哲学的困惑与选择》，人民出版社 1995 年版。

9. 《北窗呓语——张世英随笔》，东方出版社 1998 年版。

10. 《进入澄明之境——哲学的新方向》，商务印书馆 1999 年版。

11. 《自我实现的历程——解读黑格尔的〈精神现象学〉》，山东人民出版社 2001 年版。

12. 《哲学导论》，北京大学出版社 2002 年版。

13. 《张世英学术文化随笔》，中国青年出版社 2002 年版。

14. 《新哲学讲演录》，广西师范大学出版社 2004 年版。

15. 《境界与文化》，人民出版社 2007 年版。

翻译：

1. 〔英〕巴克莱著《人类知识原理》，略加删节后收入北京大学哲学系编《十六——十八世纪西欧各国哲学原著选辑》，商务印书馆 1975 年版。

2. 〔德〕库诺 · 菲舍尔著《青年黑格尔的哲学思想》，吉林人民出版社 1983 年版。

3. 《新黑格尔主义论著选辑》（主编），商务印书馆 1997 年版。

责任编辑:张振明
封扉设计:**Ivymark**Typo
版式设计:肖　辉

图书在版编目(CIP)数据

归途——我的哲学生涯/张世英著. -北京:人民出版社,2008.7
ISBN 978-7-01-007162-6

Ⅰ.归…　Ⅱ.张…　Ⅲ.①张世英-生平事迹②哲学-文集
Ⅳ.K825.1;B-53

中国版本图书馆 CIP 数据核字(2008)第 103464 号

归　途
GUI　TU
——我的哲学生涯

张世英　著

人民出版社 出版发行
(100706　北京朝阳门内大街 166 号)

北京中科印刷有限公司印刷　新华书店经销

2008 年 7 月第 1 版　2008 年 7 月北京第 1 次印刷
开本:710 毫米×1000 毫米 1/16　印张:20.5
字数:245 千字　印数:00,001-10,000 册

ISBN 978-7-01-007162-6　　定价:38.00 元

邮购地址 100706　北京朝阳门内大街 166 号
人民东方图书销售中心　电话 (010)65250042　65289539